扎西持林丛书

希阿荣博堪布◎著

前行笔记

之耕耘心田

中国藏学出版社

密严刹土法界宫殿中
三世一切诸佛本体性
开显直指自心即法身
根本上师足前诚祈祷

献给我的根本上师

法王如意宝晋美彭措

目录

第二章 暇满难得

第三章 诸行无常

第五章 因果不虚

顶礼三大传承诸位上师

顶礼法王如意宝晋美彭措上师

前言

宁玛派是藏传佛教最古老的教派，她所传授的大圆满法被称为九乘佛法的顶巅。古老的预言说：当铁鸟在空中飞翔，铁马在地上奔跑时，密法尤其无上大圆满法将广弘于世。我们所处的时代正是见证了这个预言成为现实——大圆满法在全世界范围内得到弘扬，许许多多人因而得以接触、学习、修持被历代传承者们秘密守护的无上密法。这是何等幸运的一件事。

传统上，开始修持大圆满法之前，要先修出离心、菩提心、净除业障、积累资粮等前行。前面的基础打不好，后面便如冰湖上盖楼，终不能长久稳固。因此，真正致力于修持正行的人皆对前行非常重视。

藏地流传最广的前行引导文，是十九世纪著名的学者和大成就者华智仁波切根据其上师的口述，整理、编写而成的《普贤上师言教》。这部著作“摄集了藏地兴盛的萨迦、格鲁、噶举、宁玛派的引导文及广弘于汉地的净土、华严、禅宗等一切显密修要，并且具有持明传承殊胜之加持”[①]。我曾在多位上师前听受口传及窍诀。以前法王如意宝在喇荣五明佛学院，每年藏

① 见法王如意宝晋美彭措仁波切为索达吉堪布汉译之《普贤上师言教》所作序言。

历神变月，都会讲授一遍《普贤上师言教》。

2010年冬，我借助以往的录音带，再次温习前行引导文。从前上师们的言传身教，许多珍贵的记忆又被唤醒。我把自己在这个过程中的一些体会、联想和思考记录下来，成为一本可能只对我个人有意义的笔记。开始没想过要发表，因为觉得已经有那么多殊胜的前行引导文在那里，如果想了解和修持，尽可以去学习那些著作，没必要再来看我的赘言。后来，偶然的机会，有道友读到笔记中的一些片断，觉得很有共鸣，于是强烈建议我公开这些文字，说我尽管自己觉得对多数人不会有价值，但有关前行引导的文字，多一篇也没关系，说不定会对一些人有帮助呢。我一想，也对，权当是给有兴趣的人在学习《普贤上师言教》之余，多看一篇延伸读物吧。于是便有了《前行笔记》在网络上的陆续发表。

最初的几篇文章发出去后，反响颇为热烈。许多读者都说文章给他们很大的帮助和启发，并慷慨地分享自己修学佛法的经验和困惑，这让我感到意外，也很受鼓舞。我没想到，有这么多对佛法的修持感兴趣或正在前行的路途中奋力坚持的人们，会对我的文章报以这样热情的反馈。他们希望这些文章能更贴近现代人的生活情况，解答他们在学佛时遇到的实际问题，同时进一步结合藏传佛教尤其大圆满法门传统的修持次第来展开，那样的话可能会让更多人受益。

在大家的鼓励下，我开始对《前行笔记》后面尚未发表的部分进行修改，主要是更详细深入地探讨了在现代社会中修持佛法所面临的挑战。显然，一个生活在现代尤其是城市里的人，他在修学佛法时遇到的问题，他对很多事情的感受，他的困惑和诉求，与生活在十九世纪的藏族人会有不同。虽然佛法关注的是无论身在何时何地的人都避免不了的一些共同问题，诸如生老病死、执著、放下，但这些词语背后的具体所指，仍然会根据人的处境不同而不尽相同。修行人需要把佛法与自身结合起来，而不是观修别人的无常，觉察别人的烦恼，放下别人的执著，背诵复杂而陌生的名词，到头来，道理或许懂了一些，自身的烦恼还是没减少。

《前行笔记》从2010年动笔，至今已有七年的时间。内容的增改需要这么久吗？当然不是。因缘不具足，事情就很难成办，而因缘复杂且微妙。当然我自己的观念也起了一些作用吧。大圆满前行主要是实修，理论、概念性的内容不多，我总认为修行是比较个人化的一件事，每个人面临的具体问题是不同的，有时候你需要摔一些跤，走一些弯路，需要经历一番上下求索的困顿，才有可能找到你自己的答案。我们太习惯于被告知现成的答案了，这使得修行浮于表面。

我不知道有多少人在学佛多年之后，仍然会有勇气时不时问自己："我学佛究竟是为了什么？"因为这个问题是有标准答案的——学佛是为了解脱生死、证悟实相、救度众生，我们不想再费力自己去找答案，而且更重要的是，我们不想做看上去不正确的事——佛陀、祖师们已经明确告诉你了，你还要千百次地自问干什么、仿佛对标准答案不理解、没信心？可我们真的知道什么是生死？又真的相信解脱吗？我们可以假装别人的经验就是自己的经验，别人的证悟就是自己的证悟，但最终，我们无法假装别人的解脱就是自己的解脱。生死关头，装不过去的。

佛陀的开示、祖师的教言、前辈的经验，好比是专为医治我们轮回绝症的千金良方，但光有高明的医生、对症的药方是不够的，病要好起来，终究得靠自己老老实实吃药。拿大圆满前行来说，怎么才能修有所成？没别的办法，就是老老实实去修。别总以为凡事都有个窍门，总想走捷径。该吃的苦，别想少吃。甚至该有的困惑，也别总想着去避开。困惑往往蕴藏着豁然开朗的机会。

《前行笔记》某种程度上像是《普贤上师言教》的一个简单使用说明。两本书在结构、顺序、每一章的主题上是大体一致的。很多时候读者可能需要对《普贤上师言教》的内容有所了解，才能知道《前行笔记》到底在讲什么以及为什么那样讲。

我在本书中提出了很多问题，关于前行，关于《普贤上师言教》，关于我们自己。其实这些问题，我更希望是修行者在依照前行引导文修持的过程中自己提出来，并努力去寻找答案的。

由于篇幅的关系，这本《前行笔记》只包含了大圆满前行中的外前行部分，内前行我们会在另一本书里探讨。

外前行主要是讲暇满人身的珍贵难得、无常的遍在、生命的忧患、因果不虚，以及修行者如何跟随上师修学佛法。这些内容又称为共同外前行，并非只是修学密宗大圆满法门的人才需要去考虑和观修，而是人天乘、声缘乘、大乘共同的修法。

外前行旨在调柔相续，生起知苦离苦之心。人天乘的出离心表现在厌离三恶道的痛苦，希求今生来世得善趣的安乐。声缘乘和大乘共称为解脱道，声缘乘的出离心表现在希望自己出离轮回的痛苦，而大乘则是智不住轮回，悲不入涅槃。

为什么其他许多引导文中简单概括的外前行，我们在这里却用了厚厚一本书来讨论？

华智仁波切曾把外前行比喻为耕耘田地。他说，就像杂草丛生的坚硬荒地无法长出像样的庄稼，如果我们的内心混乱刚强，那么修什么法门也难见成效，所以要通过外前行把心田里的杂草乱石除去，翻整耕耘，使之成为种子播下去便能茁壮生长的良田，为后面的修行做好准备。需要花费多大工夫去翻整田地，取决于田地荒芜的程度。同样道理，要花多少时间、精力去修外前行，要看内心调柔的程度，并没有一概而论的标准。

在如今这样一个崇尚速成效果的时代，前行可想而知是会被许多人忽视的，尤其看似在讲常识的外前行。大家希望跳过前行而直接进入正行，直接证悟实相。然而，不要说见到实相，我们有太多人的问题是连眼前最基本的人生现实也认不清。有太多的选择，太多的诱惑和可能性，太多的道理和借口，太多逃避的手段，使人远离自身的现实。这就是为什么我们可能需要比以往时代的人更重视外前行的原因。我们的心更混乱、更僵硬，更无法容受安乐的种子生根发芽。

本书共分为七章。第一章《佛法修持的基础》主要讲的是修行之旅开始之前应做的准备，包括对佛法中一些基本概念的了解、心态的调整、静坐的入门技巧以及需要注意的问题等。

第二章到第五章分别以暇满难得、诸行无常、轮回过患、因果不虚为主题，讲出离心是如何一步步培养出来的。具体而言，通过观修暇满难得和寿命无常，我们将不再贪恋、希求今生今世的享乐；通过轮回过患、因果不虚的修法，我们将断除对来世生于善趣、享受人天安乐的希求，并间接对谋求自利的心行产生厌恶。

然后是第六章和第七章。对谋取今生、后世、自利的心行生起厌离，就必然追求解脱，为此务必要思维解脱的功德利益，并认识到解脱道只有具足法相的上师善知识才能宣说，因此要知道如何去依止善知识。

基本的结构和逻辑就是这样。

我不知道这本书最终会对多少人有帮助，但它至少给了我巨大的帮助——它让我一次次查阅《普贤上师言教》，思考、观修其中的内容，不断从华智仁波切的智慧开示中汲取灵感。每一次重温都有新的发现。

阿琼仁波切的《前行备忘录》也给予我很大启发。

其他主要的参考典籍包括《楞严经》《百业经》《入行论》《入中论》《米拉日巴尊者传》等。

我的根本上师法王如意宝的加持，是我所有微弱善根和灵感的源泉。没有他，我无法坚持下来。在本书的另一篇序言《金线般的传承》中，我简单介绍了大圆满龙钦宁提法脉和法王如意宝的传承，这里不再赘述。

感恩佛陀的慈悲和祖师大德们的加持。

也感恩所有协助我完成这本书的道友。

希阿荣博

藏历火鸡年十一月二十三日（公元2018年1月9日）

法身普贤王如来

报身金刚萨埵

化身极喜金刚

文殊友

熙日森哈

嘉纳思扎

布玛莫扎

莲花生大士

赤松德赞

贝若扎那

益西措嘉

无垢光尊者

晋美林巴尊者

无畏如来芽

华智仁波切

蒋扬钦哲旺波尊者

麦彭仁波切

法王如意宝晋美彭措

金线般的传承

再一次温习大圆满前行引导文，我愈加强烈地思念起我的根本上师法王如意宝。我在他老人家座下完整听闻的第一部论典就是《大圆满龙钦宁提前行引导文——普贤上师言教》。那时在喇荣五明佛学院，每年藏历神变月，法王如意宝都会讲一遍《普贤上师言教》，我们也得以在法王上师面前一遍遍听闻这一殊胜教言的口传和窍诀。

法王如意宝当年在传讲无垢光尊者所著《上师心滴》时曾说：他传给我们的大圆满法，意传来自全知麦彭仁波切，而麦彭仁波切的意传则是来自全知无垢光尊者。接着，法王如意宝又说，他自己也有直接来自无垢光尊者的意传，所以大家应当对这一带着传承祖师温热气息、如金线般纯净无垢、无断无染的近传承心生欢喜、珍惜和感激。

大圆满续部有多达六百四十万偈颂，归纳起来，有心部、界部、窍诀部。窍诀部又有外、内、密、无上极密类，其中无上极密续集外、内、密续之大成，完整、详细阐述了实相（基）、见修行（道）、究竟解脱（果）的道理。无上极密有十七续，加上《密咒护法忿怒续》，一共十八续。生活在十四世纪的大圆满传承祖师全知无垢光尊者（龙钦绕降）分别从广大和甚深两个方面对这十八部续的密意进行了归纳和诠释，其中，广大班智达类是《龙钦七宝藏》，甚深古萨里类是《四心滴》。

宁提（意为心滴）法系有两支主要传承：布玛莫扎尊者的心滴传承和莲花生大士的心滴传承。无垢光尊者在上师前获得这两个传承的口传，后在定境中亲见莲花生大士和布玛莫扎尊者，得其传承和咐嘱，编纂、撰写了《四心滴》，共有五函，分别为：一、《布玛心滴》，由布玛莫扎尊者传下来；二、《空行心滴》，由莲花生大士传下来；三、《上师心滴》，是无垢光尊者为《布玛心滴》作的广释；四、《空行精滴》，是无垢光尊者为《空行心滴》作的广释；五、《甚深心滴》，是无垢光尊者总摄以上四函的内容而著的教言。因第五函的内容以前四函为根本，故通常将这五函共称为《四心滴》。

到十八世纪，大圆满传承历史上又一位集大成者——晋美林巴尊者（持明无畏洲）出兴于世。他对全知无垢光尊者怀有极大的信心，在桑耶青普进行三年三月零三天的闭关时，于禅定中三次见到无垢光尊者并得到其身、语、意的加持，从而获得了大圆满的最高证悟。全知无垢光尊者相续中的宁提密续在晋美林巴尊者相续中完整显现。他造了一系列论著开显《龙钦七宝藏》的真义。

晋美林巴尊者是布玛莫扎尊者和法王赤松德赞的双入化身，而法王赤松德赞曾在莲花生大士和布玛莫扎尊者前得到宁提传承，这样，晋美林巴尊者一身融汇了宁提法系的两大传承，并且得到全知无垢光尊者的意传加持。

当年，莲师在桑耶寺给法王赤松德赞等弟子传了《龙钦宁提》法，并由益西措嘉空行母将此法伏藏于诸弟子的本觉智慧中。莲师给予授记灌顶，预言这些法要将由法王赤松德赞的转世晋美林巴尊者发掘。九百多年后，莲师的授记灌顶成熟以及善妙因缘具足，晋美林巴尊者在其光明心性中开启出直接来自法身普贤王如来和莲师的意伏藏法《龙钦宁提》。《龙钦宁提》集合了布玛心滴与空行心滴两支传承的精华，包括若干本续、附续及众多窍诀、仪轨和引导，由晋美林巴尊者逐一开启，并逐步写成书面经函。

龙钦宁提源自普贤王如来，通过如来密意传、持明表示传和补特伽罗耳传的方式，经由历代传承祖师至晋美林巴尊者，始完整构建起龙钦宁提法系。

这一法系称为龙钦宁提，主要有三个原因：其一，此法是大圆满窍诀部无上极密类法门，乃诸法心髓；晋美林巴尊者在禅定中亲见无垢光尊者，得到大全知的加持和启发，才把伏藏法完整开启出来。其二，此法汇集了无垢光尊者传下来、以《四心滴》和《龙钦七宝藏》等为核心的宁提法系的精髓。其三，龙钦意为无所不包，宁提意为心髓。此法系既广大甚深，又浓缩了所有法门的精华，诚如晋美林巴尊者所说“此即广大界，此即是心髓”。

龙钦宁提乃即生可获得金刚持果位之甚深妙法。然而，在进入龙钦宁提大圆满正行修法之前，通常要先修出离心、菩提心、净除罪障、积累资粮等前行。只有前行基础打好了，正行修法才能顺利和稳固。晋美林巴尊者在总结前人经验及零散于各处的龙钦巴前行仪轨的基础上，汇编出更为系统、完整的仪轨，广述了大圆满前行修法次第。其大弟子晋美成利俄色（菩提金刚）后来对此汇编仪轨又做了进一步补充完善，称为《大圆满龙钦宁提能显遍智妙道前行仪轨》。晋美林巴尊者将前行仪轨修法口传给如来芽尊者等弟子。十九世纪时，如来芽尊者的弟子华智仁波切根据上师的口传，整理、编写出《大圆满龙钦宁提前行引导文——普贤上师言教》，不仅广泛深入地讲解了龙钦宁提前行仪轨的内容，而且摄集藏传各主要教派的前行引导文及显密修法之关要，完整涵盖了三士道次第及诸多殊胜窍诀要点，极为难得稀有。论名中的普贤上师指如来芽尊者，华智仁波切认为他的根本上师与普贤王如来无二无别，因此把上师教言笔录称为《普贤上师言教》。

自其成书至今，《普贤上师言教》一直是流传最广的前行引导文，被人们反复听闻、讲解、背诵。我曾在法王如意宝、根容堪布、才旺晋美堪布和晋旺堪布前多次聆听口传及窍诀。我第一次听是十几岁在札阔地方求学时，在根容堪布座下。后来回到家乡又跟随才旺晋美堪布学习这部著作并闭关实修。去到喇荣后，再次在法王如意宝及晋旺堪布前听闻此法的传承、释义及要诀。晋旺堪布对《普贤上师言教》的内容谙熟于心，他上课有时忘记带法本，却不会干扰到他讲课，因为他能完整背诵原文，几乎无须看法本，而且他对法义的讲解很多是来自他自己的实修口诀，极为珍贵。

法王如意宝传给我的《普贤上师言教》的传承是由华智仁波切传给乐喜堪布公美，堪布公美传给喇嘛罗珠仁波切，罗珠仁波切传给法王如意宝。

华智仁波切的大弟子纽西龙多仁波切将来自上师的口传和窍诀传予堪布阿琼仁波切，阿琼仁波切据此写出《前行备忘录》，集诸多实修窍诀于一体，为后世修行者留下了又一部珍贵的前行引导文。

近代大圆满传承上师全知麦彭仁波切概括龙钦宁提前行仪轨的主要内容，撰写了更为简明扼要的前行仪轨《开显解脱道》。

我们修前行时，既可念诵《大圆满龙钦宁提能显遍智妙道前行仪轨》或《开显解脱道》，也可念诵其他高僧大德所造的前行仪轨。引导文可参看《普贤上师言教》《前行备忘录》以及其他多种前行引导文。这都是具有持明传承殊胜加持的法本，若反复研读、如理修行，一定能得到加持和成就。像华智仁波切这样不可思议的祖师大德每一座修法都要修前行，我们作为初学者更应该心无旁骛、精进不辍地实修前行。我在学院时的同学南珍堪布和我讲起身边诸多道友的殊胜功德，他说他家乡寺庙的慈阔活佛完成了二十一遍五加行，着实令人叹服！

很多修行人都有记修行笔记的习惯，在反复温习前行修法的过程中，我也把自己的些许心得体会以及平日见闻的某些现象和由此引发的感想零星记录了下来。这些文字谈不上是修行笔记，更不是前行引导，除了其中引用的佛菩萨及高僧大德的教言外，其余文字可能对大多数人来说都不会有什么价值，之所以拿出来发表，是考虑到它们作为一种前行辅助读物，也许能为一些人提供点滴参考和帮助。由于自己的局限，文章中错误在所难免，我至诚在上师、本尊、空行三根本前发露忏悔，并恳请各方指正，不胜感激。

法王如意宝当年在讲解《杰珍大圆满》时曾经对弟子们说："该传给你们的大圆满法，我都已经传给你们了。从今以后，希望你们真正视上师为佛，勇猛精进修上师瑜伽。如果能做到这两点，今生即使没有闻思也必定能证悟大圆满。你们对此不要怀疑，也不要犹豫。这是至尊蒋阳钦哲旺波当众所说的金刚语，其他很多上师也都这样说过，我亦如是说。"

全知麦彭仁波切在《文殊大圆满基道果无别发愿文》中写道："大圆满法仅仅听闻也必定能解脱。续部有云：在有勤因乘难以调伏众生的时期，大圆满法将广弘于世，普度有缘众生。"末法时期众生的烦恼业力不可思议，大圆满的加持力同样不可思议！莫说得到大圆满的灌顶和引导，或者听闻大圆满法，哪怕仅仅听到大圆满的名号，此人也必将于人寿十岁时得到吉祥智慧空行母的度化，在生、死及中阴三时段中的任何一时获得解脱。这在《阿底大庄严续》中有明确的开示。所以，大圆满传承的上师们默默承担起常人无法想象的巨大障难，不惜牺牲自己，以帮助更多众生接触到大圆满法。

法王如意宝曾经说，他十几岁便证悟了大圆满，从小他就相信自己一定能获得虹身成就，甚至像莲师那样不舍肉身直接去往清净刹土。对此他一直确信不疑。后来他在各地广弘无上大圆满法，摄受了为数众多的弟子进入大圆满坛城，其中一些人破了密乘戒，并且存心制造违缘阻碍上师弘法利生事业的顺利开展。由此原因，他示现圆寂时有可能不会虹化，但他决不后悔，能让更多众生获得大圆满法的利益，他即使不虹化也没有关系。法王如意宝还说："我圆寂后，肉身可能不会化光、缩小，也许反而会增大，如果是这样，你们也不必害怕。我不会给你们的解脱造成任何伤害。我的慈悲心、菩提心与生俱来，无有造作，不管在什么情况下，我都不会伤害众生哪怕一根毫毛。不论我最后怎样示现，都希望大家不要心生疑惑，不要毁谤上师，更不要退失对大圆满法的信心！"

尽管有破戒弟子的冒渎之气严重干扰，法王如意宝示现圆寂时仍然呈现出虹身成就的种种瑞相，肉身缩小，虹光漫天……并且法王给我们留下至为殊胜稀有的金刚舍利，让我们再次见证了大圆满法的不可思议和圣者福德力的广大无边。

我很幸运，今生能成为法王如意宝和诸多具德上师的弟子。如果不是凭借上师们深厚的悲心和福德，末法时期如我这般福报浅薄的众生，不可能接触到大圆满法的光明。

以前，法王如意宝常常说，每当他想到自己有幸出生在佛法兴盛的地方，有幸成为旧译持明传承的弟子，并从上师那里听闻到大圆满法，自己能思维大圆满的法义，能真正修持大圆满法，他真是开心极了。有时候晚上躺在床上想：不说别的，仅仅是每天能把大圆满的法本带在身边，自己都一定是清净了无数的业障、积累了巨大的资粮才能这样。想到自己的福报，他高兴得简直要从床上跳起来。

记得当年学院新的大经堂奠基时，天空出现一条横跨东西、形状细长的白云。法王如意宝说："这是善妙的缘起，我去佛陀初转法轮的圣地鹿野苑朝拜时，天空也曾出现过这种景象，它预示着佛法将在世间长驻广弘，传讲佛法的高僧大德将长久住世。本来我从小就发愿像麦彭仁波切一样活到六十六岁，但从现在的缘起看来，我的寿命有可能会更长一些。"当时，我听到上师的这些话，心里特别激动、特别温暖。法王如意宝接着说："我们师徒有缘在一起讲闻大圆满法，各方面因缘都具足。现在大圆满法的传播如日中天。大家千万要珍惜这段美好的时光，做到戒律清净、勤奋闻思，不要东跑西跑。我在世期间，你们尽量不要离开学院，就在这里好好修法。一来，这有助于你们自己的成就和解脱；二来，这也是为了日后大圆满法能更长久地在世间流传。”

我那时想：像法王如意宝这样伟大的上师一定会长久住世的，我还能长期跟随在他老人家身边，还有很多机会听他讲法，即使有朝一日我们师徒不得不分离，那也将是很久很久以后的事。

可是转眼间，法王如意宝示现圆寂都已经七年了①。我的大恩上师们纷纷示现了圆寂。我很想念他们。尤其在这次整理前行笔记的过程中，我时常想起过去依止上师的日子，想起上师的教言。我跟随法王如意宝学习佛法二十一年，有幸听闻到许多珍贵的教言，只可惜那时没有把上师的金刚语句逐一笔录下来，现在有一些已经记不清楚。我非常难过。

法王如意宝以前总是要我们珍惜跟随上师学法的机会，他说：“等我不在了，你们再想求大圆满窍诀，很难呐。末法时期，有些人会讲法，自己却没有多少修证；有修证的又往往不能按照见、修、行、果的次第为弟子完整传讲大圆满法；有的人既没有证悟境界，也没有能力传讲续部教言，却喜欢信口开河、四处传法。真正有修证、能讲大圆满密续、又能讲窍诀的上师，就像白天的星星一样稀少。”

像法王如意宝这样伟大的圣者，他的一言半语都有无限的加持力。我们哪怕只记住他老人家一句教言，都能得到利益。

以坚韧不拔的精神孜孜不倦地实修上师所传的一切正法，是我们能献给上师的最好的供养。

愿以此前行笔记微薄的功德供养我的根本上师法王如意宝、我今生遇到

---

① 这篇文章写于2010年12月，距离法王如意宝2004年1月示现圆寂近七年。

的诸位具德上师以及大圆满传承的祖师大德！

愿见闻此文的有缘者都生起精进修行之意乐！

祈请诸佛菩萨、上师、本尊、空行、护法加持，一切众生离苦得乐、究竟成佛！

希阿荣博
于藏历铁虎年十一月
（公元2010年12月）
修改于2017年12月

法王如意宝早年在喇荣五明佛学院大经堂修持金刚舞

第一章

佛法修持的基础

一、出离

《法华经》云：三界无安，犹如火宅。

解脱的第一步是生起出离心，知苦离苦。然而，厌离轮回，追求解脱，又有多少人真的认为轮回不值得留恋呢？

对多数人而言，轮回二字恐怕主要还是停留在书面上的模糊概念，与自己的切身经历并没有建立起多大的关联。

在你的印象中，轮回，指的是一个充满痛苦的地方，或者可以干脆把它比喻成一座监狱，里面的囚犯分成六个等级，享受不同的待遇。最低级的，地狱里的重刑犯，没日没夜上酷刑。比他们稍好点的饿鬼和畜牲，活着尽挨饿受苦，终日为了争抢一点可怜的食物打架打得你死我活。从人往上，算有点尊严了，可也好不到哪里去：人活着大部分时间在发愁或在生病；对阿修罗而言，生的乐趣在于争斗；天人是无所事事混日子，都很没意思。尽管如此，这种等级的划分如果是一经确定永远有效的话，能一直做个高级囚犯也不坏，但问题在于它不是永远有效，囚犯们得轮流到各个牢房去受苦。所以，如果想一直活得舒服，还是应该脱离这个叫轮回的地方，而那种一直都比较舒服的生活状态，就叫解脱。

很难说，这样去理解轮回和解脱，是不是对真正的解脱会有所帮助，因为这个“轮回”只存在于佛教知识的范畴里，充满其间的痛苦也只停留在你的概念里。“轮回及其痛苦”只是你生活的一部分，而且是很小的一部分，你差不多只有在百忙当中抽出一点时间来做功课的时候，才会想起还有“轮回”这么一件令人不愉快的事。这时候，你或许会想：轮回是个可恶的东西，的确应该像上师说的那样去摆脱轮回，寻求解脱。解脱后就过上幸福生活了。这辈子不会再生病，永远不衰老，夫妻恩爱，子女乖巧，反正现在生活中所有麻烦、发愁的事都没了，做什么都称心如意。下辈子起点更高，从一开始就没完没了地享福，因为摆脱轮回了。

如果这就是你追求的解脱，那恐怕没有比这种解脱更真实的轮回了。

佛陀初转法轮宣讲了苦、集、灭、道四谛。苦，是说我们的一切经历都不离痛苦的本质。集，痛苦的成因。灭，痛苦是可以止息的。道，止息痛苦的方法。实际上这就是解释了什么是轮回、轮回是怎么来的、是否有可能结束轮回（即解脱）以及如何解脱。虽然在四谛中，集是因，苦是果，道是因，灭是果，但佛陀在宣讲这两对因果时，却是倒过来先讲果再讲因，这是因为在实际修行中，是按苦、集、灭、道的顺序，而不是按因果的顺序来修的。你先要认识到六道轮回中所有生命的生存状态都具有苦的特质，这个“苦”不仅包括粗大剧烈的痛苦、伤害，也包括细微的不适、不如意等等。当你对苦的深度和广度有了正确认识，远离痛苦就成为一股强烈的意愿，它让你迫切地想知道到底是什么原因造成了这生命中无所不在的缺憾——苦。只有在你真正明白苦的成因后，才会知道原来苦是有可能终结的。于是，你通过各种途径远离痛苦、趣向安乐。修行中很多旨在去除痛苦根源的方法本身看上去也很苦，所以如果没有巨大的信心，相信只要去除根源痛苦就会消失，如果没有冷静理性的分析判断支持这种信心，我们恐怕很难在寻求解脱的道路上坚持下去。这也就是佛陀为什么要先讲灭再讲道的原因。

解脱之道始于对苦的正确认识，反过来说，如果不是从正确认识痛苦着手，脱离轮回几乎不可能。为什么大多数所谓学佛者不确定自己是否真的想解脱？因为大家在心底不觉得轮回真有那么苦。虽然你也承认生活中的确有很多东西会带来痛苦，应当想办法远离，比如灾难、暴力、贫穷、疾病等，但生活也有美好积极的一面，像爱情、亲情、理想等，至少这些东西还是值得去追求和拥有的。所以，只需运用佛法重点对治生活中痛苦、阴暗的层面，在遇到困难或倒霉的时候求助于佛法，请佛菩萨帮忙渡过难关就可以了。佛法不是讲离苦得乐吗？痛苦了才用得上佛法呀，而无灾无病、春风得意时，只宜尽情享受生活，才不愧到人间潇洒走一回。大概许多人都是这么想的。你看现在书店里有关佛教的书籍经常是和心理治疗、心灵鸡汤、励志之类的书摆在一起的。他们说，在你失意、痛苦的时候看看佛陀是怎么教你舒缓情绪、调整心态、面对挫折和压力的。修习佛法确实可以达到远离怖畏、病痛、沮丧等目的，佛门有求必应，此话一点不假，但你能从佛法中得到的益处远远不止于此。

有些人或许并未遭遇不幸，不需要佛菩萨来救苦救难，但却是通过佛法去获得别人的肯定、赞叹和供养。他们发现，如果求一点法，然后装模作样去修行、闭关一番，或者把刚刚从上师那里听来的佛法，现买现卖地跟其他人讲一讲，加上自我推销推销，自然就会有人把鲜花掌声、衣食供养送到面前来。龙树菩萨曾把依靠佛法换取名闻利养的行为称为“自欺”[①]。如果自身没有能力消化信财而滥用信众的供养，将来的果报会很惨烈。

当然，多数人不会抱着“贩卖佛法”的心态和动机去学佛，却也不是为了解脱轮回去学，而是为了生活美满、升官发财，来世投生善趣。以这种求人天福报的心，持戒、修行，哪怕修无上大圆满法也不是解脱、究竟证悟的

---

① 《大智度论》云：“有人入佛法，不求涅槃乐，反求利供养，是辈为自欺；是故佛弟子，欲得甘露味，当弃舍杂毒，勤求涅槃乐。”

因。实际上，在轮回中追求圆满这个想法本身就是一个巨大的迷惑。长期以来，我们都认为生活里之所以问题不断，是因为自己做得还不够好，如果都想到、做到了，事情一定会有一个圆满的结果。于是我们很努力、很用心地去生活，可不论我们多在意保养、锻炼，身体照样会生病、衰老；不论我们多么爱身边的亲人，他们早晚还是会与我们分离。事业，家庭，一切，总有不如人意的地方。

常有人跟我诉说生活中的痛苦烦恼，事业不顺利，婚姻出问题，失眠厌食，等等，希望我能教给他们一个方法把这些麻烦都解决掉，像看医生那样，得到一系列建议，然后按照步骤一二三四，一步一步去做，然后就万事如意了。我想我大概常常让他们失望，因为我总是说：对生活要求不要太高了，好好修行呀！我希望他们少受痛苦，但我更希望他们明白：轮回就是这样充满缺憾的。烦恼无尽的纠缠，这就是生活。

无始以来，我们所追求的都是自己能过得更好、更安全、更快乐，然而，这种追求至今没有结果。是时候停下来重新思考了。如果我们不纠正两个错误，很难得到真正持久的安乐。一个错误是在缺憾中寻求完美，另一个错误是只想自己快乐。

二、发心

我们永远在为自己着想，而我们至今仍然痛苦；一心为众生着想的人，他早已成佛，获得了永久的安乐。

——寂天菩萨

做任何事情之前，我们应该问问自己：为什么要去做？动机是什么？我们对这件事的基本态度是什么？这就是发心。发心对修行至关重要，它不仅决定了修行的结果，也在很大程度上影响着我们的见解和修行途径。

发心的不同

前面我们讲到修行的各种动机和态度。为了获得人天福报而修行，发善心，做善事，自然会修得善果，这一套思想和修行的体系可以称为下士道人天乘。下士道非常强调做人要正直善良，因为这是获得人天福报最关键的要素。

为了自己能脱离六道轮回的痛苦而修行，是中士道声闻缘觉乘的发心。为了一切众生究竟解脱而立志成就佛果，是上士道大乘的发心，也称为菩提心。

这里需要指出的是，作为大乘佛弟子，不要因为自己发心更殊胜，遵循的思想体系见解更高卓，而看不起声缘乘、人天乘。一般世间有德行的人都值得恭敬，何况天人，他有他的善果。声缘乘修行人发愿不伤害众生，谨言慎行，想想看要做到这一点需要多么精密严格的持戒，而我们很多嘴上说学大乘的人却经常轻易就伤害别人，真的应该惭愧呀！

马鸣菩萨在《修世俗菩提心论》中写道："上士道亦应取下士之善趣行与中士之寂静行，以其为上士殊胜出离道之支分或助伴之故。"人天乘的行善积德、声缘乘的寂静之行，乃大乘行仪的组成部分。其实，法无大小，人心自有等差[①]，所以阿底峡尊者说：大小乘以发心别。我们只需时刻检视自己的心，确定自己的修行是为了一切众生离苦得乐就好了，不要枉自在行持上分别我是大乘、你是小乘、他是不求解脱的愚人。众生的意乐根机不同，我们只是比一些人更有热情、更有勇气、兴趣更广而已，相信不仅是自己而且所有众生都有成佛的潜力。

发菩提心

菩提心一般分为世俗菩提心和胜义菩提心。胜义菩提心指现见法界实相后生起的智慧。世俗菩提心又称广大意乐菩提心，指发愿为了一切众生离苦得乐、获得解脱而精进修行、成就佛果。

我们尽己所能地帮助众生，希望他们丰衣足食，免受匮乏之苦；享受平等、关爱，免受歧视、孤独之苦。而同时我们知道，衣食资具会穷尽，内心的感受会变化，真的很难面面俱到，让人们长久地幸福下去。所以在救济眼

① 阿琼堪布《前行备忘录》："从诸位初学者的侧面安立大乘小乘，就是看具不具备世俗菩提心，而并不是以法来安立大乘和小乘的。"

前的疾苦之外，如果条件允许，我们会尽量教人们取舍因果的道理。长远的丰足安乐只有靠改变自己的内心和外在的行为才能实现。

有人说："我只想自己成佛，不想那么辛苦地利益众生，可不可以？"事实是，如果你只想自己解脱并且很精进地修持相关的法教，那么最终你可以获得解脱，成就阿罗汉的果位，但不是圆满无上正等觉的佛果。圆满觉悟（或说成就佛果）意味着智、悲、力三者圆满，其中，悲指帮助众生离苦得乐的悲心，若在因地修行时没有此悲心，果地也就不会有圆满觉悟。

在这方面，另一个比较容易出现的错误是，面对穷人、病人、流浪猫狗以及其他需要帮助、抚慰的众生，你也许会说："我的目标是度众生成佛，不是帮他们解决一时之需，满足了他们的要求又怎样呢？他们还不是无明？"有时候我甚至怀疑大家是不是在为自己的懒惰、吝啬和冷漠找借口。

为了一切众生的解脱而精进修行、成就佛果，这是广大意乐菩提心，也是我们一切身语意行为的基本动机，是修行的出发点和最终目标。

金刚乘和上师

而在听闻、观修、行持金刚乘法的时候，我们还要努力生起与实相相应的清净观，即"我与无边诸有情，本来即是正觉尊，了知如是之自性，即发殊胜菩提心"，这又称为广大方便秘密真言之发心。

金刚乘被称为速疾解脱之道，具有众多积累资粮的方便，所以不需要经三大阿僧祇劫，也不需要肝脑涂地等极大的苦行即能证果。这对于生在末法时期比较没有耐心、比较脆弱的我们来说，真是一个好消息。

金刚乘的教法又有远道、近道、捷径三种。根据一些续部教言，虽然依靠外续事、行、瑜伽三部，在五世、七世或者十六世内能成就佛果，却不容易修学。尽管依靠近道玛哈约嘎和阿努约嘎，一生一世能成就佛果，但如果生起次第的本尊如小指大小的形象也不能浮现于心、圆满次第一呼吸的气息也持不住，那也难以修成。而依靠光明大圆满，数年数月就能成就双运果位。

修行大圆满必然要借助上师的窍诀，否则不会修成。进一步说，要证悟大圆满心滴部之甚深密意，唯有依靠信心和上师的意传加持。

纽西龙多仁波切曾这样回忆自己证悟心性的经历：

平日里，阿哦仁波切（华智仁波切）每到天黑就会在一张羊毛垫子上全身仰卧，脸朝上仰望虚空，用一座时间来修持“三虚空”的修法。一天晚上，阿哦仁波切正在一如既往地观修“三虚空”，突然间他问我：“龙计（纽西龙多的昵称），你说过自己未能认识心的本性？”“是的，上师，到目前为止。”我回答道。他平静地说：“没什么不能认识的，过来吧，像我一样躺下来，目光直视虚空。”我便按上师的要求去做了。片刻后，上师又问我：“你是否看到了天空中的星星？是否听到了佐钦寺的狗叫声？是否听到我在说话？”我一一作了肯定的回答。之后，上师面带微笑地启发道：“噢，那就好，所谓的心性就是这个！”就在那一瞬间，我恍然大悟，心中积蓄已久的诸多疑虑当下全部涣然冰释，一切是与非的分别枷锁此时都已完全脱落，觉空赤裸之智慧终被彻底认识。

这完全是大恩上师加持的结果。大成就者萨绕哈尊者云：“师言入于何人心，如见掌中伏藏品。”说的即是此意。如今再回顾、品味当时上师所说话语之含义，除了将眼识、耳识指认为觉性外，再无更深之内涵。然而要知道，大圆满心滴部甚深密意之证悟，却只有依靠上师的意传加持！

上师对于我们至关重要，因此从一开始就不能破坏师徒之间的缘起，上师要观弟子成佛，弟子要视上师为佛。持明无畏洲说过：如果把上师看成凡夫，就只能到狗面前去取悉地了，狗面前是没有悉地的。当年，阿底峡尊者从印度来到藏地弘扬佛法，仲敦巴尊者曾请教他：“藏地有如此多修行人，为何无获殊胜功德者?”阿底峡尊者答道：“大乘功德，不论生多生少，皆须依靠上师方能发起。尔等藏人于上师仅作凡庸之想，如何能生功德?”

我们在闻法时要把上师观想成佛，法身普贤王如来、邬金莲花生大士、报身金刚萨埵或者阿弥陀佛；要把闻法地点观想成佛的净土，密严法界宫、铜色吉祥山莲花光宫、东方现喜刹土或西方极乐世界；要把闻法众眷属观想成持明、勇士、空行；所闻之法是无上密法；时间是从普贤王如来到现在的根本上师之间、口耳相传连续不断的常有相续。因为本来就是五种圆满，才这样观想的。

上师是三世诸佛的本体。上师身为僧伽、语为妙法、意为佛陀，总集三宝；上师身为上师、语为本尊、意为空行，总集三根本；上师身为化身、语为报身、意为法身，总集三身；上师是过去诸佛之化身，未来诸佛之源泉，现在诸佛之补处。弟子本具如来藏，然为客尘所遮，现在跟随上师闻思修行，将来必定垢净现真佛。无论上师还是弟子（闻法众眷属）都是佛，佛所在的地方自然是清净佛土。

我们并非把原本不是的东西想象成是，只不过暂时因为障碍，我们才不能见到诸法实相。这一点很关键。实际上，对金刚乘的修行人来说，这不是一个想象力或信服不信服的问题，而是具备或失毁金刚乘誓言的问题。如果我们把一切显现视为本尊及其坛城，就是具誓言；否则，认为所谓五种圆满只是权宜之说，实际上墙就是墙，水就是水，前面传法的就是一个普通人，下面闻法的就是一群烦恼众生，本来如此，这么想就是与金刚乘誓言相背离。

三、三殊胜

行持一切善法要以三殊胜来摄持，这样行善的功德才能日日增上，直至成佛永不灭失。三殊胜指的是加行发心殊胜、正行无缘殊胜、后行回向殊胜。

修行价值的流失

有四种心念或行为会使我们的修行失去其本应有的价值：嗔怒、夸耀、懊悔和不回向功德给一切众生。

经论上说，一念嗔心，能摧毁一千大劫里上供下施积累的福德善根[①]。现代社会生活节奏非常快，人们好像都不太有耐心，如果事情没有按期待的样子发展，便爱发急。修行过程中，往往要做一些自己不喜欢的事，因缘也并不总像期望的那样圆满，如果总是顺着自己的习气，恐怕嗔恼的时候会很多，我们可有足够的福德善根供摧毁？

大家觉得凡事只有符合自己的意愿，才能快乐；只有做自己喜欢做的事

① 《入菩萨行论》：“一嗔能摧毁，千劫所积聚，施供善逝等，一切诸福善。”

才能快乐。不过说实在的，好像从无始以来，我们都是在做自己喜欢做的事，结果呢，就是我们还在轮回里很不快乐。可见随心所欲并没能让我们更快乐，既然如此，事不遂愿也就不必看得太严重了。

第二种过患是夸耀。堪布阿琼仁波切在他的大圆满前行讲义里说：“有些人只是办了一件微乎其微的善事，就在走路的人前坐着讲，在骑马的人前站着讲。”想象一下那是多么滑稽的一幕：挡在路上非不让人走，要跟人家说自己的功德。

这种夸耀的风气如今应该比阿琼仁波切那个年代更盛了吧。有一位很有意思的居士曾经对我说：“师父，现在大家都喜欢做功德，我喜欢做阴德。”我就问：“功德和阴德有什么不同吗？”他说：“功德是做了好事让别人知道，阴德是不让别人知道。”哦，原来功德和阴德是这么一回事，我还是头一次听说。

一般人做了好事都想让别人知道，而大成就者却是不同。以前，华智仁波切常以普通僧人的形象四处游方，认出他的人很少。一次他来到康巴地区的一户人家门前。这家主人的母亲刚刚去世了，家里正迎请来本地颇有名气的上师做超度佛事。见华智仁波切也是僧人装束，主人便请他一起参与法事。仁波切进门后，看到那位上师坐在高高的座位上，旁边是随行的小侍者，二人正在念诵仪轨。于是仁波切便坐到一个角落里，以神通观察，发现那位上师正在想：“主人家能否将那匹最好的黑马供养我呢？”亡人的中阴身得知这位上师生起了如是恶念后便躲得远远的。小侍者却以真诚的大悲心祈祷亡人往生极乐世界而专注念诵，因此义将中阴身感召回来，但他无有能力将其超度。观到这里，华智仁波切暗自思量：“若未与亡人结上缘则无法超度他。”于是他问主人道：“能给我一点吃的吗？”主人说：“佛事做完后可以给你。”超度仪式结束后，那位上师果然得到了黑马，而具有慈悲心的小扎巴（僧人）仅得到一张小黑牛皮。主人给了华智仁波切一碗酸奶，如此与亡人结上缘，于是将亡灵超度了。仁波切后来自嘲地唱道：“贪心上师得黑马，悲心扎巴得牛皮，超度亡灵得酸奶。”

第三种过患是懊悔。悔总是和疑相提并论。对修持佛法的功德心存疑虑，就会数数生起后悔之心。比如，你可能会在上供下施之后时不时冒出这样的念头：“那个东西要是没有供养或布施掉就好了！”这是因为你怀疑那次供养或布施真有那么大的意义。或者有时候你会想：“要是没有花那么多精力学佛就好了，为了学佛放弃了很多挣钱、发展事业的机会，现在才这样不如意！”诸如此类的懊悔之心，究其根源都是对佛法修行能带来的利益心存怀疑。

第四种过患是不回向功德给一切众生。有人觉得如果把功德都回向给众生了，自己不就没有功德了吗？这种担心是多余的。把功德回向众生，众生也包括你，你怎么就会没有功德了呢？功德不回向众生当然也不会消失，只不过这种善业果报享用一次就穷尽了。

有时候人们倒不是因为舍不得功德，只是忘了回向，毕竟回向与我们习惯的行为模式太不一样了，好比随时都得想着把自己辛勤劳动的成果贡献出来，与所有人分享。

没有三殊胜摄持，嗔怒、夸耀、懊悔和不回向功德给一切众生，这四者当中任何一个都能损耗我们的善根。

如果尚不熟悉三殊胜的修持，不能在平时做事时总记得以三殊胜来摄持（当然这是很常见的情况，比如你不会每做一件事都在开始时按一下暂停键——稍等一下，我先发个菩提心：为一切众生究竟成佛而洗这个碗、出这个门等等），那么怎么办呢？我们可以在每天早上发心：愿我今天做的一切都能利于众生，帮助众生离苦得乐、觉悟实相。然后，我们认真地去做每一件事。晚上睡觉前做回向：我今天所做一切善法的功德都回向给众生，愿他们因为我的所作所为而得到真实利益。

当然，能随时以三殊胜摄持自己的言行，那是最好不过。

加行发心殊胜

前面讲到的广大清净意乐菩提心，发愿为了一切众生远离苦因及苦果、获得解脱安乐而精进修行、究竟成佛，这是加行发心殊胜。这种正确的发心会像铁钩钩住草垛一样，提摄住我们的善根，使它不至于在业风肆虐中溃散零落。

这种发心之所以清净，是因为它远离贪、嗔、痴、慢、疑等烦恼；之所以广大，是因为它避免了狭隘。如果我们不是以这种发心来做事，就会有所期待，期待回馈或至少一个看得见的结果。有期待就有恐惧、怨恨、骄慢和失落。学佛很多年了，可是你仍然没有太多的进步，还是那么容易受伤害、被触犯，还是经常犹疑：把时间和精力花在修行上是否真的有意义？如果没有正确的发心，退失对佛法的信心、退失学佛的热情简直太容易了。

一些人希望通过学佛来得到自己想要的东西，当福报因缘具足时，的确可以实现这样那样的愿望，但如果福报因缘不具足，想要的得不到，你可能就会失望，会失去学佛的动力，甚至抱怨佛法不灵、上师加持力不行。

这种心态比较普遍，有时它会隐藏在我们内心某个角落里，不仔细查看，我们可能会以为自己没有。比如，平时做善事、修行的时候，你的发心确实不是要为自己谋好处，可遇到不顺利的事情，或者眼看着别人都比自己顺利、成功，你就不由自主会想："今年我很认真地做功课，积极地行持善法，怎么没效果呢？那些福德都到哪儿去了？"

常常有人跟我说：祈祷上师三宝了，可是没得到加持。其实，能否感应到上师三宝的加持，完全看我们自己的信心。佛菩萨的加持力也就是他们护佑众生的愿力，这种愿力极其强大，像西方极乐世界那样广大庄严的诸多清净刹土都完全是由佛菩萨的愿力而成就的，所以不要怀疑诸佛菩萨是否有护佑我们的力量，关键是我们自己心里是否真的相信并愿意接纳佛菩萨的加持。《心地观经·离世间品》云："如人无手，虽至宝山，终无所得，无信手者，虽遇三宝，无所得故。"人们祈祷上师三宝，往往仍旧心存疑虑，总是抱着试试看的心理，似乎想测验三宝的能力。这样做，能在多大程度上感应到加持力，很难说。就像电路一样，我们这边断了闸，有电也通不过来呀。如果真心信赖上师三宝的愿力，自己也诚心发愿的话，一定能得到加持。

我的一位上师晋旺堪布年轻时在法王如意宝座下闻思，显现上学习成绩不太好，总不能理解法义，于是他至诚向文殊菩萨祈祷，如法念诵了几亿遍文殊心咒，再闻思，轻易便通达了五部大论，成为佛法再弘期藏地第一流的大堪布，讲课时滔滔不绝、旁征博引，经文论典全部谙熟于心。

也有人是借助佛法修行来治疗感情的创伤或者丰富灵修的体验。我不知道佛法能在多大程度上帮你顺利地从一段感情过渡到另一段感情。我猜效果应该不会很大，因为佛法教你的是怎样去减少执著，而这恰恰是你最不能接受的。

我很遗憾，有许多人注定要在学佛的过程中体会失望的滋味。修行的旅程不会一帆风顺，所有修行人都在不断地面对挑战和挫折，但如果你有清净的发心，你将幸运地免受众多无谓的干扰，而能怀着信心和热情坚持修行。

正行和回向

正行无缘殊胜，指修持佛法时善根不被外缘毁坏。用空性智慧摄持，对许多人来说是困难的。但如果在修持佛法时，将修法的人、所修的法以及修法的过程等本性观想为空，显现如梦如幻，能生起这样的见解，也可算是一种正行无缘。如果暂时做不到这样，也要在修法时尽量放下执著，心不外散。比如说，顶礼的时候，不要身体在顶礼，嘴里却在跟旁边的人说闲话，或者心里想着柴米油盐、人我是非。总之，要时刻提起正念，专心向法。

后行回向殊胜，就是修法结束后，将所有功德回向给六道轮回一切众生，这能使善根与日俱增，无以穷尽。佛经中把这种回向比喻成把一滴水融入大海，只要海不枯竭，这滴水就不会干。从现在起直到究竟成佛，哪怕你因此善根而享尽人天福报，这个善根也不会用尽；不仅不会用尽，它还将在你成佛的漫长过程中一直发挥作用。

真正的三轮清净的回向，要求达到三轮无分别的程度，显然不是初学者能企及的，所以我们应该采用相似的三轮清净回向，即：我以往已经积累的善法、未来将要积累的善法、现在正在积累的善法、凡圣一切善法功德，综合起来，为了一切有情离苦得乐、获得解脱而回向。

具体回向的方法是：心里想，诸佛菩萨如何以三轮清净的方式回向，我也如何回向；口里念诵“文殊师利勇猛智，普贤慧行亦复然，我今回向诸善根，随彼一切常修学”和“三世诸佛所称叹，如是最胜诸大愿，我今回向诸善根，为得普贤殊胜行”两个偈颂。这样可以代替真正的三轮清净回向。

经常有人问到如何选择回向文，从内容上来考虑的话，大圆满传承祖师全知无垢光尊者在《心性休息大车疏》中说：回向文应当是一地以上菩萨所说的成实语，不能是随随便便而作的一般回向文。因此我们也应当念诵圣者所造的回向文。

大乘显密的一切实修法都超不出三殊胜的范畴。想成就圆满佛果，三殊胜缺一不可，有三殊胜则足矣。

四、成为法器

闻法时，我们应该在行为方面注意哪些问题呢？首先应该让自己成为堪受法教的法器，这需要避免三种过患。

倒扣的碗

第一种应避免的行为是耳不注如覆器之过。好像一只碗倒扣过来，你怎么往它上面倒甘露，它都接不住。这种情况比较容易发生在轻易能见到上师、听到上师讲法的人身上。他们虽然场场必到，坐在听众中间，但心里却一直想着别的事，总觉得这次不听没关系，下次还有机会。如果你好不容易才见上师一面，或者千里迢迢赶来闻法，相信你不会把上师说的话都当耳边风。

现在科技发达，上师讲法的过程可以录像、录音，内容可以印成文字来弘传，这一方面使大家能够根据自己的具体情况，选择在精神状态比较好、注意力比较容易集中、没有太多杂事干扰的时候，听录音、看录像等，有了更大的主动性，闻法时就能避免耳不注如覆器之过了。另一方面，科技带来的便捷也使大家都成了轻易能见到上师、听到上师讲法的人，闻法过程中，心猿意马或昏昏欲睡、充耳不闻的情况就更多了。

不知大家有没有想过，什么原因造成了耳不注如覆器之过？是因为对佛法、对上师缺乏感激和珍惜。你并不是真心认为这位上师有多么好、多么值得尊敬，他讲的法有多么殊胜稀有、能让你解脱。你心想：我认识的上师多了，比他有名、地位高的有的是，都跟我很熟很要好。我曾经遇见这样一个人，他对我说："我在很多大法王、大活佛面前得过大灌顶，像时轮金刚之类，我跟他们熟得很，经常一起吃饭，活佛身边的人都劝我皈依，可我不皈依，皈依没意义。"

我发现一个有趣的现象：一些人喜欢跟上师攀交情，还有一些人喜欢跟上师攀亲，如果实在找不到蛛丝马迹证明自己这一世就是上师的亲戚，也必定要怀疑甚至断言自己前世是上师的兄弟姐妹、父母子女。如此一想，不禁飘飘然，很难再把别人放在眼里，自己也随之高深起来。其实，不要说做一般上师的亲戚，就是做本师释迦牟尼佛的亲戚，如提婆达多，如果对三宝心怀傲慢和邪见，照样会招致堕落的果报。

还有的人喜欢认定转世、化身。记得我初到汉地传法，大家都说我是黄财神的化身，我自己也很惊讶：以前从来没有哪位大成就者认定我是黄财神化身呀！再说我从小到大都穷得很，七八岁之前没穿过真正的衣服，后来离家求学也是经常要靠上师、道友接济才能维持生存，像我这样怎么会是财神的化身？我百思不得其解，最后想到：也许因为我在喇荣五明佛学院协助法王如意宝管理财务，居士们于是便"封"我做了黄财神。传统上，藏地认定活佛、化身等有严格的程序，对认定者的资格要求也很苛刻，不是随便什么人任意地想一想就认定出活佛、化身来。

作为学佛的人，我们放下傲慢、虚荣和种种不切实际的幻想，选择一位真正的具德上师，跟着他老老实实学习、修法，使自己的出离心、菩提心、空性慧不断增上，就足够了。佛法何其珍贵！任何一个人，不论他示现贫贱还是富贵，只要他能教我们佛法，哪怕一偈一句，都是我们礼敬的对境。

有洞的碗

第二种应该避免的行为是意不持如漏器之过。碗口是朝上，可碗底有洞，甘露倒进碗里又漏掉了。上师讲法你都听着，就是记不住或者不理解法义。有时候为了赶时间或者图新鲜，匆匆忙忙看几十页、几百页法本，很难消化所有法义，收获可能不会太大。我的建议是，重点的内容要反复阅读，反复听讲记，反复思考，这样才能将佛法化归自心。否则，只是视线从法本上滑过去，好像是明白了，但没在心上留下些什么，太可惜了。

人们常说：好记性比不上烂笔头。在上师开许的情况下，我们若能把上师讲的法记录下来，对巩固修行境界会有很大帮助。

华智仁波切曾在上师如来芽尊者座下先后聆听了二十五次大圆满龙钦宁提前行法，每一次都做详细的笔录。他说："上师的教言，我一个字都舍不得忘。"后来，他把上师如来芽尊者关于前行法的教言汇集成文，即文佳意深如奇珍异宝般的《普贤上师言教》。

纽西龙多上师给弟子阿琼仁波切传法时，对于每段引导文的内容，上师略讲之后，阿琼仁波切都要花几天时间思维其义，然后请上师详细开示法义，并解答自己的疑问，接下来又是几天时间反复深思上师所讲义理。尽管已经把上师的教言一字不漏地记在心里，阿琼仁波切还是担心自己以后会忘记，于是请求上师允许他做一下笔记。

我们的祖师大德们是如此朴实、谦虚，对教法是那样希求与珍惜。

我的大恩根本上师法王如意宝当年创建喇荣五明佛学院时，定下规矩，要求弟子把学到的法都铭记在心，平常测验和年终大考，学生们必须在不参考任何书籍、笔记的情况下，当众讲解经论，有时长达几个小时。

也许你会认为这是对佛学院学生的要求，自然要高一点，但对居士，就不必那么严格了，对上师讲的法“心有所悟”就行，不需要记得那么清楚全面。我想，虽然不是所有人都必须广闻博学，正式为他人讲经说法，但大家还是应该在力所能及的范围内，努力记住和理解经论法义以及上师的教言。尤其是居士，能精通五部大论当然好，做不到也不必强求，但是要对自己专修的法一门深入。比如你修前行时应对前行的法本反复钻研，做到烂熟于心。这不是要不要去讲经说法的问题，是关系大家自身修持的问题。上师们花费大量时间为我们细致传讲修法引导文，我们应该珍惜，力争把每个修法的内涵全部融入自相续中。若有疑难之处就去请教上师，再通过教证、理证加以判别，然后依凭亲身实证去体悟所修之法的真实涵义。

法本中的每一句话都有丰富的涵义，首先要理解它最外层、最明显的涵义，最好把原文记在心里，再反复去思考、去体会，从而逐渐理解、领会它更深层的涵义。在实修中，需要牢牢记住上师所传之法的每一个细节，反复串习，才能把我们微弱的灵感和体会巩固、保存下来，并引发出对实相的证悟。

阿琼仁波切当年遵循上师的教言，反复修习前行。有一次，上师问他修行的进度和效果，他如实禀报说，已具足真实的出离心、菩提心和对上师三宝的信心。上师听后说道：“噢！能这样当然再好不过。但有一点还是要提醒你，依修持前行之力生起的少许善心，若不经过反复串修，很容易就退化了。暇满难得等每种前行的体相、定数、次第，你都应该把它们全部谙熟于心且牢牢印持不忘。如此说来，你最好把《普贤上师言教》完整背诵下来吧！”那时候阿琼仁波切虽然不到二十岁，但在修前行的过程中已经证悟觉性。上师当时没有点破，甚至根本不给他看有关直指心性方面的法本，只是不断让他继续修前行，并把前行引导文背诵下来。上师担心过早地印证他的修证境界，有可能使他产生微细的执著，从而无法持续巩固证量。

很多修行人其实都是这样，即使已经达到极高的修证境界，仍然不放松对经续论典的闻思持诵。他们这样做不是为了成为饱学之士，而是出于实修的必要。在实修过程中，反复以经论和上师的金刚语来指导修行、印证修证境界，同时以自证现量印证经论及上师的教言。

有毒的碗

第三种应该避免的行为是杂烦恼如毒器之过。如果碗里有毒，倒进去再好的东西，都只会变成一碗毒药。发心不清净，为了满足私欲而闻法，或是在闻法过程中，心里充满贪嗔痴的想法，这样，原本可以帮助你解脱的佛法反而成为加强我执的工具。

以上三种过患会阻止我们成为堪受法教的人，泯灭我们解脱的希望，所以应当时刻提醒自己不要有这样的过失。除此以外，还有六种情况会障碍闻思修行：傲慢、不相信正法与佛陀、不希求正法、外散、内收、疲厌。它们也被称为六种垢染。

五、闻思修的障碍

傲慢

听闻佛法时，如果我们发现自己的注意力经常从聆听、辨析法义上偏离，而有意无意地挑法师的毛病，觉得法师这里讲得不够清楚、那里讲得不够究竟，语速不是太慢就是太快，对佛法的理解不如自己正确，如果这种念头频繁地出现，就该小心傲慢正在障碍我们的闻思了。虽然佛陀也一再告诫大家不要盲目接受他的教法，要理性地分析、判断、验证，你可以对法师所讲的内容提出疑问，但应就事论事，不针对个人，无论怎样仍然要保持对法师的敬意。普通世间人对待传授世俗知识、技艺的老师都知道要尊敬，学佛的人动不动就看不起向自己传授佛法的老师，这实在有点说不过去。做人基本的修养都没有，还怎么学佛呢？

若是自心不清净，就算在佛菩萨身上也能看到一堆毛病，可是这样做对自己有什么好处？像是捡破烂的人，无论走到哪里都习惯性地四下寻找，看有没有破烂，这样到头来自己得到的只是一堆破烂而已。闻思修行佛法是一趟探索诸法实相、还原本来面目的旅程，但愿我们不要把它变成一趟拾荒之旅。

傲慢几乎是无孔不入的。人们多么喜欢攀比，生活中到处有竞赛，论胜负。别人比自己强就嫉妒，不如自己就倨傲，与自己差不多就更要争得激烈。有时故意贬低别人，抬高自己。即使勉强承认别人的优点，也会不屑地说："你好你的，我就这样，也挺好，没必要向你学什么。"嫉妒、倨傲、争强好胜，这些都是傲慢。细观察下，我们平时的情绪常常处于傲慢烦恼中。

傲慢的基石是"我"，因此对治傲慢的一个方法就是随时随地观察自己，看自己的身体、身体的行动和感觉、内心的感受、思想等是怎样不停地变化的，由此而慢慢体会到：并不存在一个常恒一体、独立、绝对的"我"。"我"既不存，心怀傲慢自以为是也就显得可笑了。建立无我的见地需要长时间反复地观察、串习，这样做的同时，我们还可以采用其他更简单易行的辅助性方法对治傲慢，比如养成自省的习惯、忏悔罪障、赞叹他人功德、对人以礼相待等。

不相信正法与佛陀

学佛使我们有机会重新认识自己和世界，尤其是金刚乘的教法，把修行人与事、物、心原本的状况连接，一切是那样直接、清新、纯粹！你需要放下成见，去认知、学习和体验，像学步的婴儿一样谦卑而热切。可是我们多么习惯有成见和经验撑腰，否则就觉得心里没有底，总想走回头路或半途而废。一再跌倒、饱受挫败时仍然保持对正法和佛陀的信心，是多么难。但我们要知道，无始以来在轮回中形成的观念和习气不可能一朝一夕改变，所以闻思修行遇到困难在所难免，几乎所有修行者和成就者都是这样从困境中一步一步坚持走下来的，我们又有什么好抱怨和灰心的呢？

因为不能了达法义或修行进展不顺利而对正法和佛陀产生怀疑，认为佛陀所教导的不对，这是不合理的。过去和现在都有无数修行者在学习和实践佛陀的教法，并且他们当中许多人以自己的修行成就验证了佛法的真实不虚，所以我们最好还是不要以个人暂时的失败去否定一个被反复证明为有效的修行体系吧。

不希求正法

不希求正法主要有两种表现：一是不觉得佛法有多么珍贵，对自己有什么价值，所以认为学不学佛法都无所谓。这也是世人普遍的心态。面对巨大的生存压力，人们忙于应对，很少有时间去关注生命本质的问题。或许也觉得佛法不无道理，只是离自己的生活太遥远，等现实人生中迫在眉睫的问题都解决了，再谈佛法的事。

有人看了释迦牟尼佛的传记，不理解佛陀在因地为了求四句偈乃至为了求一句正法而不惜粉身碎骨、极尽苦行是为了什么。不过是一个偈子，饿不能充饥，冷不能御寒，付出那样巨大的代价去求取，值得吗？

值不值得，是见地的问题。比如说，现在许多人都认为用一生的辛劳去换取一套房子、一辆车是值得的，而为了彻底解脱痛苦去努力修行是不值得的；废寝忘食地打牌、聊天是值得的，因守八关斋戒而忍受一点饥渴之苦是不值得的；为了买一台电脑或一部手机，风餐露宿排队争抢，买到了欣喜若狂，没买到则失魂落魄、茶饭不香，这样的行为被认为是最时尚、合情理的，而如果一个人认真闻思佛法，过简单、有节制的生活，周围的人便会觉得他很可怜，在浪费生命。

我并不想在此讨论价值观的问题，个人的选择和倾向背后有其深远的因缘，确是一言难尽，而这些年见过的人和事越多，我越是能体会到佛经中所说“佛出世难，如优昙花，值佛生信，亦复甚难”。

不希求正法的不仅是一般世人，佛教徒也会时常陷入这种心态。这就是不希求正法的另一种表现。有道是：学佛一年，佛在眼前；学佛两年，佛在西天。初入佛门的人大都道心恳切，果真是念念不离佛法，时间一长则不免懈怠，失去当初求法的热情。真正学佛是要真做功夫的，从最琐碎、平实处一路埋头做下去，不是一年两年，而是几年几十年，不松懈不放弃。如掷石入深潭，一沉到底。

说到做功夫，有些人以为就是指上蒲团打坐，坐的时间越长，功夫越深；也有人认为功夫要到红尘中去历练，躲进深山或关起门来打坐不算真功夫。这两种看法都失之片面。不少学佛的人只是学打坐，以为坐功到了就是得道，至于闻思、磕头、忏悔、放生、念咒、念佛及其他善行，都是"著相了"，未得要领。其实，禅坐只是入定的一种方法，不是学佛的目的，由定生慧方能入道。没有智慧观照，一味枯坐，坐上千万年也还是在轮回中不得解脱，更不要说圆满觉悟了。《楞严经》云："如澄浊水，贮于净器，静深不动，沙土自沉，清水现前，名为初伏客尘烦恼。去泥纯水，名为永断根本无明。"用功到了身心一如、静境现前，还仅是初步功夫，若耽著于此，无明难断。

然而，完全不要静定、不做功课，也是对佛法修行的误解。经书里说得明白，你我如一壶浊水，要静深不动，才能沙土自沉，清水现前；四下折腾，只能是越搅越混。

慧由定生，定从戒来。善护身语意、远离贪嗔痴，就是持戒。初学者极易受外界环境的影响，身处愦闹中而不被外境所转，是不可能的。我见过一些佛教徒，从行为上完全看不出学佛人的样子，杀、盗、淫、妄、酒五戒中一条戒律也不守。如果在红尘中打滚，家长里短，吃喝玩乐，百无禁忌，就是修行，那么全世界的人都在修行了，可是这样的修行有什么结果呢？无非在轮回痛苦中越陷越深。既是这样，还用得着修行吗，你不修也是这个结果。的确有一些大成就者示现在酒肆乐坊度化众生，嬉笑怒骂、行为不羁，但是他们高深的修证境界不是一般人所能企及。他们有能力做到“酒肉穿肠过，佛祖心中留”，而一般人几杯酒下肚，不要说不知道佛祖在哪里，连自己在哪里都不知道了。

有不少人喜欢这样，学佛不持戒，也不信因果，说是“万法皆空，不必执著”。佛将灭度时曾叮嘱弟子：佛灭度后，以戒为师①。持戒为的是除烦恼习气，烦恼习气即是生死、轮回，除了习气便了生死、出轮回。不持戒，这满身的习气如何除？“万法皆空”不假，但这个空是无而显、显而空，是缘起性空，不是不存在。你我的究竟本质是空性，却仍有你我的显现；事物的究竟本质是空性，仍有因果的显现。空性的你吃下空性的馒头，仍然会吃饱，而且会消化、排泄。同样道理，空性的我们如果除习气、求解脱，就会解脱；我行我素贪嗔痴，就会轮回。尽管解脱、轮回也都是空性的，但不会因其本性为空，显现上就错乱因果——种轮回的因而得解脱的果。

“佛法在世间，不离世间觉”是说大家学佛要踏踏实实，真正从净化自己的身语意开始，诸恶莫作，众善奉行，不要装神弄鬼，总想上天入地。而且我们学佛不能只顾两腿一盘自己舒服，还要心怀众生的疾苦，切实为众生服务，上求下化，自利利他。

有人认为藏传佛教特别强调的闻思和前行修法是针对下等根器者设立的方便法门，对根器比较好的人来说根本不必要。我曾听人说：“五十万前行只是没有意义的苦行，最多是把身体锻炼得比较好而已，而且几年也修不完，太浪费时间；不如一言之下顿悟如来本意。”还有人对我说：“闻思是舍本逐末绕圈子，学佛最主要是明心见性，不悟本心，学法无益。”

---

① 《大般涅槃经·遗教品第一》：“阿难，如汝所问，佛去世后以何为师者，阿难，尸波罗蜜戒是汝大师，依之修行能得出世甚深定慧。”

的确，在藏汉历史上都有许多显现上不经闻思便证悟本性的例子。麦彭仁波切七岁时，在玩耍中唱出宣演诸佛无上密意的《定解宝灯论》，显现上没有经过多少闻思便自然通达三藏，写出诸多光耀古今的显密论著。荣素班智达幼年尚在母亲怀里吃奶，便能对班智达们提出的各种问题对答如流。大圆满祖师贝若扎那的杰出弟子邦甘麦彭滚波是在八十岁时，路遇贝若扎那上师，蒙师点拨，当下彻证大圆满，而在这之前他从来没有闻思过。汉地过去也有像禅宗六祖慧能这样的高僧大德，显现上不经闻思和前行便证悟自性。但是我们要知道，闻思是为了明法义，前行是为了调柔相续。如果已经深契佛法要义，不闻思也是可以的。六祖慧能大师显现上虽然没有多少正式闻思参学的经历，却能讲经说法，随便拿一部佛经向他请教，他能告诉你这里面真正讲的是什么。他不闻思，因为他已经懂了。而你不闻思，你就不懂，不懂还不要学吗？

前辈大德所说“不识本心，学法无益”是为针砭但求知解、不重行证的流弊，并不是说要摈弃闻思。一般人修法大致都要经历三个阶段：先明了义理（理解），然后求行解相应，再至证悟，不可稍有知解便以为证悟了。纽西龙多上师曾说：“作为一个真正的修行人，应当合理地通过理解、体验与证悟三种途径正确把握安立五道十地的原则。当前有些人错误地把理解当成证悟的境界，‘无散无修’‘见修同时’之类的大话其实无有任何实义，清楚地了知地道功德之安立原则实乃非常关键。《法界宝藏论》是大全知（无垢光尊者）证悟境界的如实记录，其中第九品之前宣讲的皆为见解，第十品讲修习，十一品讲行为，十二品讲暂时的道果，十三品讲究竟之正果。”见解需要通过闻思来获得、串习和巩固。

前行又岂是如有些人所说“浪费时间”和“无意义的苦行”？修前行是修出离心、菩提心，积资净障，调柔相续。没有出离心，严格地讲就不算真正学修解脱道；没有菩提心，就不可能圆满觉悟。专心修前行，自然无人我是非，贪嗔、嫉妒、恼害之心也少了。前行修得好，远离世间八法。八风吹不动，对境无妄心，就是禅定。此定不着定相痕迹，行住坐卧不离其中。阿琼仁波切在《前行备忘录》中写道："传统上，前行修完后，上等修行者即能成就四禅，中等修行者可修成初禅，下等修行者也能达到欲心一境。"定慧本是一体，许多人都是在修前行的阶段显现开悟的。

所谓言下顿悟者，或在顿悟之前已用功多年，相续成熟，只待最后刹那，拨机一点，便现见本性；或借宿慧于言下顿悟，一悟之后，仍需依止上师，于寂静处保任涵养多年，证量方能透彻稳固。除极个别特殊根器者外，这悟前悟后，都要修要行。

一般所说开悟是指现量见到空性，又称见道、登地。根据显宗道次第，见道之前有资粮道、加行道；见道之后，有修道二地至七地的不清净地，修道八地至十地的三清净地。修到十地，本具智慧仍未全体显露，十地菩萨见如来藏仍如夜晚视物不甚分明[①]。在十地最后，以金刚喻定破除最后一分至微细的习气，自性光明才无余现前，到此方是圆满无上正等正觉。哪里是一般人所想的那样，随便什么根器没头没脑地就"悟"了，"悟"了以后从此休息。

即使修无上大圆满法，也有共同前行、不共前行、秘密前行等次第；进入正行后，仍然有证量上的区别和递进。我的根本上师法王如意宝曾说，他十几岁证悟时定中获得的现量与三十几岁所得的证量有很大差别，五十多岁又是一番境界，到六七十岁再回头看从前的修行笔记，能很清楚看到修证境界是怎样层层递进的：这时候是玛哈约嘎的境界，这时到了阿努约嘎的境界，这是阿底约嘎……而在当时他并不清楚达到的是什么证量，每到一个新境界都以为那就是阿底约嘎呢！每次我想起法王如意宝的这些话，心里都深

---

① 见麦彭仁波切著《如来藏大纲狮吼论》。

深感动，他老人家是在慈悲地示现，教我们在修行中要戒骄戒躁。华智仁波切也曾经说过：不要急于说这就是法身。

有一个关于大圆满传承祖师如来芽尊者的故事非常具有启发性：

当年，如来芽尊者在匝热神山居住多年坚持苦修。一天，他走出山洞，站在阳光下向拉萨方向眺望，想起自己的根本上师与大圆满心滴部诸位传承上师。长时间的苦修使他的身体虚弱到了极点，对上师强烈的思念和敬信心竟使他昏厥过去。当他苏醒后发现往日护持心性的执著已全然消失，再没有任何所观、所修的影痕存心，无散无乱之觉性已融入实相。然而，尊者当时并不知道这是何种境界，他觉得非常惋惜和沮丧，心想："如果刚才不来到阳光下，自己还会有一定的修行境界，但现在却什么也没有了。"他决定立刻下山去拜见上师，一是为了遣除心中的疑惑，二来，上师年纪大了，他很想再见见上师。

经历长途跋涉后，尊者终于来到上师晋美林巴面前。他向上师述说了自己修行的情况，不想上师听后却显得极为欢喜，对他说："我儿，你所证悟的与道完全相符，如此看来，必定能证得法性灭尽相！"

尊者在上师身边又度过了一年的时光，把往日听受的教言又做了更进一步的思维，使其意义愈发明朗。之后，尊者在匝查玛地方闭关修行二十多年。

由此可见，仅仅认识觉性本面还不够，还要继续修持，经由层层修证境界直至圆满获得不现一切的坚地，即大圆满法性尽地。

证悟空性与生起大悲心是同时的，生起大悲心与断除恶行是同时的。一悟便休，休的是妄想，却不是菩萨的六度万行。真正悟道了，和光接物，无我无人，见比虚空高，取舍因果较粉细。

只要切实修行，肯定会有进步。上等修行者天天都在进步，中等修行者月月进步，下等修行者也会年年进步。倘若修行无进展，应该是没有掌握要领。仲敦巴尊者说：闻思修交替反复乃修行之关要。尤其对还不太懂佛法的人来说，应先闻思，了解法的字面含义，生起相似的定解后，再上座修习。闻思修交替进行、反复串习是极为必要的。

座上反复忆持法义，这叫观察修；直到无须忆想也能持守法义时，便安住于对法的定解中，入定，直到再次生起分别念，这叫安住修。对于观察与安住的修持重点，全知麦彭仁波切在《定解宝灯论》中说："乃至未生定解前，方便观察引定解，已生定解于彼中，不离定解而修行。"

初学者的心相续不够安静调柔，分别念频繁生起，安住的时间会很短，杂念生起时应忆念观察法义，复入定，复观察。如此循环往复，修行境界才能不断巩固、增上。

上座是这样，下座仍然要善加护持心念，串习法义，令定解不退，无论行住坐卧，无论深山闹市，这颗心都以正知正念摄持住，不为外境所转，这才算初得定力。

外散

心识散乱于六种外境是轮回一切迷现之根本、一切苦恼的来源。你我众人平常总在尘劳里，在喜怒、得失、五欲里过活，眼耳鼻舌身意始终在攀缘外境，少有厌烦思静之心。不要说收摄六根，反照回光，就是一般的耐心专心做事，都很难得。大家可以观察自己和周围的人，若一天不打电话、不上网、不看电视、不与人说三道四，心里便惶惶然不知所措。当然这不仅是个人的问题，大的生活环境也是鼓励人散乱的。一个人越是四处攀缘、妄念不断，越能见容于社会。

有一位居士跟我说，她平日在家大部分时间用来闻思修行佛法，对网络和现实中各种社交、娱乐活动都不太感兴趣，对物质生活的要求也很简单，亲戚朋友们只是不解，总追问她：“你什么都不做，待着干吗呢？”有时她只好说：“那我应该做什么？”答案真是五花八门：聊天、刷朋友圈、唱歌、看电影、玩游戏……

现在像她这样既不享受当下（其实我一直不是很明白人们所说的“享受当下”是什么意思），也不知道为将来打算的人被认为是不懂得生活的人。甚至有学佛多年的道友也很不以为然，跟我说：像她这样，生活寡淡无趣至此，会不会是有什么心理问题？

大家似乎对别人的与己不同都很没耐心，只要和自己不一样的，就会想对方是不是有病，而自己则永远正确且高明。其实，若有一些自知之明的话就会知道，自己现在所过的生活与古往今来多数人的生活，只是方式不同而已，本质上并没有多大区别，没钱的为衣食忙，有钱的或纵情声色或提心吊胆怕人害自己。为名为利，为儿为女，终日散乱，筹划营计。话说高明，高明在哪里？

关于我们这种喜欢散乱的习气，无著菩萨是怎么开示的呢？他说：

昔日之种种，
如雁过长空，已了无踪迹，
追忆无益，
若念当念盛衰与离合，
除正法外无可依赖。

未来之生计，
如旱地撒网，多实现不了，
筹划无益，
若念当念无常与死期，

岂有暇行非法无义事。

眼前之琐事，
如梦中经历，
精勤无益，
故当舍弃。

内收

与散乱相对的另一种障碍是内收，六根过度收摄，强迫自己不听不看、不闻不问，时时处于紧张对抗中，像个执法的管家一样严肃地看着自己，没有幽默感。人在紧张时视界会变狭小，只能看见眼前小范围内的事物。同样，闻法时过于内收，便见木不见林，只抓住个别词义，学了今天的忘了昨天的，不知前后呼应、融会贯通。紧张也会让人疲倦，修行时出现昏沉、掉举的情况。

学佛是探知内心世界与外部世界的旅程，一个修行者除了要有清净的发心外，他必定是一个怀有强烈好奇心的人，总想知道“然后是什么”。这种好奇心给修行带来了一股活泼轻快的气息。像一个学习中的婴孩，很认真也很放松，没有强烈的目标感，不要求自己达到如何的水平，却对遇到的每一件事物感兴趣，热情地去了解、学习。他学习，因为他要长大，那是他成长的过程。修行也是我们成长的过程，我们只是很想弄清楚自己是怎么一回事，世界又是怎么一回事。

保持好奇心和幽默感有助于对治内收。

疲厌

疲厌也是障碍大家修行的一种常见情况。没有恒心耐心，做什么都是三分钟热度，新鲜劲儿一过去马上就厌烦了，学佛也是这样。此外，平时作息没有规律，生活无节制，四大不调，气脉不通，坐下来听法修法不到片刻便腰酸腿疼，根本坐不下去，勉强为之，则烦恼丛生。所以，要解决疲厌的问题，一方面是生理和心理的调节，另一方面是不断巩固对佛法的希求之心和坚持学习的恒心。

记得喇荣五明佛学院初建时，人不多，每天上课前，我们一群学生便捧着经夹等在经堂外，心里有些激动地等待法王如意宝到来。虽然是每天都上课，都见到上师，但每天这时候，我心里还是会紧张、激动。法王如意宝总是一边念着麦彭仁波切的一个长咒，一边光着脚“咚咚咚”一路走过来。我们纷纷弯腰行礼，簇拥着上师进入经堂，围坐在上师法座的三面。那个小小的法座靠近窗户，法王如意宝便在窗前给我们授课。当时真是没有条件，什么都简陋，很多年里我们都没能为上师再做一个更庄严、更舒服一些的法座。阳光从法王如意宝背后照进来，他散发着光辉的剪影深深印在我脑海里。

后来学院听课的人多起来，每逢法王如意宝上课，经堂容不下，大部分人都不得不坐到外面去，我自己也经常是在露天里听课，夏天就坐在烈日下，冬天就坐在风雪里，下雨也不打伞（实际上也没有伞，那时伞是高级物品，没几个人有）。不光我这样，大家都是这样。尽管我们那时没有宽敞的经堂、舒服的坐垫，但所有人都踊跃欢喜，觉得自己遇到像法王如意宝这样的具德上师，能有听闻甚深教言的机会，是无数劫积累资粮的善果，心里高兴还来不及，哪里会在乎一点点日晒雨淋。

再后来，我们有了新的大经堂，不用再坐到外面去听课，可是每天上课大家都要提前去抢着坐经堂中间的天井，哪怕在冬天这意味着在结冰的水泥地上头顶鹅毛大雪，大家也要抢着坐，因为在那里能看见在三楼讲课的上师法王如意宝。

法王如意宝少年时期从家乡色达步行五百多公里到石渠江玛佛学院拜见托嘎如意宝，沿途靠乞食维生，翻山越岭，不知克服了多少困难。之后在上师座下全面听受显密教法，年纪虽小，却也能和其他大人一样忍受千辛万苦而丝毫不动摇精进学法的决心。那时，法王如意宝父母双亡，没有人供养他在外求学所需的衣食，他便常年靠江玛佛学院定期配给僧众的少量酸奶维生。他住的草坯房狭小简陋，四壁透风。每当秋冬来临，没有足够御寒的衣服，便在屋里挖一个坑，里面填满干草，每天便坐在坑里看书，以此取暖。晚上总是彻夜用功，累了就靠在坑壁上休息一会儿。

法王如意宝常常用无垢光尊者依止上师革玛燃匝的故事来鼓励自己。无垢光尊者在最贫困的时候，曾经靠区区三藏升糌粑粉维持了两个月的生活，每当下雪就钻进一个牛毛口袋里取暖。这个口袋既做盖被又当褥垫。尽管生活艰难，无垢光尊者仍然坚持在上师面前恭听了诸多法要。后来尊者也被人们称为“住在牛毛口袋里的全知者”。

我想，无始以来我们流转轮回，必定都吃过很多苦，然而那些苦想来大多是白受的。今生为求正法受苦却是不同，这一回，苦不会白受，我们在菩提路上每一分辛苦、每一分付出都是成佛的资粮，就像祖师大德们示现的那样。

六、文字般若

我们的道途是佛陀的教法、证法，而由于智慧福德不够，人们会以不恰当的态度对待以文字形式流传下来的法。

持文不持义

认为形式比内容更重要，对文辞的兴趣超过对文句要表达的意义的兴趣。当然在言之有物的基础上，文笔流畅、具有文学美的文章，更有助于佛法的传播，能让更多世人与佛法结缘。但是，作为佛法修行者，我们应该总是把思维法义放在首位，而不能舍本求末，把心思用在琢磨辞藻上。

持义不持文

有些人声称妙法不着文字，修行是要了知心的本来面目，不能着文字相。希望不闻思教理而自动悟道。试问佛经文字难道不是佛所说？佛陀三转法轮难道不是为了引导众生觉悟本性？而且，古往今来成就者们所证悟的难道有与经典相背离的吗？

有人觉得自己既然能值遇大圆满法，想必就是传说中的“上根利智”了，福德深厚，不用闻思，不用费劲，即能成就。对大圆满法生起信心当然是福报深厚，宿有善根，但是要知道，今生能值遇大圆满法，我们更应该感激的是大圆满历代传承祖师以及大圆满法系内无数的成就者、修行者。没有他们的悲心和努力，大圆满法脉不可能如黄金山脉般延绵至今。尤其在末法时期，像法王如意宝这样不可思议的祖师大德，出于对众生无量的悲心，在较广大范围内传讲过去只在小范围秘密传授的大圆满法，使我们有幸值遇此殊胜法门。这不是我们自己的福德，这完全依赖法王如意宝的福德、悲心和历代传承祖师的加持。

《释迦牟尼佛广传——白莲花论》中有这么一则故事：释迦牟尼佛在因地时曾为一国国君，境内普降粮食雨和珍宝雨，几日不停，国民都说：“我们的福报真大！”国君却说道：“不是你们的福德，这一切都是因为我一个人的福德力啊！”

法王如意宝虽然已示现圆寂，但是我们仍然时刻沐浴在他慈悲智慧的光辉中，仍然在承受他的恩泽和护佑。现在还有许多高僧大德住在世间，不遗余力地弘扬大圆满法。他们是这世间的庄严，是众生的依怙。

根据莲花生大士的教言，大圆满修行人根器锐利主要表现在四个方面：视师为佛，具有坚定的信根；不畏惧金刚乘的广大行为，具备精进根；能证悟金刚乘甚深见解，具有超卓的慧根；能严守三昧耶戒，具戒根。我们可以对照一下，看看自己在这四个方面存在哪些不足，不足之处要加倍努力改进。总寻思：莫非自己聪明绝顶，大有来头？莫非已经悟了还不知道？这样想没有意义。全知无垢光尊者早就指出：末法时期要想修证大圆满必须具足资粮以及广大之闻思，并非普通人就能轻易获得成就。

大圆满心滴部的历代传承上师，对于所有教派的理论及教言几乎全部听受过，这一点从他们的传记中即可了知。比如，全知无垢光尊者对流传在藏地的绝大多数修法引导，都曾造过论文讲义。藏地修行人尤其注重上师教言。《修心七法》中曾说过：宣闻三世诸佛一切金刚语之功德，不及铭记上师一句教言之功德。许多法本是大成就者修行方法与修证境界的真实记录，称为窍诀，字字千金难求。有幸得到者当铭记于心并反复思维熏习。当年华智仁波切叮嘱弟子纽西龙多：不要把《龙钦七宝藏》和《四心滴》当成理论著作搁置一边，要切实用大全知著作中阐述的法义修正自相续。“欲完全把握修行中的究竟津要之道，就需仔细看大全知的秘密金刚语句，并以此印证自己的觉受及证悟。”①

阿琼仁波切在大量实修前行后，他的上师仍然要求他把《普贤上师言教》全文背诵下来。他依教奉行，上师得知后特别高兴，勉励他说：“就应该这样啊！如果只是一味注重冥顽不灵的盲目安住，而忽视闻思教理，这是行不通的。上等修行者能成为上等的说法者；中等修行者能成为中等的说法者；下等修行者只能成为下等的说法者，此种说法是有一定道理的。”

古往今来，能把《普贤上师言教》背诵下来的修行者非常多。晋旺堪布是了不起的大成就者，他曾根据自己的修证境界，从密法的角度对《现观庄严论》进行注释。在他幼年时，被大成就者玉科夏扎仁波切认出是华智仁波切的转世，并为他取了跟华智仁波切一样的名字——晋美旺波（晋旺）。但是晋旺堪布非常谦虚，他从来没有承认过自己是华智仁波切的转世，他说：“如果我是华智仁波切的转世，那么佛岂不成了凡夫了？”晋旺堪布对华智仁波切具有极大的信心，他把仁波切的著作《普贤上师言教》倒背如流，一生中为他人完整深入讲解此法本达七十多遍。即使在动荡年代，有时只有两名听众，他也想尽办法坚持讲解。他说：法王如意宝在动荡时期担受巨大风险和压力，坚持为有缘众生传授大圆满灌顶，传讲大圆满法，他是法王如意

① 见《阿琼堪布密传》。

宝的弟子，也要像法王如意宝一样无所畏惧地为有缘者传法。他自己一生当中每天都阅读《普贤上师言教》，从未间断。

未领会而持

不知如何区分不了义法和了义法。要对治这种现象，应做到四依：依法不依人，依法义不依法句，依了义不依不了义，了义法又分为心识与智慧两种，我们要依止智慧。

所谓依法不依人，因所处时代、社会环境、受众的特点不同，说法者对佛法的诠释会有所不同，如果这种诠释与大乘佛法的基本义理，比如因果、悲心等相一致，则不论说法者是多么名不见经传或行为乖僻的人物，他所说的都值得信赖和遵循，也就是不因人废言。如果诠释与大乘佛法的核心义理相违，不论说法者名气多大、地位多高、看上去多么清净庄严，都不能想当然地全盘接受。不是说他讲的法本身不对，而是他对佛法的解释有待进一步考察。

这也从一个侧面说明了学法者选择具德上师的重要性。凡是自己求过法的上师，都应该恭敬。如果是灌顶、讲解续部教言或传授密法窍诀的根本上师，则必须恭敬，以恶分别念对根本上师妄加观察、评判，是触犯甚至破密乘戒的。所以，在一位上师成为你的根本上师之前，要以佛法为标准去判断这位上师的言行，看他是否具备做上师应有的功德。而一旦确立根本上师与弟子的关系后，弟子就当视上师为佛，上师的教言必须信受奉行。如果是具德上师，他的所想、所言、所行必定符合大乘佛法，弟子谨遵师训不仅不与依循佛法相矛盾，而且在上师的慈悲摄受、善巧引导下，还能更迅速准确地了达佛法的意旨。由此可见，选择并依止具德上师后，依法和依人是一致的。

颠倒而持

错误领会意义。现在社会上对密法就有很多误解，认为求了密法以后就可以肆无忌惮地喝酒、行淫、杀生等等。要知道，密法中的一些行为是与修行人的证悟境界、修法的场合等密切相关的。只有达到境界才能做相应的行为，否则就会造下严重恶业。有句老话：“普通人不能做瑜伽士的行为，瑜伽士不能做大成就者的行为”，说的就是这个道理。

顺序错乱而持

密法修行很讲究次第，在没有求得前行的情况下就听讲正行，外前行、内前行顺序倒置而受持等，都是不如法的。

七、四想和六度

闻法时，要把自己看作病人，法看作药，上师看作医生，精进修持看作治病。即闻法时的四想。

闻法者还需具足六度。闻法前，敷设法座，铺陈坐垫，供养曼陀罗、鲜花等，即是布施度；洒水清扫，遮止自己不恭敬的行仪，即是持戒度；不损害包括蝼蚁在内的含生，忍受疲惫劳累及种种不适，即是安忍度；断除对上师及正法的邪见，满怀信心和喜悦之情闻法，即是精进度；心不散乱，专心致志谛听上师教言，即是静虑度；勤于思考、遣除疑惑，即是智慧度。

《毗奈耶经》和《本生传》中提到：在讲闻佛法的场合，不要对态度不恭敬者、无病而缠头者、持手杖及持兵器者说法。听闻佛法时，要怀着谦恭之心坐在低处，举止温顺调柔，喜悦地看着上师，专心听上师讲法，如饮甘露一般。总之，我们要断除一切不恭敬、不如法的态度及行为，认真听闻佛法。

八、入座与座间修法

按照传统的做法，前行法最好能坐下来修，以打坐的方式，有规律地在一天当中更适合修法的几个时间段里修持。坐下来修法称为入座；下座后，日常生活行住坐卧中修持佛法，称为座间修法。

我们发愿修一次前行不容易，应该尽量按照正规的方法认真去做，这样修法的效果会更好。

入座时间

首先，关于入座的时间安排。

大家可以根据自己的实际情况，一天安排两座、三座、四座、六座不等。因为各地经纬度不同，四季天光不同，很难一刀切地说每一座具体几点开始、几点结束为宜，只能是告诉大家基本原则，各人再自己酌情调整。

一般来说，黎明座在天亮时起座。大家可以据此往前推算一到两个小时，就是入座的时间。

从天亮起座一直到太阳升起，进行座间修法，可以做火施、念诵日常功课或做其他善事，吃早饭，做家务事，等等，但心里仍然要思维刚才座上所修的法，不能人一起座，就把法扔到一边去，否则就像烧红的热铁，离开高温的炉膛，一会儿就又变黑。

上午座在太阳升起后入座，一直到中午之前。起座之后修水施朵玛仪轨、用午餐、顶礼、看书等等。这段时间会比较自在放松。

下午座从三点左右开始，直到太阳即将落山之前。起座后供护法，念诵回向文、发愿文等等。

到了光线只能看见一个人的轮廓、却认不清是谁的时候，再次入座，是傍晚座。一直到睡觉时起座。起座后修古萨里法。

我们心念的变化与身体内气脉的运行密切相关，二者互相影响，人体气脉与日月星辰的移转又有密切关系，所以我们根据太阳的运行规律来确定修法时间，在上面讲到的这些入座的时间段里，心会比较调柔安静，更适合观修。初学者没有太大能力管好自己的心，也就是没有定力，在其他时间观修比较容易昏沉、散乱，可能不会有很好的效果，这样与其勉强在座上打瞌睡或妄念纷飞，不如念经和做其他善事为好。

大家可以留意观察一下，在自己住的地方天亮、日出、日落等大概都是几点，再根据冬夏的变化做相应调整，就能得出一个比较具体的时间表，然后在适当的时间段里选择去修法。

入座前的准备

前期准备。一旦入座，最好就不要中断打坐去上厕所、接电话、开门关门、处理杂事，这些事入座前都应该处理好。另外还要准备一个打坐用的坐垫，最好前面低一点，后面高一点，有利于摆正身姿。

祈请上师三宝加持自己这一座修持能不受干扰，精进圆满。

然后做身语意的准备。

一、身体要做到七点，即毗卢七法：（一）双足金刚跏趺坐，刚开始如果做不到，单盘或是一般的席地盘腿而坐也可以。（二）双手结定印。手掌朝上，左手在下，右手在上，双手交叠，拇指相抵，放于脐下。（三）脊背挺直，不可佝肩偻背、东倒西歪。（四）两臂自然下垂，保持放松舒展的姿势，不要用力夹起来。（五）微微低头。（六）舌抵上颚。（七）眼睛垂视鼻尖。

二、调整呼吸。通过鼻孔把体内的浊气排出去：左右鼻孔轮流排三次，再同时排三次，共排九次；或者，右鼻孔排一次，左鼻孔排一次，再同时排一次，共三次；或者，左右鼻孔同时排三次。这三种排浊气法，做任何一种都可以。具体做法是：左手握金刚拳（拇指压住无名指的指根，再把其余四指放在拇指上，握成拳头），压在左侧大腿根上，右手同样作金刚拳，再将食指或中指伸出来，按住右鼻孔，从左鼻孔缓缓向内吸气，直抵脐下，然后呼气的同时观想自己无始以来生生世世所积累的业、烦恼、罪障、修行中出现的昏愦、沉陷、迷茫、错误等这一切都变成黑气，随着呼气向外排散。呼气时，气息要平稳地逐渐加大力度，末了一下全部排出。然后交换左右，重复进行。最后是两侧鼻孔同时呼吸。

摆正身姿，调整呼吸，能帮助我们的心更快地安静下来。如果因缘和智慧成熟，在这个阶段也会见到心的本性。

三、心的要点：先调整发心，明确自己修法是为了一切有情离苦得乐，获得解脱。

接着祈祷上师：在自己头顶上方一肘处，观想八大狮子护持的庄严法座，法座之上一朵盛大的莲花，白色花瓣，藏红色花蕊，自己日日夜夜心之所向的大恩上师端坐于花瓣中间日月轮坐垫之上。也可以观想上师坐于层层叠放的柔软绫罗坐垫上。也可以观想上师坐于其他形式的法座之上。总之，自己对上师的何种形象有信心，就观想成何种形象。

关于这时上师脸的朝向，可观想上师面对自己，也可观想上师在自己头顶正上方和自己面朝同一方向。我自己习惯于前者。

如果观想不清楚，就要多祈祷上师，反复串习。要通过不断忆念上师的功德和恩德来生起信心，遣除修法违缘，使修行顺利圆满。

观想的同时，我们心里应该有五种了知：了知上师是佛；了知上师的所作所为都是佛陀的事业；了知对自己而言，上师的恩德比佛陀更大；了知大恩大德的上师是一切皈依处的总集；了知认识到这些道理以后如果能虔诚祈祷，无须依赖他道之缘便可在自相续中生起证悟智慧。

怀着这五种了知，修七支供，祈祷上师加持自己修法取得进益，同时观修四灌顶，之后观想上师化光融入自身，自己的心与上师的智慧浑然成为一体。处在这种状态中，不跟随过去的分别念，不迎接未来的分别念，也不持续现在的分别念，尽可能入定安住。

以上是入座前的各项准备。入座后具体观修的内容我们在下面的章节会讲到，这里暂且略过，先讲一讲入座修法结束后如何回向和反思。无论是修共同外前行还是不共内前行，每一段引导，每一座，都要如理如法地按照座前准备、入座观修、结座回向的各个具体步骤去做。

回向

包括这一座观修的善根在内，三时、凡圣的一切善法综合起来，为了一切众生远离苦因及苦果、获得解脱安乐作回向。具体的方法是，心中默念：诸佛菩萨如何以三轮清净的方式回向，我也这般普皆回向，然后念诵回向文。

之后，不要一跃而起，要反思一下，自己这一座到底修得怎么样，有没有随迷乱所转。修得好，不要沾沾自喜；修得不好，也不要失望懈怠。总之，要鼓励自己不论遇到什么情况都要坚持修法。

座间修行也是至关重要的。我们应该在日常活动中保持座上观修所得到的体会，否则，尽管入座期间心稍稍有所改变，一出座还是满心烦恼，对世俗的名利受用等充满贪恋向往。这样的话，何时才能解脱呢？

法王如意宝在喇荣五明佛学院的老经堂为大众赐予加持

第二章 暇满难得

一、出离心

出离心

开门见山就谈出离心，对许多人来说都不好接受，可是要绕过出离心去说别的，人生短短几十年，东绕西绕，转眼就没了。佛教的修行，再怎么绕终归要回到出离心上来。

出离心并非人人生而有之，一开始就是为了解脱而学佛，大多数人的起点没这么高。出离心要一步步培养起来。大家刚开始进到佛门里来，多是因为遇到了难事，求佛菩萨帮忙解决问题的，要不就是求福报，求平安，希望这辈子能少点磨难，多点快乐。然而有些人慢慢就体会到，人这一辈子，沟沟坎坎是填不完的，快乐不是没有，转瞬即逝。多好的缘分，多好的人，轻易也就散了。这世间的事真是没道理可讲，你不学佛不生出离心，一切也是转头成空。知道世间法有多么靠不住，修出离心才算是有点影子了。否则，总想抓住点什么方觉人生不空虚，比如功名利禄、是非功过或者感情等等，那修行很难有进步。

佛法的价值更重要的是它出世间的一面。出世间，不是说一定要在形式上从社会中抽离出去，关键是内心放下对得失、苦乐、称讥、赞毁的希望和恐惧，厌离这生死疲劳无尽循环的游戏，为此而勤修戒定慧，息灭贪嗔痴。舍弃这一面而谈佛法、学佛法，怕是只能触及佛法的皮毛而已。

我知道，大多数人成长、生活的环境和主流传统都不鼓励人们过多地关注解脱轮回这件事，今生今世一帆风顺、幸福安稳就够了。即使在信佛学佛的人当中，也有不少人认为现世的幸福美满是学佛最起码应得的好处，如果连眼前想要的都得不到，还说什么来生来世得大福报。就算不以财富、地位、才智、健康、长寿等为目标，也应该在追求解脱的过程中，顺便把这些福报体现出来，这也是大乘佛教度化众生的方便，否则学佛就有点理不直气不壮，不但不能说服身边的亲朋好友跟着一起学佛，连自己也开始犹疑了。现世、世俗的福报常被当作衡量学佛是否有成效的指标。说某位名人、富豪也是信佛的，大家便感到备受鼓舞。如果一位居士越来越穷或者工作生活不太顺利，人们就会想：要么是佛法不灵，要么是他学佛没学好。

你也许会说：释迦牟尼佛的堂弟阿难尊者当初就是因为羡慕佛陀宝相庄严，自己也想修成那样美好的相貌，才决定跟随佛陀出家的，可见要接引众生，自身各项条件还是要过硬，要具有相当的吸引力和说服力，才能把爱漂亮、爱健康、爱享受、爱这爱那的众生们接引到学佛求解脱的路上来。我想，如果为了众生解脱而发愿示现福寿圆满，那很好。那是大出离心、大悲心。真要是发了这样大的愿心，十方三世诸佛菩萨都会随喜赞叹的。

你看《佛说无量寿经》里阿弥陀佛在因地时所发四十八愿，是何等样的气概！他作佛时，要身体光明无量，普照十方，绝胜诸佛，胜于日月之明千万亿倍，身口常出无量妙香；他作佛时，寿命无量，就算三千大千世界众生悉成声闻缘觉，于百千劫里以智慧力日夜计算，也算不尽他的寿量；他作佛时，十方世界无量刹中无数诸佛都将称叹传颂他的名号、功德；他作佛时，要成就一个具足无量不可思议功德庄严的美好刹土，七宝成树，黄金为地，建立常然，无衰无变……

阿弥陀佛在因地为法藏比丘时，发深广志愿，积功累德，“由是因缘，能令无量众生，皆发阿耨多罗三藐三菩提心”。十方世界所有众生看见他，被他的身光照耀，听闻他的名号，都会心生欢喜，希望能追随他左右，在他的极乐刹土生活、修行，永不退转，直至成佛。

相比之下，扪心自问，大家平时希望自己年轻漂亮、杰出富有，求这求那，是为了众生的解脱吗？说来惭愧，你我众人与诸佛菩萨的差别就在这里，佛菩萨做什么都是为众生，我们做什么都是为自己。嘴上说学佛，心里还是不免为自己打算，明明是放不下眼前的生活受用，却还要找借口说是为了接引众生，不做自了汉。

法藏比丘出家前是一位国君，因听世自在王如来说法，欢喜开解，生起道心，毅然弃国捐王，行作沙门。他不仅放弃了一生一世的荣华富贵，连来生来世的享受也一概不再期求，其后“于不可思议兆载永劫，积殖菩萨无量德行，不生欲觉嗔觉害觉，不起欲想嗔想害想，不著色声香味触之法，忍力成就不计众苦，少欲知足无染恚痴，三昧常寂智慧无碍，无有虚伪谄曲之心，和颜软语先意承问，勇猛精进志愿无倦，专求清白之法。”[①]

阿弥陀佛的万德庄严是由此兆载永劫的精勤修行感应而来的。

这世间再没有一个人福德和智慧高过释迦牟尼佛的，可是佛陀为后人示现的修行之路也是这样，他放弃舒适荣耀的宫廷生活，舍下了授记中若不出家即可得到的转轮王位，去做苦行僧。虽然避世、苦行本身并非修行的目的，但在不停顿地追名逐利、散乱攀缘的同时，修行解脱道几乎是不可能的。

---

① 康僧铠译：《无量寿经》。

心里放下才是真放下

我并不是说，大家学佛就得马上放下一切，万念俱灰地跑到深山里去不见人。有人心下烦躁起来，便嚷嚷着要去“闭关”，好像烦恼能被门关在外面似的。但不管怎样，真能闭关修法也是好的。周围的道友都随喜赞叹，送饭送水替他护关。我后来问：“你闭关都修了什么法？有什么验相没有？”他说：“也没修什么特别的法，就是每天看看书，打打坐，喝喝茶。”这是闭关吗？这是休假。闭关有克期取证的意味在里面，摈弃干扰，专心致志，务必要在设定期限内圆满完成某一修法，获得相应的验相。不是说你烦了，不想见人，就叫闭关。

面对生活的琐碎和挫折，谁还没有个厌烦得想一走了之的时候？可郁闷归郁闷，真狠下心来跟过去现在做个了断的不多。再说，你就算表面上放下了，可心里还有很大的不平，不服气，处处想显得自己高明，那么你的厌世不过是与人竞争的一种手段，与解脱无关。

心里放下才是真放下。有些人学佛，不在出离心上下功夫，开口就是：我是出家好呢还是不出家好？心里为此很纠结，跑来问我。这倒让我为了难。出家当然好，修行的外在障碍少，可以专心办道，进步自然快，但前提条件是要有出离心。与世无争不是做做样子，是心里真觉得这世间的五光十色没什么好。否则加入僧团过集体生活，很容易与道友发生矛盾，或是成天被人围着叫“师父”“师父”，不自我膨胀才怪。在家同样可以修行，可以解脱，然而里里外外障碍多，意志不坚定的话，修行路上是进一步退十步，举步维艰。说来说去，关键还是出离心。有出离心的人，出家的因缘成熟了就出家，因缘不具足就带发修行，一样解脱。不用为此另生出一桩烦恼来，也不必一定等到出家了才开始修行。

在家身份的，尤其不能忘记自己是修行人，虽然也朝九晚五为生活打拼，却终究与一般人不同。别人想的是如何在人群当中混出头，你想的却是要尽早结束这头出头没的痛苦循环。别人可以随心所欲、随波逐流，而你，懈怠放逸了要知道心生惭愧。这一点很重要。在家学佛的人容易犯一个毛病，就是名利财色统统都要，一点不亏待自己，最后解脱也要，成佛也要，所以他耽著世间而心无愧疚，反倒觉得世间出世间两不耽误，才叫有本事。你若讲出离心，他觉得你小里小气走极端，没有大乘气象。的确有很多大菩萨示现不离凡俗享受五欲，但他心无挂碍，无有恐惧，远离颠倒梦想，五欲动摇不了他。我们自己是什么程度自己知道。若没到这种境界，就还是老老实实，尽量远离诱惑障难。

佛门当然讲福报。佛陀教授的八万四千法门，无一不是在帮助我们积累福德和智慧二种资粮。修行和世间福报的关系，就像烧柴火做饭的同时会产生炊烟一样，修行是为了解脱，不是为福报，而自然会伴生福报。

有一位居士看见电视里播放名人显贵的镜头，对我说：师父，这些人福报这么大，以前一定做过很大的善事。我说佛经里有这样一个小故事：

曾有个穷人拿着一把豌豆准备向一位新娘抛撒，以示庆贺，这时正巧遇见德护如来前往城中，穷人生起极大的信心，将豌豆撒向佛陀，其中四粒落入佛的钵中，两粒触到佛的胸口。以此异熟果，他转生为南赡部洲的转轮王；以四粒豆落入佛钵中的果报，执掌四大部洲的国政八万年；两粒豆接触到佛的胸口，其中一粒的果报是成为四大天王的主尊八万年，另一粒的果报是在三十三天第三十七代帝释王朝中与帝释天平起平坐，共同执掌国政。

世间的荣华富贵其实并不难求，也不需要很大的福报，且再怎样荣耀光鲜，还是烦恼不断，难得安乐，多大的权势也敌不过生老病死。若能勘破这一层，生起出离心、菩提心，那是真正有大福报。

初学者心怀众生，从一开始就以上求佛果、下化众生为学佛的目标，着实令人随喜赞叹。但是利益众生与自己精进闻思修行并不矛盾，不能借口

“利益众生”“随顺众生”而放松自己的修行或者纵容自己去追求世间八法。努力修行正是为了更好地帮助众生。如果自己的出离心、慈悲心还很微弱，对佛法还只是一知半解，又怎能善巧地帮助其他众生，分担他们的愁苦、引导他们走向解脱？就像一个没有双手的人要下水救人，太难了。

作为初学者，我们安静下来老老实实闻思修行，就是在利益众生。真正的修行人，他的寂静调柔，可以感动人心，令人对佛法生起信心。虽说是个浮躁的年代，人们在内心深处仍然保留着对宁静淡泊的敬重和向往。在一个浮躁的年代，也唯有寂静调柔的心才让人真正地信服。

悲观？乐观？

解脱的基础是出离心，那么怎样才能有出离心？一个方法就是修共同外前行。

我想很多人都会同意，修出离心是最让他们感到挫败的经历，有时甚至比修慈悲更让人为难。生活里有太多的东西，不是那么轻易就能放开的。有一位居士对我说：书上总是把“舍弃今生”作为出离心的注解，这让她感到沮丧甚至恐惧，害怕一旦生起出离心，人生从此就变得灰色、了无生趣了。从小起她接受的教育是热爱生活，而不是唾弃生活。的确，生活并不永远是阳光灿烂，但却不能因此全盘否定生活的意义。如果成为佛教徒就意味着要成为一个悲观主义者，那还不如没有信仰而快乐地生活。听她这么说，我不禁哈哈大笑：“看来你做佛教徒做得不太快乐，不过别担心自己吃亏了，那些不是佛教徒的也同样过得不太开心。”这世界上恐怕找不到一个彻头彻尾快乐的人。轮回里任何一种生命形态都不能免于痛苦。所以，才要出离啊。

别老琢磨自己是悲观主义还是乐观主义，这不重要。为了表明自己的合群和积极向上，我们已经浪费了太多时间做无谓的追逐。如果跟众人做一样的事就能更快乐、更能讨人欢喜的话，我想这世间应该早就没有冲突、争斗，也没有不开心的人了，但事实并非如此，我们表现得像别人一样躁动，热心于积累财富名声，追求安逸享受，却并没有因此让别人更高兴、更接受我们一些，或者让自己更少一点烦恼。

我们喜欢贴标签——积极、消极、乐观、悲观，其实佛陀并没有教我们应该乐观还是应该悲观，他只是说要放下执著。消极、悲观不是因为放下了执著，相反，正是因为放不下，对某些人、某些事、对自己的经历遭遇太执著了，才会悲观厌世。

说到乐观，欲望多不一定是积极乐观。有一位道友曾对我说她在喇荣五明佛学院短期进修时，印象最深刻的就是佛学院出家人的快乐心态。以世间标准而言，那里的许多出家人可以说是一无所有，换了一般人身处他们那样的境地大概要愁死了，但是他们每一天都很快乐，勤奋地闻思修行，对未来充满了信心。每过一天，他们就向解脱迈进一步。那里的年轻人朝气蓬勃，老年人安详喜乐。他们说，今生是如此幸福，能依止具德上师听闻殊胜妙法，依教奉行，来世也不用担心，因为他们戒律清净，每天都在精进地积资净障。如果你去过学院，看过那里的出家人灿烂的笑容，你会知道他们说的是真心话。大家想一想，自己在物质上比学院的多数人都富裕不知多少倍，而他们自在快乐，对未来充满信心；自己却总是焦虑不安，拥有的再多也觉得未来没保障。为什么呢？

世间八法

《成实论》云：“又世八法，利衰称讥毁誉苦乐，人在世间必受此事，故名世法。”舍弃今生的真正含义便是舍弃这世间八法。不希求安逸富足、被赞美、被关注，不惧怕磨难挫折、被诋毁、被忽视。

远离世间八法是真出世，否则把头剃了，苦行也好，闭关也好，东奔西跑做出各种让人惊奇的事也好，都是在世间法里打转，都是为了增饰今生。阿底峡尊者曾说：纵然具备智慧超群、戒律清净、讲经说法、观修境界等功德，如果没有舍弃世间八法，一切所为也只能成为现世的生计。

三十几年前我在熙日森学习，当时特诺堪布有一位弟子叫桑珠，与我年龄相仿，精闻思，勤苦行，待人谦卑柔和，大家都非常佩服。我们私下里说他就像米拉日巴尊者一样勇猛精进，为法忘躯。后来我在才旺晋美堪布座下继续求学，桑珠也来到堪布处求《六中阴》的修法。堪布让他先去新龙为大家请法本。桑珠辛辛苦苦请回来几十本法本，没想到，堪布却不允许他参加之后的传法和听课。他很难过，觉得才旺晋美堪布对他不公平。一天，堪布当着大伙儿的面对桑珠说："你世间八法的习气太重了。"说着便脱下自己贴身的衣服递给桑珠，让他赶紧穿上。桑珠没有按照上师的话去做，而是把带着上师体温的衣服推到一边。堪布见缘起被破坏了，长叹一声道："看来我是无法调伏你的，你还是去找别的上师吧。听说色达堪布晋美彭措在讲学，他是一位非常了不起的大德，你去他那里试一试。"桑珠于是离开了才旺晋美堪布。我很替他惋惜，也深刻体会到世间八法对修行人是多么大的妨碍。后来我到喇荣五明佛学院求学，桑珠也来到学院，依然行苦行，精进无比，赞叹随喜的人众多。虽然我那时也是别人接济的对象，但见他比我还贫穷，衣不掩体，便把自己最完整的一件长袍送给了他。没过多久，他被一座寺庙认定为活佛，很快就被接回去坐床了。我再次见到他时，他满身绫罗绸缎，得意洋洋地被仆从簇拥着，已经不认识我这个穷小子了。再后来，我听说他被取消活佛的头衔，还俗做生意去了，富甲一方。后来又听说他与人械斗，被抓起来判了刑……

以前法王如意宝讲课时，常常提起他小时候与玉科夏扎仁波切的一段对话。大圆满龙钦宁提传承上师玉科夏扎仁波切晚年住在色达附近，法王如意宝那时十几岁，还没有去石渠求学。一天，他去拜访夏扎仁波切，进门后看见仁波切的屋子大而舒适，里面摆满了三宝所依和书籍，不禁问道：“您不是夏扎瓦（舍世行者）吗？怎么还有这么多财物？”素以严肃著称的夏扎仁波切听到这个孩子大胆而直接的问题，笑了起来，说道：“不愧是嘉贡宗族的后代，什么都不怕呀！孩子，‘夏扎瓦’的意思是指某人已经断除了对名利或世间的贪著，而不是指表面贫穷卑微、内心却渴望财富声名的人。”法王如意宝常以此故事教诫我们要真正从内心断除对世间的执著。

佛教历史上著名的反面人物提婆达多，很多人都以为他是一副劣迹斑斑的恶人模样。据史料记载，提婆达多威仪过人、持戒精严，外在行为纤尘不染，无可挑剔，追随他的人非常多，即使在佛陀的僧团中也有不少比丘因仰慕他的威仪而转投其门下。如果仅看表面现象，的确很难判断一个人是不是真的厌离轮回、志在解脱。

二、暇满

说起来似乎矛盾，出离心的培养是从学习知足开始的。只有对现在拥有的一切感到满足，心存感激，我们才会停止盲目的追逐。所以大圆满前行的第一步便是思维暇满难得。

平日里我们常在回忆、憧憬、幻想、计划的世界中寻找安全感和慰藉，这个所谓的现实世界太不让人踏实了。钱财、地位、感情、健康……无一不是有也不安心，没有也不安心。你看，没钱的人为生计劳碌奔波；有钱的人，坐着飞机跑来跑去，照样是为生计奔忙，不得一日清闲自在。生活得意或不得意，内心都是一样的焦虑、不满足。然而，我们是否真的像自己感觉的那样贫乏呢？

此时此刻能够听闻、思维、实践解脱之道，这样的机缘百千万劫难得遭遇，不用再想如果我这样、如果我那样，人生将会更加幸福美好。在轮回中，不会有比这更美好的时刻了。何以见得呢？让我们来看看，像你我这样普通的学佛者目前所经历的生活需要怎样的因缘条件才能显现。

八无暇

首先我们要远离八种无暇。有八种情况，能令众生根本无暇顾及修持正法。这八种无暇指的是投生于地狱、饿鬼、旁生、长寿天、边地、暗劫、持邪见或心智不全。

有人会想：地狱、饿鬼之类的跟我有什么关系？观想他们我就能幸福了？其实我们并不是一直都在做人，这一点大家得承认吧。无始以来，我们流转轮回，在三恶道里待的时间远比做人的时间长。佛经中关于盲龟和木轭的那个比喻，我们都很熟悉。设若三千大千世界成一海洋，有木轭漂浮其上，轭上有小孔，海底一盲龟每百年升到海面一次，此无眼的海龟遇上彼无心的木轭并碰巧把头伸进孔中的几率，可以说微乎其微，而六道轮回中得人身比这更难。释迦牟尼佛还以手上土和大地土来比喻人与其他道众生在数量上的巨大差异。这一世生而为人真的是太不容易，然而我们多数人都不知珍惜，看大家的活法简直让人怀疑是不是这群人从无始以来就一直在善趣里享福，过惯了好日子，才能那样随随便便挥霍今生的福报。

人们愿意相信自己从来就是尊贵体面的，仿佛回到历史上那些遥远的辉煌年代里，自己必定是个人物，至少也是相当愉快地活着。我不知道别人的来头，但我确信在那样漫长的岁月里我没少在三恶道里待，被人用狼牙棒砸脑袋，砸得脑浆迸裂；为了抢一把鼻涕吃而不顾一切；被人驱赶役使，跟同伴相互残杀，不明取舍，不知好歹。这就是我在过去世里从事的主要活动。说不尽的伤心，若不是佛陀指点，我恐怕又忘了。大圆满外前行观修八无暇，观的是我无数的前生前世。

我没有宿命通，但我想自己到如今仍然循业流转、无力出离，必定是因为无始以来从未圆满具足过解脱的因缘。我必定无数次投生在复活地狱中，脾气坏极了，跟谁都不共戴天，活着唯一的目的就是找同类厮杀直到同归于尽，随即死而复生又一如既往地争斗不休，如此辗转生死，痛苦不堪。待人间沧海桑田一万六千多亿年过后，才得以从复活地狱出来。由于业力所感，在这万亿年当中我想的全都是如何找人拼命，心里只有嗔恨，感受的只有痛苦，从不知痛苦有其原因，痛苦可以止息，活着不只是玩命，安乐可以实现。业力无比强大，我身不由己随业飘荡，从恶到恶，从黑暗到黑暗，没有一刹那能做自己的主。而这，在所有地狱当中算是痛苦最少、时间最短的。我曾经无数次投生在炽热的铁地上，身体被铁锯反复切割得支离破碎，在沸腾的铁水里熬煮，被铁锤击打，唯一的安乐就是痛苦到极点时昏死过去，因为在昏迷的瞬间没有苦的感受……还有数不尽的痛苦遭遇，《普贤上师言教》中都有详细的描述。投生地狱的主因是嗔恨心，看看现在你我有多么容易生气怨恨，就知道自己嗔恨的烦恼习气有多重，由此可知很多人前世大概都有与我相同的经历。我们既然喜欢回忆过去，就多想想地狱众生的痛苦，那里有我们的过去。今生不好自为之，那里还有我们的将来。

我曾经无数次投生在饿鬼道，终日饥渴交迫，饿得就剩一把骨头，头大脖子细，腹如巨盆，四肢僵硬，走起路来关节能磨出火星，全身骨节响动的声音好似五百辆马车轰隆驶过。饿鬼界满布瓦砾、碎石、烧焦的树干和零乱的毒刺。夏季的月光照在我身上如火焰在烘烤，冬季的阳光却冰冷如霜。有时我远远看见江河碧波荡漾，等踉踉跄跄走到跟前，却只见干涸的河床。有时我远远看见绿树葱郁、果实累累，赶过去却只有枯枝和荆棘丛丛。为了找水找食，我到处游荡，可是我忘了自己的嘴巴小如针眼，美好的饮食、受用纵然不化为乌有，我也无法消受。有时候成群的小饿鬼寄居在我身上，啖食我的血肉……在长达万年的时间里，我的全部理想和生活内容就是找吃找喝却永远没吃没喝，除此以外我顾不上别的。投生饿鬼道的主因是吝啬、嫉妒和阻止他人布施。

旁生的痛苦现量可见。在漆黑的海底生活着无以计数的旁生，他们从来见不到光，有的干脆不长眼睛，有的简化到只剩进食和排泄器官，但即便如此他们仍然争斗不休，互相吞噬，弱肉强食，活着唯是造恶业。那么卑微，那么可怜，却个个杀业累累。陆地上的旁生，大大小小无一不是饱受恐惧、欺凌。人看动物会心生悲悯，为他们的将来担忧，动物自己往往不知道这些，只要屠刀没架到脖子上就总是一副吊儿郎当无所谓的样子。这正是旁生的悲哀。即使那些被当作宠物的旁生，看上去生活比有的人还享受，但你对他说“你现在只要念一遍观音心咒便可永离苦海”，他不会理睬，他不知道你在说什么，也不能念一字一句，哪怕马上就要被冻死，也只能低头忍受。

生于长寿天①，得空识等持之身，在所谓无念无想的状态中虚度光阴。有说长寿天位于四禅天附近，也有说无论死在哪里，就在那里于一片黑暗中安住。长寿天人于八十大劫入于无想定，外不入内，心不外驰，然而外境仍是外境，自心仍是自心，人法二执依然如故。如此执著无念，远离妙法光明，没有机会修行正法。因认为入无想定、没有任何念头生起的状态就是解脱，而当引业穷尽时，发现自己没有解脱反要堕落，这时他对佛所宣讲的解脱，乃至对佛和佛法都生起极大的邪见和嗔恨，以此为因下堕恶趣。

投生为人也不一定就有修持解脱之法的条件，若生在荒蛮原始的部落，以损害、杀生为荣，一辈子所言所行全部是在造恶业；或者不信因果，否定缘起，认为存在恒常绝对的事物，或主张肉体快乐第一，等等；或者转生在无佛出世的暗劫之中，连三宝的名号也听不到，更不要说修持正法。如果心智不全或天生聋哑无法学习，也无力闻思修行。这四种情况便是转生为人的四无暇，自无始来，我一定无数次地经历过。

---

① 根据《菩提道次第广论》，“长寿天”有三个所指：“长寿天者，《亲友书释》中说是无想及无色天，《八无暇论》中亦说常为欲事散乱诸欲界天。”

十圆满

跟以前相比，我现在很幸福，我的今生拥有十种圆满，对一个轮回中的众生来说，没有什么比这更值得庆幸。

何为十种圆满?

第一是转生为人。六道里，地狱、饿鬼、旁生道的众生为苦所逼，缺乏智慧，根本顾不上修持佛法；三善道的天道众生因为放逸，阿修罗道众生因为强烈的嫉妒心，也无心无暇修持佛法。只有人道，苦乐参半，才有余力和动力去思考解脱的问题，才有机会真正圆满全面地修持佛法。

第二是环境圆满。根据佛经记载，南瞻部洲中央印度金刚座①是贤劫千佛成佛的圣地，所以从地理的角度说，以金刚座为中心的印度诸圣地，是佛法的中土。但是，从佛法弘扬的角度说，凡是佛陀正法在的地方都可以认为是佛法中土。凡生活在佛法弘扬之地的人，都可以说具足环境圆满。

第三是根德圆满，指眼、耳、鼻、舌、身五根圆满。如果我们不能亲见、恭敬对境所依或无力闻思修行，则不堪为真正的法器，就像一只有缺口的碗，虽然也可以盛水，却会漏掉很多。

第四是意乐圆满，指生存和生活方式与佛法不相违背。有一位居士在讲述他放生的经历时说：市场里的商贩天不亮便开始宰杀鱼虾禽畜，一般都是全家总动员，老少齐上阵。生在以杀生等恶业维生的家族，耳濡目染，子承

① 关于金刚座命名的由来，据《大唐西域记》记载：“贤劫千佛坐之而入金刚定，故曰金刚座焉。”另，即便在空劫时，此地也不毁坏，像悬桶般挂在空中，犹如金刚一样坚固，因而叫作金刚座。空劫时金刚座为何仍不坏呢？智悲光尊者于教言中说，曾在须弥山中央，有位仙人叫饮酪，他长时修善，临终时发愿身体化为不坏金刚。因其行善与禅定之力，死后果真达成所愿。于是天人将他的尸体带到天界，脚骨被帝释天做成宝剑，肋骨被大自在天做成短矛，臂骨被遍入天做成宝轮。在制作兵器的过程中，大量金刚粉末掉入下界，落在印度中部，使该地变成桶状的金刚，“下及金轮，上侵地际，金刚所成，周百余步”。

父业，别无选择。这真是一件悲哀的事。没有生在业际颠倒的家族，也不能保证意乐圆满，因为仍然会为了生存或欲望从事杀生、盗窃、卖淫等行当，与正法背道而驰。

第五是信心圆满。这里的信心指对佛法生起坚定的信心，相信唯有佛法能帮助我们脱离痛苦，包括恶趣的痛苦及整个轮回的痛苦。

在以上五种圆满中，信心是根本。

除了自身具足上述条件外，要修持正法还需圆满另外五项外部条件：如来出世、佛已说法、佛法住世、趋入佛门以及师已摄受。

什么叫如来出世？世间的成住坏空一个周期称为一劫，有佛出世的劫称为明劫，佛未现身于世的劫称为暗劫。暗劫众生连三宝的名号也听闻不到。我们所在此劫为明劫，有一千尊佛于此劫出兴于世，故又称贤劫。本师释迦牟尼佛便是贤劫第四佛。能值遇金刚乘教法更是稀有的因缘，因为纵然在明劫当中也只有往昔普严劫的先生王佛、现在贤劫的释迦牟尼佛和未来华严劫的文殊师利佛三位佛陀的圣教中才会广弘密法。

如果佛陀出世，却未转法轮，我们也不可能接触到解脱妙法。幸运的是，释迦牟尼佛在梵天和帝释天的启请下，转妙法轮，次第为众生开演了三乘佛法，引导无量众生入解脱门，渡烦恼海。这就是佛已说法。

若佛陀教法已经湮没，即使生在明劫、佛已说法，我们也听闻不到佛法。前一位佛陀的教法完全隐没到后一位佛陀的教法出现之前，这段时间称为圣教空世。此期间没有声闻，只在具足因缘的福德刹土中有独觉出世。独觉又称辟支佛，靠往昔在如来面前闻思修行的宿因，在佛法隐没后，于空世独自修行获得解脱。现在，本师释迦牟尼佛虽然示现了圆寂，但教法、证法还在，还有无数高僧大德在倾尽全力地护持。

修持正法除了需要上述四个条件外，还需要我们趋入佛门。佛法住世，而如果我们不去亲近佛法，也无从获得法教的利益。这个世界上有许多人连三宝的名号也没听说过，对这些人来说，现在就是暗劫。时空并不是绝对的。还有更多人知道佛、法、僧，却不知道三宝真正能带给自己什么。在有的人眼里，佛教只是一种宗教，且宗教往往让人丧失斗志，使社会退步；有人把佛法看作一门学问，毕生钻研佛教历史、理论，著作等身，却没有把佛法用于止息自己内心的烦恼；有人把佛法看作东方神秘文化的一种，称佛法的修行人为神秘家；也有人把佛法庸俗化，用它来点缀和调剂生活。

我们皈依佛门是为了什么？为了消灾袪病、来世不堕恶道，或者丰衣足食、来世享人天善果，若按照佛陀的教导去做，断恶行善，上供下施，这些愿望都可以实现，但这仅仅是进入佛门，却没有趋入解脱生死轮回的正道。只有生起出离心，为求解脱轮回而学佛，才是真正意义上的趋入解脱道。

我们曾经经历的一切如今在哪里呢？远的不说，昨天、刚才发生的一切，现在寻找也是了不可得，正如从梦中醒来，梦里的一切了不可得。不仅是事情过去了，是整个情境，人、环境、活动、情感等等，都无处可寻了。时过，境迁，物易，人非。我们在当时情境中的感受千真万确，并不能说明那个情境就是真实的，就像我们在梦中的感受千真万确，而梦里的事不是真的。其实我们每次回首过去时，都在经历如梦方醒，只是我们没有察觉。轮回生死如梦如幻，佛陀希望我们如是了知，并生起无伪的出离心。

十种圆满的最后一条是师已摄受。佛教讲真修实证，就算你精通经论，实修起来还是需要上师传授窍诀。此生有限，没有师父指点津要，我们恐怕穷尽一生也不过做些摘叶寻枝的事。

具足如上八种闲暇十种圆满的人身称为暇满人身。此身如珍宝，如果善加利用，即身便可了脱生死，开无上智慧。想到这个，我欢喜不尽。

这十八种因缘聚合是多生累劫积集善业福报的结果。十八暇满的功德中仅有一样不具足，我们现在也不可能在这里讲解脱的事。

三、无暇

暇满人身如初秋的荷花般美好而脆弱，圆满的花瓣只需一阵微风吹过便会凋落。

十八暇满是入解脱道的基本前提，但正如全知法王无垢光尊者在《如意宝藏论》中所说，今生的十八暇满并非一经获得永不坏失，无始以来的烦恼习气随时会涌现，总结起来，有十六种与正法相违的心态或处境会障碍我们为解脱而修行。

有时候我们看上去具足暇满，似乎闻思修行也精进，但这些都是表面现象，如果为十六种违缘所扰，没有加以对治的话，所作所为终究流于形式，空耗此宝贵人身，着实可惜。

干扰修行的八种违缘

具体来说，有八种情况，今天在自相续中不存在，但明天可能出现；前一座修法时没有，后一座中可能出现；入座时没有，结座时可能出现，所以称为暂生缘八无暇，也可以把它们理解为修学过程中经常、反复出现的八种负面心态。

第一是五毒烦恼粗重。学佛以后，我们并不能一夜之间烦恼顿消，有时贪嗔痴慢疑会以相当狂暴激烈的形式表现出来，使我们当下失去内心的平衡，并毁损行持正法的善根。

如果观察自心的话，我们会发现一般是修行比较好、贪嗔痴慢疑的情绪比较弱的时候，内心会感到快乐安宁；而修行懈怠时，心里总是焦躁不安。安乐不是硬创造出来的一种独立情绪，它只是贪嗔痴慢疑等负面情绪的减弱，因此不对治五毒烦恼而想另修出一份喜乐宁静来是很难有效果的。我们常常羡慕真正修行人的自在安乐，要知道，不是他们的快乐比我们多，而是你我的贪执、嗔恚、愚痴、傲慢、狐疑比他们重。我们若以佛陀教授的方法切切实实去对治烦恼、转化内心，也会逐渐喜乐开阔起来。

其次是闻思不解法义，修法不现暖相。不少人有这样的经历，无论怎样听讲思维都不能圆满通达某段经论的涵义，或者精进修法却迟迟没有验相。这可能是因为往昔的罪障。

所谓罪障，并不是佛陀硬性把某些行为定性归类为罪恶的，人一旦违犯便造下罪孽，延续到后世仍需接受惩罚。佛教中没有高高在上的规则制定者。佛陀示现成就遍知果位后，观三世因果如看掌中物，出于对众生无量的悲心，转妙法轮，开显深道，把他观察到的现象规律告诉世人。有些行为及其后果会让我们陷于痛苦中，并严重障碍我们对实相的理解和觉知。了解到这一点后，我们自然会对过去的不当行为感到惋惜愧疚，并尽量避免再犯。

凡夫的心力微弱，单凭己力很难有效清净无始劫来累积的罪障，若能借助佛菩萨的愿力，通过佛教中诸多忏悔罪障的法门，如金刚萨埵修法，具足四种对治力如法修持，则能更为迅速有效地清净罪障。罪障清净一分，智慧便显发一分。

我们还可以修上师瑜伽，祈祷上师和三世诸佛智慧的体现文殊师利菩萨加持。

第三是被恶知识摄受。《楞严经》云：末法时期，邪师说法，如恒河沙。如果我们在选择老师的时候不谨慎，便可能成为恶知识的眷属，所闻所想背离解脱正法。

判断具德上师最基本的标准是看他有没有菩提心，是不是一心为了众生离苦得乐。如果他具备菩提心，凡与之结缘者都将获益。否则不管他名气多大，有多少拥护者、追随者，都最好对他敬而远之。

第四种无暇是懈怠。我们有些人虽然进入佛门，也自认为是佛教徒，却总也不想实实在在开始闻思修，或者一曝十寒，殊不知一切都是无常的，不精进修持加以稳固的话，我们对佛法微弱的信心、偶尔生起的出离心转眼就会消失。

根据我的体会，忆念上师是对治懈怠的一个有效方法。每当我在修行中有所懈怠，我立即想到我的上师们，想到他们的种种功德和对我的恩德，心里便充满感激和愧疚，不再允许自己懈怠懒散。

法王如意宝那样伟大的圣者，一生示现修行精勤不辍，别的不说，仅本尊心咒，他老人家就圆满念诵了十几亿遍。

才旺晋美堪布当年应邀去寺庙讲法，他对人们只满足于肤浅的闻思而不注重实修的现象深恶痛绝。终于有一天，他绝望伤心至极，趁夜深人静离开了寺庙和人群，独自跑到深山寂静处闭关修法。他的闭关房非常简陋，只有一扇小窗户，没有门。他发誓念诵一亿遍普巴金刚心咒，并且在完成这个誓愿之前，不离开闭关房，也不再与任何人说话。事实上，除了他的母亲送饭时偶尔能见他一面外，其他任何人连见都见不到他。与法王如意宝一样，才旺晋美堪布一生也圆满念诵了十几亿遍本尊心咒。

以前我去拜见晋旺堪布，堪布有时会留宿，我因此有机会亲眼见到上师是怎样精进修行的。晋旺堪布几乎每天都是凌晨两三点就起床做念诵功课，直到启明星出现在东方的天空，然后，他开始长时间地礼拜。

此外还有根容堪布。我十几岁在扎阔地方跟随根容堪布学习。堪布怕我们懈怠，每天除了睡觉时间外，其他时间都跟弟子们在一起，看着大家闻思、修法，连吃饭他也是和大家坐在一起，边吃边讨论修行中的问题。二十世纪八十年代初，堪布回到札熙寺，肩负起重振寺庙的重任。佛法衰微、僧才凋零的景象让他心急如焚。他在寺庙附近建起一间小小的闭关房，挑选了十几名年轻僧人，让他们与自己同吃同住，集体修五加行。那么多人整天挤在小房间里，在堪布手把手的引导下修加行。可想而知，堪布的修法、起居、休息等肯定受到了很大的影响，但是他说："让大家住在一起，一是因为没有条件修建更多的房子，二来年轻人比较容易懈怠，有我在旁边监督，情况就会好很多。"

这就是我可敬的上师们！

第五种情况是为他所转。身不由己，被他人控制，想好好修法也没有机会。我看见一些原本不错的学佛人，后来或是为物所累或是为情所困而身心不能自主，以致荒废道业，退失道心，着实令人叹惜。世事无常，书上说，有的人上半生精进，下半生散乱，果然是这样。法王如意宝在《无常道歌》中写道："若未如理闻思圣教海，以估计心不能断无明，年老而成家眷九人官，临终阿伯无善转恶趣。"

如今资讯泛滥的年代，想找一个真正清静的修行处也是非常难，耳闻目睹所及，都是些鼓励、赞美贪嗔痴或者似是而非、自相矛盾的理论、说法，一般人每日身处其间，很难不受影响。

第六种情况是恶报现前。有些人精进行持善法，却仍然遭受磨难，而这恰恰证明了因果不虚。佛陀从来没有承诺过，只要皈依三宝，以往的恶业便一笔勾销，从此不再遭遇挫折。在因果面前，佛教徒并不享有特权，所以往昔造下的恶因在条件成熟时必定显现果报，这一点不会因为是或不是佛教徒而改变。

既然如此，学不学佛岂不是都一样吗？当然不一样。如果不是佛陀开示，我们不会懂得因果不虚的道理。不要以为因果不虚是人尽皆知的常识，这个世界上绝大多数人都不知道因果的道理，更不用说付诸实践取舍因果了。没有一个知识、价值或信仰体系像佛教这样全面、深刻地宣讲过因果规律。有因必有果，有果必有因，真正理解这一点，才会诚心忏悔过去的罪业，并以积极的心态面对挫折。人们身处逆境的惯常反应是否认因果，嗔恨抱怨。作为佛教徒，我们知道这样做于事无补，并且会造下新的恶业。

清净恶业主要通过两种方式：一是忏悔，二是受报。一方面，我们通过如理如法的忏悔，化解往昔恶性的因果；同时，若因缘成熟、恶报现前，也要坦然承受。别人怎么想我们管不了，但自己心里要明白：因果不虚，已经成熟的果报无可阻挡，并且自己现在的行持善法，有可能会使某些恶业提前成熟，重罪轻罚。

有些人闻思修的过程中遇到一点困难就开始打退堂鼓，说：“我福报浅薄，恐怕不堪修道。”实际上，没有哪个修行人不曾遭遇过违缘。你看往昔的高僧大德无不是千锤百炼、百转千回，难道他们都是些无德无福之辈？磨难、逆境是修道的助缘，它使我们得以清净业障，更是修出离心、慈悲心乃至引发空性智慧的有效途径。

第七种违缘是求乐救怖，即为了今生来世的安逸享受或者为了避免灾难临头而行持善法。初学者很难完全不为自己想，求乐救怖的念头肯定会时不时冒出来，每当这种时候，我们应立即观修出离心和菩提心以护持自己的心行。

莲师曾告诫他的追随者们：“此生的穷困与不幸皆始于过去的行为，因此要住于无人的僻静处。恶行会因情境之故遇缘而造，因此要像避开毒药一般，远离不好的友伴。陷阱是由错误的见解引起，因此要敞开心胸去学习和思维。无论生者或死者，起伏兴衰都会降临在每个人身上，因此切莫怪罪其他人。无论什么喜悦或是快乐降临在你身上，都源自于你自身的福德，因此不要骄傲，趁着还有能力避开轮回的恶趣，努力去获得证悟吧！”

第八种情况是假装修法。并不是说从头到尾、在任何场合、面对所有人都装模作样摆出修行人的架势才是伪装修法，其实在某些场合，在某些人面前，如果我们为了得到赞美或物质利益而做出精进修持善法的样子，就是伪装修法了。所以讲到伪装修法时，不要觉得那肯定与自己无关。

《普贤上师言教》中记载了奔贡嘉格西的一个小故事：

有一次，一些施主前去拜见奔贡嘉格西。为了迎接客人，格西在三宝所依前摆上供品，把佛堂装饰得非常善妙。这时他观察自心，发现自己是为了在施主面前表现出庄严的修行者形象才那样做的，于是他向三宝所依和供品撒了一把灰，并自言自语道：“你这个比丘不要那么虚伪。”帕单巴尊者知道这件事后说：“西藏所有的供品中，奔贡嘉的这一把灰最殊胜。”

上述八种心态在修行当中会反复出现，我们要做打持久战的准备，保持觉察，随时应对；虽说有时候也吃败仗，但仍然是解脱道上的战士。而下面要讲的八种情况，可以说一旦出现，我们就算被解除武装、就地解散了，根本入不了解脱道，所以又称为断缘心八无暇，或称解脱灯灭。

阻断解脱的八种习性

一、为今束缚。被今生的财产受用、子女亲属等紧紧束缚，一心为了他们辛勤劳作。营营役役为家计，噩噩浑浑白了头。世人大都如此，唯是不明白：生死只在呼吸间，一口气上不来，再怎样家大业大也要撒手，再亲的人也不得不分离。万般带不去，唯有业随身。

有人说：家里绝不能没有我，我若不在了，家人没法活下去。可是真等他死了，家里人照样活得好好的。生和死，都是自己的事，谁也没法代替谁。做父母的可以为子女不顾一切，而子女的苦乐依然只能自己承当。同胞手足，一样的血脉，一样的家庭背景、成长环境，生活遭遇却不会相同，有时候福报的显现、苦乐的感受会差别很大。可见，每个人都各有各的因缘业报。做一家人，也是在各自漫长的循业流转中短暂的相聚。不要试图用贪爱去束缚对方，由爱生怨，由怨生恨，枉自荒废珍宝人身。

二、人格低劣。学佛的基础是贤善的人格。若为人狡诈邪恶，即便遇到真正的善知识，也很难转向正道。

以前，博朵瓦格西对前来依止的人，首先要观察他人格如何。人格不好的，就算智慧出类拔萃，他也不会接纳；如果人格很不错，但智慧有点欠缺，他还是会摄受的。

三、无出离心。一般人，你若问他是否畏惧轮回的痛苦，他八成会说不畏惧，生活不算十全十美吧，但还凑合。你若再问：同样的人生愿意再活一遍吗？有一定生活阅历的人大概多数会说不愿意。为什么呢？人生多忧苦。风风光光也好，多灾多难也好，那都是外人眼里的热闹。生活的滋味，好坏冷暖，只有自己知道。不想重来，其实还是畏惧呀。换种活法，一样。

出离心不是佛陀的发明创造，说白了，它就是彻底的“不想重来”。如果觉得生起出离心有困难，那就想想自己这几十年的生活，前尘往事都在心里过一过，然后问问自己：还想不想再来一遍？把那发自心底、自然流露的“不想”留住。经常这样做，或许慢慢会生出微弱的出离心，再通过观修暇满难得、寿命无常、轮回过患、因果不虚等四种厌离法，不断加以巩固。

四、无有正信。对佛法与上师没有丝毫信心。佛陀不鼓励大家盲目相信他说的话，而是要通过思考和实践去验证。要把佛陀的教言、世间约定俗成的经验和知识体系，以及自己的经验结合起来，去了解现象。

佛教鼓励的怀疑精神是一种求知精神，而不是出于偏见和情绪去否定什么。如果对佛法并没有认真了解过，仅是道听途说便断言佛法不可信，我想这是非理性的。什么都不信并不代表客观、清醒。很多时候你可能只是选择了一件更容易做的事而已——不信是容易的，你甚至不必准备什么，只要学会说“不”就可以了。

五、心离正法。虽然也知道轮回皆苦，当求出离，但就是改不了为今生筹划操劳的习惯，生不起强烈的愿望要去修学正法。

六、喜爱恶行。这是指造恶业后毫无愧疚，反而认为做得好、做得对。恶业可以通过忏悔来对治，若对造恶生欢喜心，不忏前戒后，恶业则无以对治，以致身语意三门与正法越离越远，解脱无从谈起。

七、失坏律仪。佛陀制定戒律是为了遮止下堕恶趣的因，如果失毁律仪，便只会堕入恶趣而别无出路。

就共同乘别解脱戒而言，破戒须具足对境、动机、行动、结果四因，这四个条件都具备，算破戒；只具备其中部分条件，不算破戒，但有违犯戒律的过失。

我们应该时时自我检查，看是否失坏了四根本戒（杀、盗、淫、妄）。如果失坏了其中之一，不要就此放弃，而应精勤守护其余三条根本戒。

倘若破戒，一定要如理加以忏悔。很多上师都说过：具戒而心怀傲慢的人，不如破戒而至诚忏悔的人。从一开始受戒就没有失坏过，当然好；失毁了戒律但能如理忏悔，同样好。若发自内心忏前戒后并真心随喜其他具足戒律的人，那么自己也就成为具戒者。

进入大乘菩萨道后，若退失了愿行菩提心，则一定要在昼夜六时（晨朝、日中、日没、初夜、中夜、后夜）内加以忏悔，才不至于犯根本罪。

八、失毁密乘誓言。所有密乘戒都包含在身语意的誓言中。身誓言指不凌辱上师和金刚道友的身体。语誓言指不泄露上师和金刚道友叮嘱保密的话等；上等持戒者不间断念诵本尊心咒，中等者在每月十五、三十或昼夜六时念诵，下等者每个月里有念诵，极下等者每季度有念诵，最下等者也要在每年神变月里念诵，努力做到如此定期念诵不间断。意誓言，涵盖在守护十种秘密及不扰乱上师、金刚道友的心当中。进入密乘后以上师和金刚道友为对境破三昧耶戒，后果极其严重，守持戒律，务必慎而又慎。

四、结语

获得暇满人身是无数世行善避恶、积累福报的结果。此暇满一旦失去，想再得，难。得闲暇，需要守护清净戒律；得圆满，须广积布施等福善；而要得暇满人身，还必须有清净的发愿。

首先，获得闲暇的因是守护戒律。阿底峡尊者说过：自从我进入别解脱门之后，可以说是一尘不染；对于菩萨学处，偶尔出现过一两次过失；而步入金刚乘以后，零零碎碎的过失屡有出现。戒律就像是在陷阱周围拉上警戒线，好让我们知道此处不可逾越，否则就会掉进陷阱里。小乘、大乘、金刚乘，如此多的戒律也就意味着我们需要躲避如此多的陷阱，真真是如履薄冰，而我们平日的言行却是多么随意、不拘小节。想到这些，就会深深感受到：仅仅是再得闲暇，都难上加难。

即便有可能具备戒律清净这一获得闲暇的因，但是获得圆满的因——上供三宝、下济贫乞等善法又有多少呢？是否还有得到暇满人身的清净发愿呢？

对我们来说，此生是千载难逢、失不复得的，所以一定要抓住这一生的机会离苦得乐。从前，噶当派的金厄瓦格西为珍惜暇满人身，日夜专心修法，很少睡眠。他的上师仲敦巴格西对他说：“你还是应当休息一下。”他回答道："是的，只不过这暇满人身实在太难得了。"金厄瓦格西一生当中念了九亿遍不动佛心咒。

具体说到如何修持，别的我们暂且不说，修大圆满法，除极少数上根利智的弟子外，一般人都要严格地按照次第从前行开始修持。如果前行的基础没有打好，一般得不到大圆满的灌顶；即使得到了，也不会有多大效果。跳过前行而直接修正行，如在空中盖楼一般。相反，如果前行修法的基础扎实，证悟大圆满并非难事。历史上有不少修行者就是在修持大圆满前行的过程中显现开悟的。

当年法王如意宝在喇荣五明佛学院传讲大圆满法时，要求所有启请大圆满传承与灌顶的弟子务必先完成前行修法。如果情况特殊，未修完前行而获得传承与灌顶的弟子，则必须发愿在最短时间内修完前行。

对真正的修行者来说，前行法不是修一遍、两遍，而是贯穿整个修行过程。华智仁波切在每一座修法中都认真修前行，他时常握紧拳头用力捶打胸口并大喊"阿西瑞（努力）"，以提醒自己时刻保持正念。

前辈大德的行持给我们以永不竭尽的鼓舞和启发。我们应当怀着真正的谦卑、感激和珍惜之心，开始修习前行。

前文中我们讲到，修前行最好能上座和座间修法相结合。拿"暇满难得"来说，最好有固定的时间以禅坐的方式反复思维八无暇、十圆满、暂生缘、断缘心，一条一条仔仔细细去观修，直到有了清晰强烈的觉受，打心眼里觉得此暇满人身稀有金贵，心里很欢喜很珍惜，舍不得再把它浪费在琐事上。其他修法也都以此类推。

座上观修，想得越具体越深入越好，这不仅是修出离心，也是在训练定力和观察力，为后面不共内前行以及大圆满正行的修法打基础。你必须要注意力高度集中，心无旁骛，并且有极其敏锐的观察力，才能把皈依境、坛城、密密麻麻数不清的佛菩萨、本尊、空行、种子字等观想出来。仅仅观想出大致的形象还不够，还要反复串习，细微处如佛菩萨身上的服饰花纹、佩带的璎珞珠宝，珠宝的光芒，乃至皮肤的光泽、毛孔，都最好能做到栩栩如生，历历如在目前。这样的佛菩萨不是一尊两尊，而是如海般无边无际，全部要观想出来。观想越是结实确凿，就越能体会现象世界的虚幻。这听上去似乎矛盾，但就是这样。

这种观修需要怎样的定力和观察力，可想而知，而如此强大的定力和观察力，是一点一点训练出来的。怎么训练？可以从共同外前行入手，由易到难，由简入繁。

我们应根据自己的实际情况，安排一天一座、两座乃至若干座修法。关键是要持之以恒，并且要有信心有决心非修出个成效来不可。不知大家有没有想过，为什么自己修了很久却总也没什么效果？因为你从一开始就没相信自己真能修出成果来。坦率地说，我们当中有多少人真相信自己这辈子就能解脱、就能成佛？我们在上师面前求了即身成佛的法门，可是我们不相信即身成佛这种事能发生在自己身上。

信心不是嘴上说相信，是心里认定一件事就豁出去做，不计较要为此付出多少代价，没想过这事会办不成，也没想过还可以选择不做。因为你愿。愿不仅是愿望，还是愿意，千肯万肯，拿什么去交换都不可惜。大家天天念叨往生极乐世界，可真要说现在就能去极乐世界，你去不去？十个人里大概有九个不去，还有一个在说：去那儿看看就回来行吗，这边还有好多事没做完呢。

修法要有信愿。大圆满是即身成佛之法。如果从外前行第一座修法开始，就对此坚信不疑，有一座算一座，有一天算一天，没有哪座哪天是不算数的。另外，真舍得把这辈子花在修行上。果真能如此，一定成就。

虽得闲暇而乏真实法，虽入佛门而耽非法行，
我与如我愚痴诸有情，获得暇满实义祈加持。

1993 年，希阿荣博堪布在初建中的扎西持林。

第三章 诸行无常

一、无常观

无常，似乎是最简单明了的一个道理，无须多言，人人都懂的。人活到一定岁数，对物事变迁、世态炎凉多少会有一些体会，但这个体会往往力量微弱，不足以撼动我们对恒常的执念，所以尽管“懂”无常，无常现前却仍无招架之力。人们通常所谓知道无常的道理，和佛法中通过观修对无常生出定解是两回事。

通过认真的观修，熟悉无常的见地，我们对事物的认知、态度和日常的行为会慢慢开始改变。熟悉无常的过程其实也是让认知回归事物真实状态的过程。也许我们从未意识到，与事物真实状态的偏离，给自己带来了多少不必要的痛苦。因此，观修无常不只是为了获得有关无常的知识，也是并主要是为了减少痛苦和迷惑。

华智仁波切说：“相续中若真正生起了无常观，就一定能够彻底舍弃对今世琐事的贪执，就像呕吐症患者不愿取油腻的食物一样。”我们反观自己，如果仍然时时懈怠，对修持解脱之道没有足够的热情，羡慕别人的权势、富足、安逸或者青春貌美，还是一如既往地热衷于计划未来、算计得失，就该知道自己并没有对无常生起定解。

那么，如何观修无常呢？

具体而言，无常又分为粗大的无常和细微的无常。粗大的无常，如物理世界的斗转星移、沧海桑田，人间世的盛衰成败、离合悲欢，物的荣枯代谢，人的生老病死，是人们常识范畴内能感知能理解的无常。细微的无常指微观世界中事物的刹那生灭、瞬息万变。现代科学的发展为此提供了一些佐证，人们终于认识到方生方死不是文学的夸张，而是事实。

观修无常包括这两方面，通常从粗大的无常开始。

器情世界

我们所处的环境，外在的物质世界，又称为器世界，它是怎么来的？它的成住坏空是怎样的呢？

我们所处的这一劫，其形成期历经二十中劫[①]，器世界自下而上、有情世界自上而下逐步形成。

初时，众生由共同的福德感召，下基清净意空形成虚空，上方有风轮，呈十字金刚杵状，带有墨绿色辐围。从它上面的金藏云中降下雨水，由此形成带有白亮辐围的圆形水轮。水轮上方形成须弥山、七金山、四大部洲、铁围山等。

有情世界则是随着分别念越来越粗重，逐步出现无色界、色界、欲界诸天、人道、旁生、饿鬼直至地狱有情。

在经历二十中劫的形成期后，是“住”的开始。众生寿量先从无量岁慢慢递减到十岁，其后逐步递增，增长到八万岁时，再度递减，直到十岁，此为一个往返。这样增减满十八个往返以后，又递增到无量岁，随后再递减一

① 根据《俱舍论》中所述：从人寿八万岁，每百年减一岁减至十岁，再每百年增一岁至八万岁为一小劫；二十个小劫为一中劫；成、住、坏、空四个中劫（八十个小劫）为一个大劫。

次，到人寿八万岁。这期间历经二十个中劫。

从此次人寿八万岁开始，世界进入毁坏期。有情众生由下而上逐渐化为乌有。不再有新生有情转生到这个世界的地狱里来，所有已经转生在此世界地狱的众生罪业逐渐减轻，慢慢升到上界，除造无间罪、舍法罪和密宗以金刚上师为对境破誓言者下堕到无间地狱以外，其余地狱没有众生留存。同样地，随着业障的清净，饿鬼道和旁生道的众生也都报尽转生到上界。有人到寂静处修行，圆满梵行，澄心不动，寂湛生光，由此功德得生二禅天。其他人得知后也开始效法，结果都得到二禅心，逐渐转生到色界二禅光明天。后来欲界六天的天人依次像人一样得到了二禅心，全部升到二禅天，色界初禅天的众天人也升到二禅天。自此，二禅天以下无有众生留存。

此时天空依次出现七个太阳，犹如七场大火，使森林草木枯萎殆尽，江河湖泊乃至海洋全部干涸，最后须弥山、四大部洲连同天界都陷入一片火海。熊熊火焰被风席卷向下蔓延，势不可挡，烧尽空无一物的三恶趣。无间地狱焚毁时，那里所有众生于眨眼的瞬间，转寄到其他世界的无间地狱中。随后，火焰翻转向上直冲，焚毁了欲界诸天及初禅天。二禅天以下化为一片灰烬。

随后，二禅天众天人升到三禅天。二禅天形成水云层，倾盆大雨从天而降，冲刷尽劫末火焚烧后留下的灰烬。下基十字金刚杵风呼呼向上翻滚，三禅天以下一切尘埃随风飘散，万事万物变成一大虚空。

这期间历经了二十中劫。

此后处于虚空阶段，经过二十中劫，直到新的一劫开始。

这就是劫的成住坏空。

在这时间和空间相续如长河奔流跌宕中的一个片断，便是我们当下身处的世界。以无数光年来计算距离的这个广大的所在，远古至今无数次见证沧海桑田的包罗万象的这个世界，只是劫的一个片断；并且，坚不可摧的须弥山、四大部洲，长久到如永恒、无穷快乐的天界，也终将毁于水火，我们能想象和不能想象到的纷繁重叠并行的千千世界，也有化为虚空的时刻。

那么，你说："这些跟我有什么关系？我要的是解决切身问题切身痛苦的办法，你却跟我讲世界的起源！我不想知道这些。"非实用性的知识，也许不能直接拿来解决所谓切身的问题，但它能扩大视野，提供新的角度来感受和看待生活。其实有时走出困境需要的只是一个新的视角。

新的视角

我们觉得自己被难题困住，总想找办法解决，可更大的问题也许在于我们过分关注"解决问题"了，却从来没有想过回头去看看那些问题到底是不是问题。很可能，换个角度，它就不是问题，至少不是那么严重的问题。

痛苦也是这样。你认为自己的苦难深重到令人窒息，自己是全世界最可怜的那个人。站在这样的立足点上，确实很难找到对治痛苦的办法。可如果你换个角度，或许你会发现情况并不像之前想象的那么糟，痛苦不是没有，却也不像你以为的那么大，大到无法承受。要知道，事与愿违是人生常态，没有谁的生活是完美的，就在我痛苦的当下，世上还有千千万万人也在经历着事违所愿的挫败和痛苦。他们当中很多人的境况可能远远不如我，可是他们能好好生活，为什么我不能？我的生活里也有值得高兴的事，而且那些让我痛苦的事情本身，它的另一面，应该就有令人欣慰的东西，只是我忽略了。

这样学习改变立场看问题，也是一种"对治"痛苦的方法。其实并没有一个实在的痛苦，像靶心一样立在那里，等着你找一支箭来把它射落。痛苦是我们对某件事或某些事的感受和认知，而对治，只是改变自己的感受和认知，看到事物的不同面向。

眼界一宽，眼前的一事一物就不再那么大，就知道凡事有得有失，而不停歇如逝水的不仅是年华，也是年华所承载的一切，面对如此的事实，人生最根本的感受该是无奈，活着活着便明白了如此人生没有完美。

观修“八十中劫一大劫”这些内容，比照自己的生活和经历，千千世界亦有化作虚空时，我们的人身又怎能恒常坚固、无衰无变？我们执著的名声地位、财富受用、思想感情、相聚相亲，在奔流不复回的时间之河中，犹如一个个水泡，随起随灭。如此反复观察思维，我们会慢慢放下心中的傲慢，认识到人生的脆弱渺小，不再像以前那样盲目认为死亡、衰败永远不会降临到自己头上，认为生活中的每一件琐事都至关重要，而每一个稍微让自己感到悦意的状态都理所应当一直持续下去。

二、暇满无常

随着对“暇满难得”的观修不断加深，无常的讯息越来越明显地呈现在我们面前。细思量，十八暇满，修学佛法的种种有利条件，是那么难得又易失。只需要对佛法退失信心这一条，就可以让所有的暇满都无从谈起。而信心，是最捉摸不定的。今天觉得三宝是自己唯一的依靠，明天或许遇到一点点挫折，便开始寻思：佛法果然灵吗？再过一日，情况没有起色，愿望落了空，于是就盘算起来，还是在佛法之外找找别的什么更“靠谱”的法子吧。

也许你想：“我不是这样，我没有想过放弃佛法。只不过，一切顺利时，我的信心就大一点，不顺利时，信心就小一点，会随着生活遭遇的变化起起落落。”就算是这样，信心不至于完全退失，也还会有很多意想不到的情况发生，干扰、阻碍我们的修行。暂生缘八无暇，断缘心八无暇，说的不仅是暇满难得，也是无常。

我们皈依三宝，诚心向道，但并不意味着从此万事大吉，所有问题都会自动解决。世俗的功利的追求并不总能如愿达成不说，修学佛法的过程也是曲折反复，时进时退。也许在某一段时间里，你对闻思佛法满怀热情，实修的功夫和体悟也不断加深，身心安泰，一切都朝着好的方向发展，你觉得自己真是走对了路。可是突然就有一天，也许因为一件小事，也许什么都不为，你发现自己听闻思维佛法不那么积极了，实修也提不起心力来，总是莫名地焦躁烦恼，易受干扰，虽然没有完全放弃修学，多数时候却是任由自己跌回旧的习气中，不想保持正念，不想那么辛苦地对治烦恼。修行的退步有时就是这样，不需要太多理由，只是稍一松懈，老毛病又犯了。对有的人来说，这一犯，晃晃悠悠，也许就是几年几十年过去了。而另一些人，会很快发现旧的习惯和方式并没有让自己更快乐更轻松，没有解决多少问题，甚至更糟，还制造出新的问题和烦恼，所以“任性”一段时间过后，还是选择回到佛法修行上来，这不是一条容易走的路，却是真正能解决根本问题的道路。

这样的反复，在修学佛法的过程中会一再出现。烦恼习气的力量比我们想象的大得多，而我们似乎也的确不善于吸取经验教训，往往好了伤疤忘了痛。

华智仁波切曾说：“在未断除我执，未生起无我之智慧，未得到圣者果位之前，贤劣的显现都是无常的。”

他还引导我们这样去观察：

俗话说：到老年，智者变成学徒，出离者积聚财富，戒师成为一家之长。年轻时舍弃世俗生活的人，可能最后为了累积财富而忙碌奔波。有些人起初为他人教授佛法，后来却成为猎人、小偷或强盗。寺庙中年轻时博学且严守戒律的戒师，老年时却可能子孙满堂。

某人目前显现的是善或恶，仅只是我们一时的印象而已，并不是恒常稳固的。你也许看透了一点轮回，生起了模糊的出离心；你看起来恰似认真的学法者，甚至让众人感到相当钦佩，并想成为你的施主与信徒。此时，除非你能严格地自我检视，否则很容易就会开始以为自己真如他人所想的一般。

我们不需要多观察别人，看看自己就知道，修行路上有时好有时差，进一步退三步，果真是这样。

“信心出离心无常，故应坚定立誓言。”对三宝的信心，不是一经生起就一直在那里，至少对于多数人来说是这样。我们需要持续地通过闻思修来护持、巩固这个信心。

确定的、无可动摇的信心，来自对佛法的深入了解。这种深入的了解，并不仅仅指对理论和概念的掌握，更重要的是对自己的了解，真正把理论和概念落实到自身的经验中，看自己的身心每一时每一刻是怎么运作的，怎么构建起我们的经验的。看佛陀所说的是怎么在自己身上发生着。通过这样持续而细微的观察，我们或许才能真正开始明白语言文字的具体所指。比如，在书本上读到“苦”这个词，和真实体验苦是不一样的。即使你能把苦的道理讲得清清楚楚，但如果你没有体验，你仍然不知道“苦”具体指的是什么。

所以，学习法义同了解自己最好不要分开。理想的情况是，对佛法的了解越多，对自己的了解越多。而这种对自己的了解能让我们增上信心，确信佛陀所言不虚，坚信佛法会帮助自己解脱烦恼。

了解自己，重要的一步是看到无常。就像我们前面所说的，看到烦恼会突然来袭，看到自己的信心出离心时有时无，看到暇满易失，我们便知道自己其实没有理由沾沾自喜，荒疏懈怠。

《普贤上师言教》中也有这样的开示：

直到你达到殊胜的菩萨地，任何外相，不论是好或坏，都不会长久。要时时思维死亡与无常，分析自己的缺点，并且常保谦卑。努力培养对轮回的厌离以及对解脱的渴望，训练自己成为柔和、持戒、贤善的人。对因缘和合万物的无常与轮回之苦，不断生起刻骨铭心的深切悲伤。如同米拉日巴尊者所说：“无人荒野石窟中，我心忧伤无休止。时时刻刻我渴望，三世诸佛吾上师。”

三、修行与无常

通过修行逃避无常？

大概有不少人学佛、修行，有意无意间，是为了对抗无常。希望烧香、拜佛、打坐、念经总之种种修行能维持好运、健康、顺遂、聪明，令我们得以把生命时钟调慢，让身体、心智停留于某个年轻时光，幸福、自由持续，衰老往后推延。我不否认修行可能会带来这些效果，但重要的是我们得明白，好运、健康这些不是修行的目的，我们甚至不应将它们视作是修行理所当然的副产品，一定会在学修过程中顺便实现。

华智仁波切实在是很了解我们这些众生。他说怎么观修呢？你首先要去想暇满难得，不要觉得自己来世间走这一遭只是为了吃喝玩乐，具备种种优越的条件只是为了能更好地吃喝玩乐，不是这样的，所有这些身体、心智、环境的优势背后都有其重大意义，即它们会帮助我们趣入法道，了悟诸法实相。但我们也不要太过兴奋，因为一切都是无常的。你现在有这份心力、精力、热情、条件去探寻真理，一个月后，一年、几年后，你不一定还能有这些条件和能力，你甚至不能确定那时自己还活在这个世上。所以趁现在暇满具足，就去做吧，勇敢地去探寻真理，不要等。可我们这时很容易会犯另一个错误，就是想通过修行逃避无常衰损——既然世事无常，世俗的法子行不通没奈何，那我是不是可以用出世间的方法去实现常在不衰呢？于是华智仁波切在引导文中紧接着就写道“思维高僧大德而修无常”，先警告我们：修行不要错用了心。

我们这个贤劫中，过去出世的诸佛及其不可思议的声闻、缘觉、阿罗汉众眷属，以三乘佛法利益无量所化众生，而如今却只有释迦牟尼佛的教法存在，除此以外，诸佛都已趋入涅槃，教法也逐渐隐没。

佛陀时代的全明星阵容

可以想象当年诸佛座下弟子云集，师徒欢聚、法教兴盛的情景。佛经中也常常有描述。

佛陀在祇园精舍，在竹林精舍，在喜马拉雅山麓清新的阳光中，托钵赤足而行。他的身后是我们熟悉的阿难、舍利子、须菩提、迦叶、憍陈如、目犍连、难陀、阿那律这些前王子、前印度首富、前某派本师、前著名哲学家、前少爷、前农夫、前牧人、前理发师等五花八门出身，但现在都只有一个身份就是佛陀座下比丘的许多弟子。他们也都托钵赤足，安静而高贵地走过郊野阡陌。尘土在他们脚下飞舞，于清晨透明的阳光里形成一笼薄薄的雾霭。

因为他们的到来，舍卫城、王舍城、室罗筏城的有缘民众有了积累福德、接触佛法的机会。他们“于其城中，次第乞已，还至本处，饭食讫，收衣钵，洗足已，敷座而坐”。相信《金刚经》开头这一段文字，很多人都印象深刻。次第乞食，并不是所有人家都会给予好的饭食，有人给的可能还会是羞辱谩骂和泼出来的一盆凉水，而佛陀和他的僧伽仍然挨家挨户乞食，不论你给出来的是什么，都平等地报以感恩和祝福。佛陀说，乞食是对治傲慢、培养谦卑和平等之心的一个方法。

然后他们托着一钵汤汤水水的饭菜，走很远的路回到精舍再开始用餐。为什么不立即就吃呢？吃完拿着空碗走路岂不方便？这就关系到威仪了，做人做事不能只图方便不是吗？端一碗饭菜边走边吃，那只是为了填饱肚子，可佛陀带领僧团乞食并不只是为了吃饱饭，对他们来说，乞食更是一种与民众连接、教化民众的方式。所以乞食又称化缘，即创造教化的因缘。你看佛陀他们“饭食讫，收衣钵”，吃完饭要把衲衣和饭钵收起来再去打坐、做功课，说明出去乞食是一件郑重的事，要穿戴整齐的。即使一钵乞讨来的饭菜，有时候可能很寒俭很不可口，但人家给什么是什么，都会郑重珍惜地吃下去。饭毕即把出门的衣服脱下来折好收起。

佛陀的僧团，毫无疑问，是一群所谓“弃绝者”。他们舍弃世间的一切，去到森林里苦修。你很容易会把他们想象成憎恨物质的人，或至少是对物质不在乎的人。其实“不在乎”可能是指不认为吃穿用度之类很重要，不会偏执地赋予这些东西过多的象征意义，但“不在乎”也可能就只是浪费、不珍惜。我们从佛经中的描述可以知道，佛陀和他座下的弃绝者们并没有摆出一副憎恨物质的样子，一粥一饭、一件僧袍，他们都很珍惜，而同时他们也没有因为珍惜而贪求更多。

我喜欢观想佛陀住世时与弟子们一起生活、开示正法、教化众生的情景，很多细节都会一再令我感动并受到启发。

佛陀和弟子们吃完饭，把坐垫铺好，开始在林中或茅蓬里各自禅修。遇到问题的弟子会向佛陀或其他师兄请教，这时大家便饶有兴趣地聚拢来加入讨论，聆听法教。有时是佛陀带着弟子们去居士家里应供、探病，在弟子的启请下而说法。有时是佛陀在乞食的途中对遇到的信众开示佛法。有时是佛陀加持某些弟子宣讲佛法。有时以言传，有时以身教。当一个人证到无我，真正与世界、与众生建立连接和沟通，他身上会散发出柔和、真诚、慈悲、无畏的光辉，照亮和温暖每一个见到他的众生。他甚至不需说话，他的在场即能深深触动、启发你开始反省和对真理生起真诚的向往。

佛经的开头总有时间、地点、人物、事件的交代，我觉得很像一出出戏剧。人物特点鲜明，对白精彩绝伦。几十年如一日尽心尽力照顾佛陀起居以至于走路也无暇看一眼田间风景的阿难尊者，敏而好学智慧第一、向观世音菩萨提问而引出般若心经的舍利弗尊者，喜欢向穷人家乞食不喜欢向富人乞食因此遭到佛陀一顿教训、后来佛陀拈花他微笑的迦叶尊者，幼年出家聪慧乖巧、一度是僧团最小成员却极其谦卑和顺、密行第一的罗睺罗尊者，把佛陀几大弟子挨个数落一遍、只有文殊菩萨能跟他接上话的维摩诘居士，以金叶铺地、向佛陀僧团供养园林道场的给孤独长者，还有许许多多以出家、在家、王族、平民等不同形象出现的弟子，一个个都那么令人印象深刻。如果说像戏剧，那么这就是我的全明星阵容。我无数次观想他们的出场，观想他们的行为和对话。

过去的两千多年里，有许多人也像我现在一样，被这些对话、行为、场景深深激励、启发，他们写下一篇又一篇文章，讲述自己的理解和体会，比如龙树菩萨、无著菩萨、月称菩萨、寂天菩萨等等，这个名单可以一直列下去。他们的故事、他们的论述又成为激励、启发我修行的另一重源泉。

然而如今，那些动人的场景都去哪儿了？后世写下辉煌论著的大德们也先后示现了圆寂。普通人如我，无法再现量见到他们，只能忆念。

佛陀为什么示现涅槃？像维摩诘居士所说，佛陀已经超越了生老病死，连病都不会有，何况死？那么佛陀为什么要做如此示现？

在《大般涅槃经》中，纯陀请求世尊不入涅槃，他说：“唯愿世尊，哀悯我等及诸众生，久住于世，勿般涅槃。”佛陀说：

汝今不应发如是言：哀悯我故，久住于世。我以哀悯汝及一切，是故今日欲入涅槃。何以故？诸佛法尔，有为亦然。

是故诸佛而说是偈：

有为之法，其性无常，

生已不住，寂灭为乐。

纯陀，汝今当观一切行杂，诸法无我，无常不住，此身多有无量过患，犹如水泡，是故汝今不应啼泣。

正是为了让众生了知无常之理，佛陀才慈悲示现涅槃。他说：“汝今当观诸佛境界，悉皆无常，诸行性相，亦复如是。”连佛陀也示现了寿命无常，其他人还想怎样通过修行去延长、保养这个肉身呢？

佛陀启发纯陀（其实也包括我们所有人）而说偈言：

一切诸世间，生者皆归死。

寿命虽无量，要必有终尽。

夫盛必有衰，合会有别离。

壮年不久停，盛色病所侵。

命为死所吞，无有法常住。

古往今来许多大成就者曾示现不可思议的神变，上天入地，水火不侵，刀枪不入，甚至令日月停步不前，而他们最终也都示现了圆寂。神通神变并不能对抗寿命无常。至于广闻博学、辩才无碍、著作等身、名扬四方这些，哪一个也都无法阻止身寿无常。

佛陀和历代的祖师大德们示现无常，也是在提醒我们要珍惜跟随上师学法的机会。不仅我们自己的寿命无常，死缘众多，死期不定，上师也不会永远在那里，即使我们很懂事地精进修学，仍然可能赶不上上师离去的脚步，不等我们把该学的都学会，上师就已经离开。

《增一阿含经》中记载：当年佛陀应帝释天启请，到三十三天为母说法，除了度化以母亲为主的有缘众之外，还有一个原因，就是为了令因常执等而懈怠的四众弟子生起希求正法、精进行道之心，所以佛陀离开人间去三十三天，选择了不告而别的方式，甚至用神通隐藏起自己的行踪，令天眼第一的阿那律等大阿罗汉纵用神通观遍三千大千世界也找不到佛陀。众弟子这才幡然醒悟，从此不再懈怠，而精进求道。

以前法王如意宝也常对弟子们说，要精进闻思修，趁上师还在世，多依止上师请教随学，否则等上师不在时再想学就没那么容易了。那时，年轻的我总觉得像法王如意宝那般伟大的圣者，他对世界对众生是那么重要，他的离世简直是不可想象的，即使终将会那样，那也是很久很久以后的事。可转眼间，法王如意宝示现圆寂已经十几年了。

我初到喇荣五明佛学院时，所有师生加起来不过百十人，大家都住草坯房。后来，人渐渐多起来，房子也变成土木结构的。再后来，有了水泥房、玻璃阳光房，各种新式建材层出不穷。住在里面的人也不断在变。

早年，每当诵戒的日子，玛依玛空行母①总会给所有参加的人供养糖果，每人一颗奶糖或水果糖。她是颇有名气的空行母，生活条件比我们一般人好些（其实以现在的眼光看，也是过得比较清贫的）。那时觉得糖果真是美味，玛依玛空行母能供养那么多出家人每人一颗糖，真是福报太大了。平时她也喜欢身上带些糖果、小吃，路上见到人，就笑眯眯从前襟兜里掏出来让大家分享，所以上课、放学的路上遇见玛依玛空行母是一件很开心的事。如今，空行母也往生多年，那时一起分吃糖果的道友，有的天各一方，有的已经离世。

再早以前，我刚到札熙寺出家，每天和我一起学习、念经的老老少少的喇嘛，曾经我们能坐满一间经堂，现在只剩下几人还活在这个世上。

---

① 玛依玛空行母，幼年即显发与生俱来的大悲和智慧，并被大成就者认定为殊胜转世，授记其开悟事业。法王如意宝建立喇荣五明佛学院后，迁至学院常住直至示寂。

扎西持林养老院从建立至今，短短十来年已先后有五十多人往生。

至于其他地方有人临终，来请我念颇瓦，或者通过电话等念颇瓦的情况，这些年更是三天两头没断过。

每念及此，我都对自己的生必有死、死期不定有更进一步的确认。

四、关于死亡，我们知道多少？

看着日日、月月、年年的时光荏苒而去，一步步逼近死亡，你难道不会感到绝望吗？每个人都会毫无预警地死去，你怎能满足于此？当死亡到来之时，子孙和财富毫无用处，你怎能满足于此？伴随你的，除了善行和恶行之外，什么都没有，你怎会如此有自信？

——莲花生大士

对死亡的恐惧

人这一生要面对的最大的无常是死亡。这是充满不确定性的人生中唯一能确定的事。有生必有死。开弓没有回头箭，从出生的那一刻起，我们便在一步步趋向死亡。虽然行持善法以及使用某些技术、药物等有助于延长寿命，而大的趋势是无法改变的。延年益寿或许可以办到，免死则不可能。

死亡是必定的，没有人会天真到以为自己能永生不死。但既然没有足够的福报做到长生，更没有能力阻挡死亡，我们却为什么一再拖延，总是避免去考虑死的问题？

或许是一贯的态度在影响我们。大家对死亡这件事不都是避之唯恐不及吗？不要说思考，就连偶尔谈论这个话题，都被认为是不吉利的。通常我们对令自己恐惧的东西，本能地会去逃避，扭头便跑，多一眼都不看。对待死亡，我们便是这样。

为什么会这么怕死呢？恐惧可以来自了解，也可以来自无知。如果对死亡的恐惧是来自了解，知道死会带来怎样的痛苦，所以才如此强烈地惧怕死亡，那么我们每个人想必都亲身经历过死亡。死亡痛苦的记忆那样深刻，以至于对它的恐惧成为一种本能。

是否有可能，这种对死亡的了解是来自别人的诉说，而非亲身经历？可是完全死去的人，怎会跟你诉说他的感受呢？虽然我们有幸听到一些有过濒死经验的人的故事，但那也只是死亡过程的某些初始阶段，真正的四大分离的痛苦、中阴的恐惧，他们并没有经历。在佛法当中，尤其是密法独有的中阴教法，对死亡过程有精确的描述，而这也只能让我们了解到经历，却不是感受。我们对死亡的深度恐惧是直接与感受连接的。况且，这个世界上大多数人都没有接触过中阴教法，他们无从知道死亡的详细过程，却也依然怕死。所以，如果说我们对死亡的痛苦有所了解的话，这个了解不大可能是单纯来自知识。

另一种情况，对死的恐惧不是因为尝过它的苦头，知道它有多可怕，而是因为无知，恰恰是不知道死后的陌生的世界，该如何独自去面对，所以胆战心惊。其实，对陌生环境的恐惧，我们都不陌生，不过通常我们会尽量事先多了解那个新的环境，以减少自己的惧怕焦虑。可惜现代社会关于死亡的教育太少。生活中很多事情可能不会发生，而人们为应对它们训练有素；死亡是一定会发生的，却没人教你该怎么做。在内心深处我们知道自己还没有准备好，所以那么恐惧，想尽办法逃避。

佛陀说，人在爱欲中，独生独死。独自面对死亡，意味着现在的一切，家庭、工作、地位、财富，一切我们努力经营、积累，希望能帮我们抵御无常的东西，在死亡面前都无能为力。临命终时，多少权势财富声名也换不来哪怕一天的寿命；家庭亲友，感情再深，谁也不能替谁死，一如谁也不能替谁活。失去整个生活，乃至这副躯体，所有珍惜的东西都失去，什么也抓不住，什么也带不走，这的确是太恐怖的一件事。对现世的深深执著，加剧了对死亡的恐惧，事实上，也增加了死时的痛苦。

没有必要惧怕死亡吗？

也有人认为自己不怕死：死就死嘛，反正人生一世总得死，所有人都会死，死的又不是我一个。

这种想法是不是有点道理呢？

人生一世总得死，只能说明我们无法逃避，却不能证明我们不必惧怕。说“怕也没用，所以不用怕”的人，大概并不知道那种惧怕的滋味，根本不是讲道理可以压下去的。事不临头总是容易。无灾无病，活得轻松得意的时候，当然可以把有些话说得绝对而轻率。真要是死境现前时，恐怕就没那么简单了。有太多人，曾经和你一样，甚至比你更自负和幼稚，在诸般顺利时，认为一切尽在掌握，什么都不在话下，可是等福报耗尽时，威势不再，不要说面对死亡，只是权力、地位、财富不如从前，也足以惊惧愁苦到不成样子。

大家可以想象一下，如果现在断了一条胳膊一条腿，或是投资失败，或是妻离子散，你能做到无动于衷吗？要知道，死时一切尽失，不是失去某一个肢体、器官，是整个身体，节节分裂，肝肠寸断，化作微尘；不是损失一笔钱，是所有的财富，分文不剩；不是与亲人分离，是生生世世不再见，纵然相逢亦不识。面对这些，你又如何相信自己会无动于衷？

人人都会死，所以自己就可以不害怕吗？其他人也同样面临死亡，并不能减轻自己面临死亡时必须要承受的痛苦。就像生病，不会因为还有人跟我生同样的病，我就感受不到病痛。死亡是独自面对的，即使成千上万的人一起死，四大分离的痛苦也只能是各自亲身感受，没有人能分担替受。

如果说，虽然自己不能免死，但所有人最终也都得死，死时都很痛苦，没人在死亡面前占到便宜，这么一来，心里也就平衡了，也就不用太畏惧死亡了，那么按照这种逻辑，若有人不死，你才会惧怕死亡。在这里，你怕的其实并不是死亡本身，而是怕别人因为不死而比你少受痛苦。这么一来，无论是前面的心安理得还是后面的惧怕，都与自己的死亡没有直接关系，如此又怎能断言自己不怕死而且也没有必要惧怕死亡呢?

死期不定

死是一定的，怕也是必然，但我们可不可以先不管它，等死到临头再说呢？我们总愿意相信，死是船到桥头自然直的一件事，现在不用担心，到时候它自然就有办法。可是，能有什么办法呢？死亡逼近的时候，你连抬一抬手这样简单的事可能都办不到，还能有什么法子帮助自己呢？别人，别人最多是帮助料理后事。死，还是得自己来死。一切的恐惧、痛苦、怨愤都是自己独自感受，没人能分担；身边的人即使想帮忙也很难帮上，他们无法理解你的感受，甚至完全误解你的感受，因为他们是从自身的角度看事情，而不是从一个濒临死亡的人的角度去看待和感受事物。

死是人生的一场大考验。一般的考试，我们也知道要靠平时好好学，不会什么也不准备就直接上考场，那会使自己很受煎熬。如果都不知道今天要考试，还像往常一样散散漫漫去上学，一进教室，吓了一跳，慌慌张张再翻书，不允许也来不及了。对于大多数人来说，面临死亡这场考试，往往就是这样突然而狼狈。我们不知道自己什么时候会死，或许就在明天，或许就是现在；又是以何种方式，因何种因缘而死。所以我们满心以为还可以晃晃悠悠、长长久久过日子的时候，忽然就发现自己已经身在死亡的考场了，可是我们什么准备也没有。

死期不定。对于这一点，不需要多少逻辑推理也能懂。但懂是一回事，把这个真理时刻不忘地记在心里，在每一天的生活中反映出来是另一回事。早晨起床时，我们会不会想：今天有可能是我在这个世界上的最后一天。出门的时候，会不会想到：也许不能再回来。做的每一件事，见到的每一个人，也许都是最后一次。晚上睡觉前，会不会想：自己可能就在梦中死去，不会再醒来。如果经常这样做，相信我们会选择与现在不同的方式来过生活。

佛陀曾问一位弟子："人命在几间？"弟子回答："数日间。"佛陀说："子未知道。"又问另一弟子："人命在几间？"答道："饭食间。"佛陀说："子未知道。"再问一位弟子同样的问题，弟子回答："呼吸间。"佛陀说："善哉，子知道矣。"生命的长度是由呼吸来衡量的。出息不还，则属后世。生与死仅仅在呼吸间。

生缘少，死缘多

生缘少，死缘多。这样说，并不是我们执意要以悲观的眼光看问题，自己吓唬自己。事实如此。以为自己能平安长久地一直活下去，是没有依据的。华智仁波切说：于此世间，生缘很少，而死缘众多，水、火、毒、险地、野人、猛兽等等，皆可致人死命，生缘却微乎其微，并且随时可能转变成死缘。吃饭喝水，本是维持生命的，却也可能因噎食、食物中毒等原因，造成死亡。

一百多年前仁波切生活的年代，没有现在这样普遍而严重的生活压力、环境污染、各种危机，如果那时是生缘少、死缘多，那么现在的情况即使没有更糟，也不会更好。

科技和物质的发达解决了不少问题，使生活更加舒适方便，却也同时创造了许多新需求和新问题。当这些需求满足后，更新的需求又会出现，如此辗转相生，无休无止。现代人大部分的生命力便消耗在追求和满足这些也许本来并不必要的需求上。外面是生存环境的恶化，里面是自身精力的无谓消耗，抵抗力减弱。不需要突发事故或灾难，光是人们日常的饮食起居，就已经隐藏了太多致病致命因素。有时自己没有感觉，但工作、家庭、经济、感情，方方面面要顾及却又难以周全，高压下的身心其实早已处在临界状态，小小的事端便可以触发大问题。很多人就是因为过劳、积劳，被突发的心脑血管疾病夺去生命的。另外还有各种奇奇怪怪的恶性疾病突然就爆发，不分性别、年龄。

人们总会抱着侥幸心理，觉得那些绝症、灾难什么的不会降临在自己身上。可是，如果你去医院，看看那塞得满满的病房诊室，病患之众多一定会让你惊讶。而那些病人当中，一定有跟你年纪相仿的，或者有着相似的教育背景、工作经历，差不多处于同样的人生阶段，面对相似的压力和问题，如果他们被疾病击倒，同样的疾病为什么一定不会袭击你？其实那些病人在被查出疾病前，大概也都认为自己会比别人更幸运，发生在其他人身上的事不会发生在自己身上，但这种假设却是没有多少依据的。

一旦事实与自己所想的不一样，便愤怒、委屈，一再质问："为什么是我？"觉得自己是世界上最无辜的一个人。这就是我们大多数人对生活的态度：顺利的时候，沉浸在一厢情愿的假想中，相信一切都会如己所愿永远好下去，任何变故，都是意料之外、难以接受的。然而，这种态度既不能留住美好的时刻，也不能阻止变故的到来，只是让我们脆弱而固执己见，以至于再大的变故也很难让我们警醒：是否一直以来自己对生命的看法太片面，对待无常太过草率、自负了？

除了因病而致的死亡外，每年因为交通事故、自然灾害、工作生活里种种意外而丧命的人，也很多。仔细想想每个人日常每一天的生活，说“危机四伏”其实一点儿也不过分。下一刻就死，和下一刻仍然活着，其实是概率同等的假设，可是人们都只是为了活得更好而勤奋地积累钱财，巩固地位，经营感情，呵护身体，却对另一件同样可能发生的事置之不理。一旦死亡降临，有什么能给我们以救护和依靠呢？钱财、地位、感情、身体这些，能帮上多少忙？

我们很难想象真正死亡时的痛苦和惊慌，也并不是所有人都经历过重病、灾难，到“鬼门关”走过一趟，但是我想大家都感冒发烧过。人在高烧中的感受，不知道大家还记不记得？那种时候，也许金钱、地位等能让你得到更好一些的治疗，吃更贵的药，打更贵的针，睡在更舒服的床上，但其实你那时是不会有什么心力去注意和享受这些的。对你来说，高烧给身体带来的痛苦压倒一切，你连坐都坐不住，喝一口水也困难重重，任何对身体的触碰都会让你感到不适乃至恼怒，物质条件的优越与否，大概是你最不关心的问题之一。如果说生病也有积极的一面，那就是它给我们提供了一个机会，去切身体会什么叫“身外之物”。名利权势是多么吸引人的东西，人在病中方才知道那些其实跟自己没什么关系。

病尚如此，死亡更甚。只不过人们通常在病愈后，甚至不等病愈，在最难的关头过后便开始忘记病重的感受，重新又回到老习惯中。

对有些人来说，名利也许并不是最重要的，感情才是。亲情、友情、爱情，这些对生命更有价值。良好、亲密的关系的确会增加幸福感，会在困难的时候给人以精神上的支持，使人能够更乐观坚强地面对生活。生病时，亲人朋友的陪伴照顾、关心爱护，比其他许多东西都更有力，更能帮到病人。但是，死亡与生活中其他的经历都不同，即使罹患致命疾病，人在治疗过程中的状态，也与真正面临死亡迥异。

当死亡确定就要发生，一切都回天无力时，临终者的心态会发生巨大改变。通常会极力否认，随之而来的是愤怒、怨恨。这种情绪针对所有事、所有人，包括亲人、朋友以及身边照料的人。一些人能慢慢从这种状态中走出来，最终接受濒临死亡的事实。很多人却是一直到死都处在抵抗和怨恨中。但无论是哪种情况，临终者的内心都是极其孤独的，即使亲友环绕在身边，也很难缓解那种不被理解的孤独和独自面对死亡的惊慌。

人们太忌讳有关死亡的话题，对死亡知道、思考得太少，当身边有亲人、朋友直面死亡时，往往都是不知所措，不知道该做些什么、说些什么去宽慰临终者。有时甚至我们自以为是的宽慰、帮助反而增加了临终者的孤独和不适。

从临终者的角度来说，死亡的征象越来越明显，一方面感官的正常功能逐渐消失，看不见，听不清，说不出，一切都在隐没淡化；另一方面，某种觉知却越来越敏锐起来，身上盖的薄被如一座大山压迫着自己，房间里细微的空气流动拂过身体也似利刃在割截自己……你看见这样那样的景象，被各种尖锐的感觉冲击，可是你无法让身边的人知道。伴随着这种极其强烈的无奈、绝望和恐惧，你孤零零走上去往后世的路。

且不说家人不和睦、子女不孝顺的情况，就算家庭成员间感情很好，也会因为无知而不能对临终者提供实质性的帮助；对家人的依恋也将增加临终者的痛苦和障碍。

我们看过太多父母、子女、夫妻在死别时的表现。生时彼此纠缠苦恼，死时也制造了不少干扰。这一世的相聚，到头来发现，从生到死彼此都没能善待对方。

名，利，感情，都无法帮助我们抵御死亡的痛苦，那么身体呢？身体强健，是不是可以抗拒死亡？或者，死亡最终降临时，健壮的身体是不是有助于减轻死亡的痛苦？人们不是常说吗，健康是最重要的，没有健康就没有一切，所以其他什么都可以暂缓考虑，唯独健康容不得忽视。

健康当然重要。跟生活中很多其他的事情比起来，健康是更切身、实在的。什么都靠不住，只有这一副身体可依靠。人在生病的时候，尤其能感受到这一点。

然而，前提是还有身体让你依靠。当死亡到来时，身体，同其他的东西一样，是不得不舍弃的。它并不能帮助抵御死亡的痛苦，相反，它成为痛苦的来源，所谓四大分离之苦，正是源于身体。

人们所珍视的一切，死亡时都带不走，也不能给自己任何保护。唯有佛法僧三宝的护持能穿越生死。

我以前经常出去为人念经超度，看到很多人临死前的那种状态，即便平日里胆子很大的人，到那时也是异常恐惧。有人来请超度，只要因缘具足我都会去念经，一方面对自己修持慈悲心有很大帮助，另一方面也是让自己熟悉死亡。我会想：可能不久后我也会成为眼前这人的样子吧。然后就考虑怎么应对死亡，想一想能让自己不畏惧死亡的方法。面临死亡，没有修行过的人的恐惧，和修行有把握的人的沉着，反差极大。

五、死亡对修行者意味着什么？

临终的信心

《大宝积经·无量寿如来会》云：“若我证得无上觉时，余佛刹中诸有情类，闻我名已，所有善根心心回向，愿生我国，乃至十念，若不生者，不取菩提，唯除造无间恶业诽谤正法及诸圣人。”

有人说现在不忙修行，只要记得临死的时候念佛就好了，阿弥陀佛亲口说过，临终时念他，必得往生极乐净土。佛当然不会打诳语，问题是平时散乱惯了，很少念佛，死亡时惊惧痛苦交加，又怎能专心念佛？何况不少人临终前神智是糊涂的，不要说忆佛念佛，连身边最亲近的人都不认识了。把解脱的希望寄托在临死前才开始修行，是靠不住的。

临终境界现前时，一般人都没有太多主动性可言，对状况的反应主要靠长期养成的习惯。如果平常在痛苦、惊惧时，能马上念佛，向诸佛菩萨祈祷，痛苦愈甚，念佛愈诚，那么死亡来临时，才会排除干扰致心念佛，求佛救度。如果平时并不常念三宝，而总是在烦恼里打转，嗔恨、贪吝之心强烈，那么死亡当前，心识就会被贪嗔痴的强大力量牵引下堕。所以，趁自己多少还有能力自主的时候，培养有助于临终解脱的习惯，是非常必要的。

佛教所有的修行，从断恶行善、念佛诵经，到打坐观修及证悟自性，等等，都会在死亡到来时有力地帮助我们。一些人死前会见到类似“生命回放”的景象。这一生的许多经历会在眼前重现，如一帧帧电影画面。没有任何一句话、一件事甚至一个念头，是真正随时间的流逝而消失无踪就像从未发生过。一个人的一生怎样度过，不仅塑造了他活着时候的样子，也塑造着他死时的样子，而离死亡越近的言行心念，影响力越大。

我的家乡容擦村有一位名叫伦珠多杰的老人，前一段时间过世了。他年轻时造过不少恶业，后来生起极大的忏悔心和出离心，离家修行二十多年，非常精进。他八十多岁还每天坚持转山。下山时，膝盖不灵活，脚下不稳当，便坐在地上慢慢地滑下山坡。

老人临终身体无恙，预知时至。自己把房间打扫得干干净净，又跟前来探望的儿子谈了很长时间话。谈什么呢？谈过去现在上师们的功德。据他儿子后来回忆，老人临终前，家里的事、自己的后事什么都没多说，只再三叮嘱家人看淡世俗之事，一心忆念上师三宝的功德。然后他一边祈祷上师三宝，一边持咒不断，直到最后一口气呼出，手里才停止拨动念珠。

附近还有一位名叫阿布巴拉的老人，也是在不久前往生的。他只是一个普普通通的村民，对三宝比较有信心。因为身体不舒服，他在家人的再三要求下，来到成都治病，可没过几天，他便对身边照顾的人说：“不必治了，时间差不多了，我要回家。我有重要的事要跟大家交代。”回到家乡把全部家人聚集到一起后，他说：“我赶回来就是为了交代你们，一定要对过去、现在、未来的上师们具足信心，对三宝具足信心。这是我最大的愿望，你们能做到，就是对我最大的报恩。”不久后的一天，老人从病榻上起身，走到家里供奉的佛菩萨唐卡前，一一礼拜，称诵佛号。最后，他来到阿弥陀佛像前，口称弥陀，合十坐下，人便坐着走了。

像伦珠多杰和阿布巴拉这样的往生事迹，在我们那个地区并不罕见。扎西持林养老院每年都有老人过世，常常伴有往生净土的瑞相出现。在这些老人身上，你看不到临终的惊恐、怨恨、不知所措，他们大都自在、安详，有的无疾而终，有的到生命最后一刻仍在承受病苦，而即使有病痛，也是平静、柔和，仿佛这一生所有的苦难最后都融化在那一片柔和中了。这是不寻常的。尤其当你年纪渐长，见过的老病死越来越多，自己的老病体验也越来越深，你会明白人能那样自信地直面死亡是绝不寻常的。这些看似平凡的老人，他们的自信源于对三宝的信心和常年笃实的佛法修行。

养老院有一位名叫迪勒的老人，来自山下的村子。他家里子女多，年轻时为养家糊口，经常打猎，造了很多恶业。后来孩子们逐渐长大，他便放下家庭内外所有的事务，专心修行，十几年不跟任何人说话，只一心念咒。他住进养老院后更加精进，家就在几步之外，也从来不回去。儿子翻盖新房时，亲朋好友都来参观祝贺，家人一再来请他，说：“咱们家穷了一辈子，现在终于富裕了，住上好房子，什么都有，你就回去看一眼吧，大家都会高兴的。”他只好回去一趟，却依然是一手拿转经筒，一手拨念珠，专心念咒，也不和身边来来往往的人们寒暄。

前一段时间，他儿子请我在电话里为他念颇瓦，说是病了一个多月，没怎么进食，人瘦成皮包骨，眼看要走到生命的终点。念颇瓦时，我听见电话那边的他一直在呼唤阿弥陀佛和祈祷上师。他儿子对我说：“八十几岁的人，病得那么重，却说一点也不痛苦，也不害怕，不知道是真不痛苦还是为了安慰我们才那么说。”我相信，真诚的信心在这种时候是会让人超越痛苦的。

迪勒对家人说：“我以前造了很多恶业，但我很努力地修行，恶业一定会清净的，你们不必为我难过。我现在很好，以后的去处也很好。倒是你们自己，如果不好好修行的话，以后会有为自己难过的日子。”他又对身边的人说："我不是死，是飞。"达森堪布便问他飞去哪里，他说："飞去极乐世界。"

不久后的一天，一直躺卧的迪勒突然让家人扶他坐起来，然后，他艰难地双手合十当胸，仰视虚空，开始喃喃祈祷阿弥陀佛。这样持续一阵后，旁边的外孙听他轻声说了一句："看见了。"便见他慢慢放下双手，结定印，随后安然坐化。

华智仁波切说："因为临终只有正法能帮助我们，所以应当不离正知正念，并了知轮回一切事物都是无常、无有实义，故当精进修行。"他说，在日常生活中怎么去忆念、观修无常呢？应当这样思维：

身心是无常的，故不应把假合的身体执著为我。

走路是无常的，当如《般若摄颂》所说："唯看一木轭，行走心不乱。"

住处是无常的，故当忆念净土。

饮食受用无常，当以禅定为食。

睡眠是无常的，当将迷乱修为光明境。

财产无常，应以圣者七财为依靠。

亲友无常，当于静处修出离。

声名地位无常，故应恒处低位。

言谈话语无常，当勤念咒诵经。

信心出离心无常，故应坚定立誓言。

思维分别念无常，应具贤善之人格。

验相证悟无常，当至法界之尽地。

到那时，如鹰击长空，生死自在，才是真正地无惧死亡。

死亡，究竟在发生什么？

死亡不仅是一种警示，提醒我们放下无谓的追逐而精进修行，死亡本身也蕴含着珍贵的修行机会，如果善加利用，则能证悟解脱。藏传佛教中有一整套中阴教法，教导行者如何转化死亡不同阶段的心识，从而认识并安住于心的本来面目中。

人们通常所说的死亡，是一个模糊的概念。死亡何时开始？是否有结束？有没有不同阶段？也就是说，死亡是铁板一块还是不断有变化？人在死亡中会经历什么？这些经历意味着什么？诸如此类的问题在中阴教法中都有详尽的解答。

我们说，人死的时候连这个身体也是要放下的，那么，这个身体是怎么放下的呢？首先我们来看看什么是身体，然后再说怎么放下。

人活着的时候，身体是由地水火风这四大构成的。地大以坚实为特性，在身体上表现为骨骼、肌肉等；水大以湿润为特性，在身体上表现为血液、尿、汗、痰、各种体液等；火大以热为性，表现为身体的热量；风大以流动为性，表现为呼吸、打嗝、说话以及伸曲关节四肢、消化、排便等引导各种身体作用的流动。平时，心识（包括从粗大到细微的各个不同层次）泊于四大之上。也有人把四大比喻为马，心识则有如骑在马上的骑士。

临终时，四大开始依次消融。先是地大消融于水大中，从外在来看你会变得很瘦，内在所见则像在沙漠中看见海市蜃楼或远远看见高温下的公路。

然后水大消融于火大中，外在显现是口干舌燥，尿液、汗液以及各种体液逐渐流干，内在所见像看见一阵阵烟。

接着火大消融于风大中，外在显现是身体的热量减退，无法消化食物，呼吸困难，呼气越来越长而吸气越来越短。内在所见像夜晚看见萤火虫，或看见烟中的火花。

然后风大渐渐减弱，呼吸终止。内在所见是将烧尽的油灯或蜡烛的火焰，然后闪烁的火光会逐渐变得稳定。

至此，四大隐没。接下来，骑在四大之上的心识开始从粗大到细微依次瓦解。

首先瓦解的是以嗔为代表的较粗大的心识，嗔心的自相显现出来，你的心转变为无所不在的白色，像月光布满明净的天空。不再现起念头，但仍有细微的能所二元之分。

接下来，白色消融，你的心转变成一大片红色或橙色，像明净天空布满日光，到处是红色或橙色的光线。这是以贪为代表的中等粗大心识的自相。这时二元进一步弱化。

接着，红或橙色消融，你的心转变成一片黑色，像没有月光也看不见星辰的夜空。这是痴心的自相。在这个黑色显现的开始阶段，你仍然有觉知，但之后你会像昏迷一般在一片厚重的黑色里失去意识。

然后，黑色消融，能所俱泯，最细微、甚深的心识层面展现出来。其实它一直都在，只是在之前白、红、黑等显相悉皆瓦解、消融之后，才显露出来。像天亮前，天空没有月光、阳光，也没有幽暗的那种状态，透明，纯净，无瑕。有能力的修行者会尽量延长这个阶段用以禅修，将平时修行证得的子光明与此母光明结合，而获得解脱。他们可能在那种状态中安住几天甚至十几天，保持盘坐或吉祥卧等姿势。“除了完美的姿势外，还有其他征象可以表示他们还安住在母光明中：脸上还有血色和光彩，鼻子并不塌陷，皮肤仍然柔软有弹性，身体不僵硬，眼睛还发出温柔慈悲的光芒，心脏也有余温。”①

上述八个阶段的身心状况，不仅临终会出现，其实在我们人生的每一天

① 索甲仁波切：《西藏生死书》。

都会出现，像入睡、梦醒、打喷嚏时，只不过发生得太快太精微，我们注意不到，更没有能力加以利用。但我们平时可以观修临终的八个阶段，观想地大消融于水大，水大消融于火大，火大消融于风大，直至一切显现消融殆尽。这会使我们熟悉死亡的过程，同时对某些人来说，这个观想过程本身也会带来不一般的修行体验。

在这八个阶段之后是法性中阴及转生中阴，其中都蕴藏丰富的解脱机会。因这两个中阴阶段的经历描述起来极其复杂（有大量密续专门讲这个题目），我们这里暂不展开来讲。

通过前面八个阶段的简单描述，我们对临终的过程有了一点初步的了解。四大隐没、意识瓦解的整个过程都是在向我们深刻地示现无常，而就在这无常体验最深之际，常的讯息也越来越明显。《大般涅槃经》中，佛陀在示寂前开示常、乐、我、净的真理，大概其中一个原因就是，死亡不仅在教我们无常，如果我们确实对无常有所证悟，那么这时便有机会见到“常”——不依赖因缘而常在之自性。

这辈子最重要的事

前译北藏教法法主益西登德仁波切不久前于藏历火鸡年八月初二在四川炉霍县玲珑寺示现圆寂。

仁波切为人非常低调谦卑，虽然身为一代法主，法脉兴盛，门下人才济济，他却极少抛头露面，也从不过问世俗事务，平时甚至连说话都很少。他的生活就是一本佛法修行的教科书。他把全部时间都用在修行上。到后来年纪很大时，仍然坚持每天数百页课诵及礼拜等功课，从未间断。听说他因为眼力不济，有时需要戴两副眼镜，一副摞在另一副上，才能看清法本，每天几百页课诵常常是以这种方式念完的。

我非常尊敬的两位同窗好友——秋吉尼玛活佛和日布多杰活佛，都是仁波切的弟弟。他一家真是了不起，祖上是法王赤松德赞，每一代都出人才，到这一代兄弟七个全部被认定为转世活佛。他们精勤修学，不仅有尊贵的头衔和地位，德行、学问、修持也样样过人。家中的女性里，优秀学者、修行者亦比比皆是。益西登德仁波切就是这个家族里人人爱敬的大哥和这一代的法脉掌门人。

法王如意宝在世时对这个家族非常尊敬、赞叹，时常跟我们这些弟子讲述这个家族的功德。他老人家朝拜五台山前一年，就是在益西登德仁波切家里观察缘起，看是安住于学院一处还是于四方广弘佛法。当时，从仁波切家族供养的一百多件缘起物中选择了坐垫和氆头。后来的事大家就比较熟悉了，法王如意宝让在场僧众念了很长时间的缘起咒，然后抽签，选中了氆头，于是来年便开始在藏汉各地及全世界广弘佛法尤其密乘大圆满法。

记得我初次见到益西登德仁波切，感触最深的是他周身洋溢的宁静柔和。秋吉尼玛活佛算是我见过的最柔和的人之一了，而他的哥哥和他一样。秋吉尼玛活佛总给人严肃的印象，持重威严，很多堪布活佛在他面前根本不敢多说话。法王如意宝曾半开玩笑地说，秋吉尼玛活佛在场的话，他老人家自己也会紧张，因为活佛太严肃了。而我却总觉得他严肃的同时又极温暖柔和，两种不同的气质在他身上奇妙地结合在一起。我们年龄相差十来岁，性格迥异，我喜欢说笑，他不苟言笑，但我们却是非常要好的朋友。

我们第一次跟随法王如意宝去多康[①]弘法，有些寺庙的食宿条件非常简陋，随行法王的活佛堪布们就一字排开，和衣睡在这些寺庙的经堂里。我和秋吉尼玛活佛挨着，他让我共用他随身带的一条人造毛毯。

后来在道孚转绕札噶神山，法王如意宝在原地安住，我们弟子们去转绕

① 多康：指四川、甘肃、青海、云南四省涉藏州县。

了一圈。那座山很陡，上下一趟距离也相当远。我本来就不善于爬山，那天又很累，根本走不动了。秋吉尼玛活佛就像哄小孩一样，打开一瓶橘子罐头，一边给我喂几口，一边说："快到了，快到了。"于是我就爬一段。到了一个点，再喂我吃几口，我就再爬一段。就这样终于爬到山顶。如果不是秋吉尼玛活佛和那瓶罐头，我也转不成神山了。活佛对我真的很好。

以前法王如意宝总说：佛学越精通，人越谦逊；修行越好，执著越少。在这些了不起的修行者身上，我真正体会到什么叫佛学精通、修行好。你很难用语言去形容他们对你产生的影响，或者说加持，但那种净化、转化的力量会一直萦绕在心里，持续帮助你的修行。

听说益西登德仁波切示寂前一切如常，除了派人去请日布多杰活佛回家一趟外，没有其他特别的举动。日布多杰活佛，我在以前的文章里也提到过，他是几十年来一直在喇荣五明佛学院后山严格闭关的，从不轻易见人。若不是有特别的事要发生，家里人也不会去打扰他。这次大哥请他回家相聚，个中原因他大概心里也很清楚，所以到家后便对家人说，他常年不在家，对哥哥没有尽到照顾之责，从现在起就由他来侍奉大哥。那段日子，因为日布多杰回家，其他几兄弟也都聚到一起。那应该是这一家人朝夕相处时间最长的一次吧，平时他们都各自修行，彼此难得见面。

我这一年来都在病中，他们怕给我添负担，没有特意告知，但仁波切示寂的消息还是传到我这里，我连忙赶到玲珑寺。那时，一些得知消息的信众、各分寺的弟子开始陆陆续续前来吊唁。人很多，事也很多，我看到家里每个人在忙碌的同时却都很平静、克制。我是知道他们一家人关系亲密的，对大哥都敬爱有加，所以刚开始看到他们的平静，我有一点意外，但很快我的惊讶便被由衷的敬佩叹服取代——仁波切的离世对于每个人都是修行路上重要的一课，他们努力利用这个宝贵的机会在提升自己的修行。

我在玲珑寺见到日布多杰活佛。他出关回家后仍是闭门谢客，专注修法，不管外面有多少事发生，有多少访客请求拜见。我们因从年少时就一起求学，关系非常紧密，我到玲珑寺后，意外地他出来相见。我们谈了很久，他反复说道："这辈子最重要的事就是解脱，其他都不重要。不解脱就太可惜了。"我听说他没等传统的七七四十九天法事做完，就悄然回到喇荣后山继续闭关去了。

益西登德仁波切示寂那几天，不仅天空中出现巨大的彩虹，而且整个玲珑寺笼罩在一片绚烂透明的光晕中，人在弥漫的虹光里活动。水里、人身上、动物身上到处见到形状各异的彩虹。此外，大地震动，天雨妙华，空中传来海螺法鼓的声音，所有这些经续上讲到的成就者示寂会出现的景象一一现前[①]。

伟大的修行者，一生都尽量不惊动世人，而当他离世时，连大地也要为之惊动，天空也为他献礼。

① 《灵骨炽燃续》云："某人涅槃时，之后出灵骨，舍利与虹光，妙声及地动，空中雨雪霰，如此之瑞相。"

六、无常的遍在

死亡并非我们需要面对的唯一的无常。即使你仍然觉得生死这样终极的问题离你太遥远，人生在世，难得糊涂，你更愿意把眼光放在当下的生活上，无常仍然是铁铮铮的现实摆在面前躲不开。

壮年不久停

对年轻一点的人来说，衰老也许只是一个话题。不过也未必，我没见过比现在很多年轻人更对衰老耿耿于怀的。铺天盖地的抗老产品，据说消费群体中很大一部分是年轻人。虽说衰老是一个持续的过程，年轻人说他们也在衰老并没有错，但真的过了一定年龄之后，才会知道原来衰老是如此具体的东西。很多事转身就忘，很多话说着说着就不知在说什么。那种尴尬与失望，以后的岁月里也许是每一天都要面对的事实。

还有身体的老化。衰老又何止是容颜的不再年少美好，如果只是脸上长皱纹这么简单就好了。但不是的。身体从未以如此不容忽视的方式存在。年轻时谁会那么在意身体，饿饭、熬夜又算什么，生一场大病也不过休息几天就好了。上年纪后你再试试，五脏六腑一定会不失时机地教训你。

衰老带给人的最大影响，也许还不在于生理、智力方面的细节，当然这些都构成干扰，最大的影响也许在于整个生命力的衰退。有人说：老着老着也就习惯了。这话不无道理，人一生中什么事不是慢慢就习惯了。还记得年轻时，不是颇有一段时间不能习惯被当作大人吗？想想那时的情景，恍然就发生在昨天，岁月匆匆，真不是说的。尽管最终会习惯，衰老仍然是一个艰难的过程。

关于衰老，除了它的不可阻挡、无法避免外，佛法里还有什么教导是可以让我们从一个不同的角度去看待它的吗？当然有，就是“业因果”。我们在后文里会有专门的章节讲业和因果的问题，所以这里就不展开细述。简单说，业指的是行为，包括身、语、意三方面的行为。我们任何的行动、语言和想法都会产生作用（不论多么微小），作为因或缘，促成某种结果。可以说，前前后后连续不断的身语意行为，作用与反作用，无数因、缘、果的相互联系，共同构成了我们的经验。没有任何事是偶然发生的，一切都受到之前及当下各种条件的制约，因此业也被称为业力，因因果果前后相续而形成的强大势能。在这股力量面前，我们当然不是完全被动，每一个当下的言行和念头也都是作用力，削弱或增强着业力，从而改变着业的图景（这是“业”的概念与宿命论的不同之处）；但是不要忘了，业力是一股巨大的惯性，表现在身语意上，就是我们说话、办事、思考问题等都有其惯性模式，而突破这些模式是需要极大的清醒和努力的。所以业不是不可以改变，只是非常难。

说了这么多，究竟业与衰老有什么关系呢？其实业与我们生命中所有的东西都有关系。具体到衰老，虽然幸运地活过夭折和英年早逝阶段的所有人都难免，但老跟老不一样，一辈子活下来，每个人所造的业不同，果报不同，越往后差距越明显。不是“硬件”方面的差距，比如经济条件的好坏、家庭生活是否美满、健康状况等。你不觉得吗？这些东西越往后越不能体现差距。年轻时长得美或丑，无论是自己还是他人都会比较在意，可到了一定年纪，都不必等到太老，长得漂不漂亮就不那么重要了，除了自己，别人是不会在意的。随着年龄的增长，享受物质的能力和欲望也会降低，经济条件的好坏，有钱没钱，最终在衰老面前是一样的。白头偕老，是很多人心目中婚姻幸福的代名词，可实际上不幸福的两个人白头偕老的也比比皆是，一起变老的结果，或许曾经的恩怨、幸福不幸福慢慢就变得不重要了；如果有一个人先离世，更是如此。你会发现，衰老当前，自己深深执著的很多东西，沾沾自喜的种种比较优势，都在时光流逝中稀释，消失。

当我们说时光流逝的时候，仿佛真有一个叫时间的东西在运动，这是我们通常对时间的理解，我们也用钟表、用太阳月亮的移动来标示时间。可什么是时间呢？这个问题有点大，如果仔细讨论的话，恐怕得另外写一本书才行。简单地说，并不存在一个具体的东西可以让我们用手指点在上面说“这是时间”，时间只是对现象生灭的描述，也可以反过来说，现象的生灭就是时间。在佛法中我们说到“刹那”的时候，它指的是一个现象的生起及断灭，而“刹那刹那”，即所谓时间的流逝，则是无数现象的持续生灭。每一个现象都以前面的现象作为基础而生起，环环相扣，像是一摞垒起的骰子，下面的每一颗都是上面一颗的基础，缺一不可，所以对我们来说虽然始终只有当下，但每一个当下的刹那都映照着之前所有的刹那，同时也是之后所有刹那的缘起。明白了这一点，就好理解为什么一切都会过去，而我们仍然无时无刻不在承受着后果。大家都一样地衰老，老跟老却不同。

我们的身体也是一种果报，这一世得人身是往昔持戒积福感得的善报，而身体样貌在一生中的变化也反映着业，自己做过什么事，慢慢就体现在身相上了。佛经里说：纯想即飞，纯情即堕。“想”指禅定、梵行，“情”泛指五欲。轮回六道，越往上越简静，身形越轻盈清好。同样在人道，五欲串习淡薄的人自有一种清明的气质，到老年，亦是安详清吉；而言行心念总在欲望上打转的话，外在也会越来越混浊沉重，衰老对自己对他人都成为一种负累。

合会有别离

似水流年。一辈子就这样流水般地流走了，一刻不停歇。对此的无奈和忧虑，深深隐藏在我们所有的经历背后。但我们还是愿意相信，在这无情的流逝中，总有一些东西可赖以寄托依靠，比如亲情，比如财富、声名。

与亲友的相聚，被认为是天人才享受的一种快乐，可见它确能让人远离世间的痛苦烦忧，只不过这远离是暂时的。我们观修无常，其实关键在这里。无常，即是不会长久。我们不需要刻意戴上一副悲观的眼镜看世界，生活本身已经够忧苦，好事不坚牢，美好的时光总是短暂且伴随着烦恼。只要我们去观察，就会看到这种不坚牢不可靠无处不在。

每个人来到这个世界都不是无缘无故的。与父母乃至与其他家庭成员间在往昔结下的千丝万缕的因缘，无数未尽的因果作用，牵引着我们投生到现在的家庭里。这一世亲人的相聚，也是各了因缘，缘尽则散，很多事都无法强求。并不是薄情寡义，不顾亲情。你想长聚不散，能办到吗？太多的原因造成生离，哪怕终生厮守，亦有死别。仔细想想，人与人的相遇，结果都是别离。而我们有多少痛苦是源自于不想别离？别离之外，我们总觉得还有另一种选择。佛经中说："又彼有情，生死别离，爱恋泣泪，亦如海水。"[①]多少生世，我们因不忍别离而哭泣，积泪可成海。

人们用草尖的露水比喻人生的短促，真是贴切。草尖挂不住多少露水，很容易就晞掉了。岂止是从生到死这个过程短促，生死之间，所有的经历都

① 见《佛说解忧经》。

是短促的。

为人父母的，当孩子初来到这个世界时，你觉得很欣慰，人生从此多了一个相依为命的人。养育他再苦再累，你也甘之如饴。有的孩子从小就乖，不怎么让父母操劳，大了也有出息有孝心；有的则不是，仿佛你前世欠他的，今生要当牛做马来偿还。确实是，子女与父母在往昔世的因缘是不同的，所以这一世投生到你家，是来报恩的还是来索债的，真不好说。不过，父母们不管这些，只要是自己的孩子，都会不顾一切去疼爱。

然而，所谓相依为命，也只有很短的一段时间。对父母来说，孩子一天天长大，意味着离别的日子一天天临近。他终归要长大，要挣脱父母的怀抱，独自去飞翔。无论他曾经多么依赖你，跟你多么亲密无间，总有一天他会有自己的生活。你们可能依然很亲近，但他的生活他的世界，离你越来越远。没办法的事。这种别离，在孩子成长的整个过程中，父母都在一再地经历。

子女长大，父母老去。在老病面前，你只能自己去承受，倾尽心血养育的儿女，即使他们愿意，也无法替你去经历和感受衰老、疾病之苦。每个人到头来都是独自在面对生老病死，儿女家人的陪伴与分担终归有限。

不用看别人，大家看看自己的生活，为人父母或为人子女是不是这样？

小时候成天围着父母什么都说，连说话不都是他们教会的吗？大了却跟他们越来越没话说，不是感情好不好的问题，感情好也没话说，仿佛这一辈子要说的话大部分都在小时候说完了，大了就主要靠沉默来沟通。

有时我看见夜空中的满天繁星，会想到人与人。那么多的星星，却没有两颗是完全同轨迹的；偶尔相遇或短暂同行，也隔着距离，无法真正靠近。这很有点像人与人之间。被业力牵引着，你有你的轨迹，我有我的轨迹；偶尔的同行，也是各自去往不同的地方。循业流转，苦乐自当，无可代者，即使亲如父母子女，亲如夫妻。没有两个人能从头到尾在一起，仅是这一生也不可能。心里想和对方亲，可是又能亲到什么程度，没有谁能代替谁去经历和感受啊。

佛法的学修，使我们对生活里一些事情变得更为敏感。比如对待家人，人们都说亲密关系对人生幸福来说至关重要，在一定程度上，融洽的家庭关系的确会带给人幸福感，帮助我们渡过难关。而我们同时也会保持清醒的觉察，看到所谓亲情并非固有恒常一成不变，而是由点点滴滴、起起伏伏的感情、情绪、事件等组成；我们看到亲人之间是怎样困在各自的局限中身不由己，彼此爱怨纠缠，结果即使最无私的亲情里也夹杂着烦恼、伤害相续不断。

尤其我们的父母，单是为了养育我们，就造下了许多身语意的恶业：他们为了给我们做好吃的而去杀生；为了让我们过得更好而想方设法地挣钱，有时就是通过不与取或欺骗的手段；为了护着我们而起嗔恨心与人争斗……这样的情况几乎会发生在每一位父母身上。可是，恶业不会因为是出于对子女的爱就不感召恶果，而果报现前的时候，父母们只是低头承受却不知其缘由。

有句老话：可怜天下父母心。父母亲对我们爱得深，也爱得苦。焦虑、担忧、生气、希望及随之而来的恐惧，乃至隔阂、矛盾、冲突等等，不是一直伴随着这个爱吗？对于有些父母，这些也许是他们表达爱的主要方式。为什么这样深切的爱却总是伴随着苦和伤害？

佛法告诉我们，所有的痛苦都源自我执——对“自我”的执著。由“我”而进一步生起对“我的”的执著。父母对子女的爱可以说是所有感情里最无私无条件的，不管子女好不好，不管自己的付出会不会有回报，父母都会把子女放在第一位来考虑，但是即使这样的爱也还是建立在我执的基础之上的。你看，父母爱子女的一个前提条件是孩子得是他亲生的，也就是说，认定“这是我的孩子”之后，才会有后面的舍己忘我的爱。如果换一个别人的孩子，同样可爱、同样弱小需要照顾，你恐怕也很难像爱“自己的”孩子那样去关爱他，感情上似乎就是缺点什么，没有那种牢固的纽带。实际上，这个感情上的纽带不是固有的，是你自己赋予的。我们不是经常听到这样的故事吗：当得知孩子不是自己亲生的后，虽然孩子还是那个孩子，可是对他的感情立刻就不同了。

知道这一点，对于我们的意义就是：我们不再只是看到父母（也包括其他亲人）的爱，也会慢慢看到这种爱背后的我执以及因此而来的苦恼缠缚。这不是分析推理，如果你的觉察足够细密，真的是会看见身边这些跟自己最亲的人是怎样在一言一行、起心动念间，苦苦地执著自我和恒常，在这种执念的牵引下去爱去追求幸福而适得其反。当然这其中也有我们自己深深的我执烦恼与之互动，有来有往，不断编织演绎这张烦恼之网。

现在我常听人说一句话：陪伴是给家人最好的礼物。而如果我们不知如何自处，也不知如何与人相处的话，陪伴带来的苦恼或许并不会比快乐少。所谓轮回，即是在颠倒、烦恼中流转，困于其间，不得出离。这样身不由己的轮转中的人，总是在自相矛盾中。有聚就有散，却梦想着亲人间长聚不散；然而暂时聚在一起时，又何曾彼此善待，不过是周而复始的爱怨纠结，有时仿佛自己也很困惑为什么要相聚。父母子女间如此，夫妻间更是如此。找遍全世界，你大概也很难找出几对不互相制造痛苦伤害的夫妻。聚也不是，散也不是，聚散都在烦恼里打转。

这份了解，令我们对家人的感情有了更多悲心的成分。我们的爱父母和家人，不只是因为他们对我们好，跟我们亲近，更是因为我们知道他们的苦，并且想通过自己的努力，帮助他们远离痛苦烦忧及造成这些痛苦的因缘。

对于佛法的修行者，珍惜亲情往往是从对治自己内心的我执和因它而起的种种烦恼开始的，因为不这样，我们无法真正地善待亲人。

是不是一定要离开家庭，独自到偏僻的地方去修行？这个问题的答案因人而异。不过我们首先要弄清楚的是，这样做的主要原因并不是我们看到相聚必有分离，所以既然终究要分离不如早点分离或者不相聚。其实哪有这样简单？聚和散的背后是长期以来积累而成的因缘业力，岂是事到临头凭一时心意能够扭转的？其次，又哪有这样消极？既然迟早要分离，不如早点分离，这就好像是说“既然终归要死，不如早点死”一样没有抓住问题的关键。关键是什么呢？我们并不是把分离作为解决问题的办法，分离本身不能止息随聚散而来的烦恼痛苦。如果条件允许，我们选择离开家庭独自修行，那也是因为这样做能最大限度地减少干扰，使我们的身心保持正知正念，从而远离烦恼。我们大多数时候是心随境转，身处怎样的环境，心就呈现怎样的状态。家人与我们的因缘近，不论感情好坏，他们说的话、做的事都会对我们产生很大的影响，让我们不由自主地生起贪执之心、嗔怨之心和种种烦恼牵扯。对于大多数人来说，家庭亲友是最为执著的对境，也是最常生起烦恼的对境。远离这个对境，虽然心相续中烦恼的种子还在，但许多烦恼不容易生起，因为烦恼也是因缘和合的产物[①]，而对境就是一个重要的缘。

所以，问题的关键是出离烦恼。至于以怎样的形式出离，是否需要离开家庭，是依个人的具体情况而定的。前辈的修行者告诫我们说，要离开家乡，去往寂静之处修行。对于初学者，要在佛法修学上打下稳固基础，这的确是最有效的做法。然而，若暂时还不能这样，仍然可以尽量去放下对世俗事务的执著和种种无谓的追逐。

出离烦恼，可以随时在当下开始。耽于子女家事，总想把所有世俗的事务都处理完之后再开始专心修行，这种想法不切实际，因为世间的事无论怎

① 《瑜伽师地论·本地分》：生起烦恼有六个主要因缘：一、所依；二、所缘；三、猥杂；四、言教；五、串习；六、作意。

么做，也不会有圆满结束的时候，事业、家庭、感情，无一例外。事业上的追求没有止境；家庭里，儿孙一代又一代，永远也照顾不完；感情生生不息，旧情未了，新的又来。全知无垢光尊者说过：世人所做的一切琐事，如同孩童的游戏，做起来没有结束的时候，放下来也就完结了。

我们不想亲人因为不理解我们的一些行为而感觉受伤害，伤害他们是我们最不想做的事，但是有一点要明白的，就是：只要我们的亲人内心还没有断除我执，没有出离烦恼的轮回，那么无论我们怎样努力，委曲求全，也无法让他们彻头彻尾地满意、幸福。有人说："我要给你幸福。"其实，幸福永远不是别人给的，别人也没法给。幸福是当自己的内心不复有烦恼，而这一点，不是仅仅长相厮守就能办到。

安全感

"安全感"是现代人喜欢说的一个词。越是在多变的环境中，越是希望得到某种恒常确定的幸福。但这是不可能的。诸行无常，凡因缘和合的事物都是无常的。如果你的幸福依赖条件而有，比如，有很多存款，有高级轿车、豪宅，奢华的衣服、珠宝，或者权力、地位，或者令人羡慕的事业、家庭、伴侣，那么你的幸福注定无常，因为构成幸福的这些因素也是依赖无数的因和缘而有，所以是不确定的，随时会随因缘的变化而改变，今天是这样，明天可能就是另一种状况。

此外，我们对事物的感受也总在变化。你以为有了一百万你就满足幸福了，可等到真有了一百万，你会想："为什么不是两百万？"你以为跟那个人结婚就幸福有保障了，可婚后你开始担心他会离开你，甚至比单身时更加没有安全感。

外在、内在都不断在变，有多少是我们可以控制的？有多少是我们可以意料到的？实在不多，而我们却渴望一切尽在自己的控制和预期之中。有时想想，发觉自己很矛盾——佛陀说一切如梦如幻，可我们觉得世界真实；真认为世界真实吗？可为什么又觉得一切都是自己能控制，自己想怎样世界就该怎样呢？

传统上有关无常的教法，都是教我们持续地、仔细地去观察事物的变化：自然界的变化；居住的城市、村落、寺庙的变化；从前财富圆满兴旺发达的人，现在沦落衰败甚至家破人亡；昔日贫穷的，如今财足力强；敌人变朋友，朋友变敌人；年轻的，转眼衰老；家人相聚又分离；生活起起伏伏，时而快乐，时而痛苦……

观察这些，不仅是为了懂得无常的道理，也不是仅仅接受无常就够，更关键的是我们要体会到：无常的事实不是自己能改变。换句话说，你不仅知道一切会变（更直接一点说是消逝），而且知道你没法让它不变。就像春去夏至，不论你喜不喜欢，也不论你做什么，都无法留住春天或把夏天挡在时间之外。你生活中的一切，包括你的幸福感、满足感，得到复失去（总会以某种形式），你无法阻挡也无法挽留。若有此体认，我们将能对自己企图阻止无常的种种想法和行为保持敏感。我们的问题是一方面懂得无常的道理，另一方面却几乎永远在下意识地否定、阻止无常。

以前有一个人见到吉祥天女，他很高兴，但发现在面貌和善的吉祥天女背后，还有一位面目可憎的女神，他便问吉祥天女："您背后的是谁呀？"天女说："黑耳女（祸神）。""可是我只想见您吉祥天女啊，她来干什么？我不想见到她。"吉祥天女回答说："无论在哪里，我们都是一起出现。只见我而不见她是不可能的。"

祸福、得失、生死、苦乐、聚散，所有成对的现象都是这样，自带反面，可我们只想要一面。

七、微细的无常

我们所珍视的一切，岂止是死亡时带不走。

念念迁流

如果说人生是一趟旅程，我们每个人就像是穿上了魔法鞋而停不下脚步的旅行者，身不由己地向前向前，所有经历都成了沿途的风景以光速一掠而过，眼所见，耳所闻，见闻觉知与对境，一切的相遇当下即是分离。相遇（其实也只是我们以为相遇，当然这是另外一个话题，我们暂不在这里讨论），就说那风驰电掣的相遇和分离吧，一分钟前发生的事情，现在已经乘光而去，离我们有多远呢？光走一分钟有多远，如果我们能回望，会看见刚才的那一幕在那里。这也只是譬喻和假设，我们根本无法回头，不仅不能身临其境重新回到已发生的一幕幕里，连回望也是不可能的。已经发生的，无法再看到。除非是在命终之时，有些濒死的人会影片回放般见到自己一生中部分经历的重现，但恐怕若非如此，我们的眼前是不会重现过往场景的。

人不可能两次踏入同一条河流，说的也是经历的不可重现这个意思吧，只不过佛法还让我们去注意：迁流不息的不仅是河，还有生命本身，生老病死的流水节奏，因而两次踏入河流的人亦是不同的。

一切都正在过去。佛经里说，念念迁流，新新不住。但我们对无常的觉受却没有如此微细，没有察觉到念念之间已是大变迁，天地人都是不同了。这个角度在佛法的修持里称为细无常的观修，也就是在微细层面上观察无常。

我们通常所说的无常，一般都指的是粗大的无常，也就是普通人不需要特别地观察也能感觉到、也知道自己在经历的变化；而细无常呢，却需要颇为缜密的观察和分析，并在日常活动中反复提醒自己并刻意去体会，才会生起觉受。

相似相续

佛法说，一切因缘和合的事物都是刹那生灭的。因缘，简言之，就是万事万物产生所需的主要和辅助条件。因缘和合，便是条件共同作用。在我们的世界中，没有哪个事物、哪个现象包括我们自己在内，是不需因缘而独立存在的。比如，你正在看的这本书，以前是不存在的，后来因为文字、纸张、印刷、装帧等条件具足，才有了这本书。而纸张，又由木浆及一系列造纸工艺技术而来；木浆，由树木、砍伐、制浆而来；树木，由种子、土壤、气候条件等而来；种子，又由另一棵树而来……你看，构成、促成任何一个事物、现象产生的因缘，同时又是另一些因和缘相互作用的结果；每一个因缘又都可以无限追溯下去。这么一来，简单如我们现在手里拿的这样一本书，说它含摄整个世界也不为过呢。

事物不是孤立、自有存在的。它的产生、持续，都需要相应的条件，而条件散失，它便不复存在。

因缘构成和决定了事物，因为这种观念，在佛法里我们倾向于把人也好，事物也好，关系、状态、现象等等，都称为显现或者现象——当相应的因缘具足时而呈现出来的“相”，所以，一个人或者一个物件的存在，便是“相”的延续。而现象是怎样延续的呢？

人会衰老、死亡，物件会老化、损耗直至变成别的东西。一切都会经历生、住、灭的过程。对于这一点，我们没有异议。但是，从生到死的，是同一个人吗？从新到旧到耗尽的，是同一个东西吗？在生与灭之间，现象的“住”果真如人们平常认为的那样，是同一个现象的前后延续吗？

这个问题拿到我们自己身上来看，答案是明显的。我们从出生到长大，到一定年纪后开始衰老、退化，身心无时无刻不在变化着。正如波斯匿王对佛陀说的：“其变宁唯一纪二纪，实为年变，岂唯年变，亦兼月化，何直月化，兼又日迁，沉思谛观，刹那刹那，念念之间，不得停住，故知我身终从变灭。”

我们身心的状态是种种因缘条件和合之下而有的现象，变化则意味着前一现象的灭与后一现象的生；刹那刹那的变化，即是刹那生灭的现象在持续生起。所以，在生死之间，我们的存在只是无数身心现象的生灭。因为相似的因缘还没有散失，同类的现象便在持续生起，造成同一现象前后延续的错觉，其实前一刹那的你与后一刹那的你并非同一个。

同样道理，我面前的这个水杯，大家手里的书，看书的光线，我们周围的一切，凡是因缘和合的，都在生起的那一刹那便灭了，第二刹那出现的是新的杯子、书和光线等。若前后两刹那产生事物的因缘没有散失的话，两刹那各自生成的事物则是同类现象，前后是相似相续的关系，而被我们错认为同一延续，所以我们会以为杯子一直好端端摆在面前，它本身没有变化，也没有变成另一只杯子。

对受过现代科学教育的人讲“没有绝对的静止，一切都在运动中”这个道理，是比较容易讲通的，但关键是，人们知道原理，却很少将之与实际生活连接，而且更重要的是，即使一切都在运动中，你仍然认为是有一个本身不变的东西在运动中，就像你看见一只小鸟从窗前飞过，你不会认为三秒钟前从正面见到的小鸟，三秒钟后从侧面见到的小鸟，竟然不是同一只鸟。

实际上，没有一只小鸟飞过，有的是一个小鸟的“相”出现并消失，几乎同时，在临近的位置上另一个同类的“相”出现并消失，以此类推；我们的眼睛单纯看到的是一个个“相”，而我们的意识将之执著为同一只小鸟在空中移动。

比较类似而明了的一个例子是电影。看上去连贯的电影画面，实际是一帧帧彼此独立的胶片在放映机前出现并消失。正是因为有这样的出现并消失，相似相续，我们才能看到生动的画面和不断进展的故事，电影才成其为电影，才有意义。如果有一帧胶片在放映机前停住不消失，会出现什么情况呢？画面会卡在那里，电影就演不下去了。

在我们每个人的世界里，如果有一个现象不是刹那灭，不是在它生起的同时便灭了，它停住，这一刹那不过去，下一刹那不生起，那就意味着一切的停止，时间、空间的凝固，生命、生活等概念将失去意义。然而，我们现量所见却是生命不息、变化不止，谁也无法叫一声“定”让一切停住，从这一点我们可以反推出来，在我们繁复世界里的所有细节都是刹那灭的。

一个现象不可能延续到第二刹那，只要有第二刹那生起，就必定是新的现象生起。要说明这一点，也许还有一个更好的例子。我记得以前有一种会动的连环画，快速从书头翻到书尾，就会看见里面的人物、场景活动起来。这个原理其实跟电影是一样的，然而更直观：前前后后每一页上的人也好、动物也好、房子树木也好，都是重新画的，前面一页上的任何东西不会转移到后一页上来，哪怕是同样的画面，后一页也得是重新画一幅看上去一模一样的，否则的话就不会有所谓动画。

同样道理，世间万象的“有”，是刹那刹那的相似相续；如此相续不断之所以可能，是因为万象的刹那生灭。

下次当你再行走在城市中，或者穿过经堂到佛前礼拜，你也许会记得提醒自己：没有我走过那些街道与人流与街灯擦肩而过，没有我穿过一座不动的经堂，只有无数街道、人流、街灯和我的现象，无数经堂和我的现象，持续在不同时空点上出现又当下灭尽。

失去不需要条件

现象的生需要因缘具足，而现象的灭，却是不观待因缘的刹那灭，不是观待因缘才灭的。

你说不对呀，比如这个瓷器杯子，我拿榔头把它敲碎，杯子就不存在了，如果我不敲它，它还会继续存在，这不是观待因缘才灭的吗？其实不然。我们通常认为的“杯子好端端在那儿”，实际是无数杯子的同类现象在持续生起。直到榔头敲杯子的前一个刹那，杯子的现象仍然生起并在同一刹那灭了，而下一个刹那，榔头、敲击、杯子等因缘聚合，产生瓷器碎片的现象。你看，榔头和敲击等因缘的作用不是灭掉“杯子”，杯子的现象已经在前一刹那自己灭了，榔头和敲击的作用在于生成新的现象——碎片。

这在佛法里是一个著名的命题——铁锤永远无法摧毁泥瓶。为什么呢？泥胚的花瓶不是因为铁锤击打才不复存在的，锤打发生之前，完好花瓶的现象就是刹那灭了，铁锤参与的只是创造破损花瓶的现象，它永远无法触及已经过去的那一刹那，就像动画书里后一页上出现的铁锤永远敲打不到前一页上的花瓶。

这是佛法里一个重要的见解，即：一切显现只是缘起生，前前后后一直是因缘生果，都只是生了一个法，而不是灭了一个法。

相信事物是常一存在的，这个观念如此根深蒂固，以至于讲到“刹那生灭”时，我们脑海里会出现这样的画面：如果说每个刹那是一个点，那么无数刹那就是无数个点，点的紧密排列就是线，不论实线虚线，总之会有一条线在那儿。

佛法里所说的刹那生灭却不是这样的，不会出现一条线，因为生而即灭，始终都只有一个点（当然佛法并没有止于此，接下去更会进一步指出连这个点也是空的）。这意味着什么呢？

这意味着，对我们来说，当下即是全部。

八、结语

有一位居士曾问博多瓦格西："如果只专修一个法，那么修何法最为重要？"格西说："如果只修一法，无常最为重要。若观修死亡无常，首先可作为进入佛法之因，中间可为勤修善法之缘，最后也有助于证悟诸法等性。若修无常，最初断除此生绳索之因，中间作为舍弃贪诸轮回之缘，最后也有助于趣入涅槃之道。若修无常，最初生起信心之因，中间为精进之缘，最后为生慧助伴。"

如来芽尊者也再三说："我虽看见世间那些最高贵、有权势、极富裕、具美貌的人，但对他们不起羡慕之心，而注重前辈高僧大德的事迹，这是自己的自相续中生起了少许无常定解的缘故。因此，我除了无常以外没有其他更殊胜的教言传予别人。"

愿我们牢记大德上师们的教言。

无常现前反而执常有，老年到来反而以为幼，

我与如我邪念诸有情，相续生起无常祈加持。

20 世纪 90 年代末，扎西持林刚建成的三宝殿前，希阿荣博堪布为祈请法王如意宝长久住世而举行会供。

第四章

三界无安

一、瓶中飞舞的蜜蜂

虽然获得了暇满人身，修学正法的种种条件都具备了，对一个寻求解脱的人来说，轮回中没有比这更好的时候，但是正如轮回中所有其他东西一样，暇满的人身也是不长久的，死亡如影随形，我们随时可能失去现在拥有的，包括这个身体。如果死亡是彻底的结束，如灯灭，如水干，现在经历的、感受的一切不再有后续，那也就不必多想，大家各自随心所欲去，反正最后是要归零的。然而事情并不是这样，死亡不是归零，死后还有转生，加减乘除还得接着做下去。

生死死生，循环往复，书上说像蜜蜂在瓶中飞舞，飞上飞下始终逃不出这个瓶子，并且亦如蜜蜂的飞舞，不会一直停在某个点上不动，它一定是习气使然上下翻飞。轮回也是这样，我们由业力牵引在六道中接连不断地投生流转。即使靠往昔行持善业的果报而转生到善趣，拥有长寿、相好、财富，过着美满的生活，一切却是不稳固的，转瞬即逝，天界人间皆然，福报用尽随之而来便是堕落。这也是为什么我们要出离轮回，而不是努力在轮回里争取一个较好地位的原因。

如果我们对三界六道的来由有所了解的话，应该就明白对大多数众生而言，轮回这件事其实主要指的是在恶趣当中轮转，无始以来大部分时候经验到的是三恶趣的痛苦。不要觉得自己可能会是个例外，可能一直以来主要是在享福；恶趣痛苦，那是别人的事。释迦牟尼佛曾说，在他往昔无数次的转生中，光是生为白狗死后的白骨若堆积起来，比须弥山还要高①。我想我们没有理由相信自己的经历一定比这更好。

① 《菩萨处胎经》："吾从无数劫，往来生死道，舍身复受身，不离胞胎生，计我所经历，记一不说余，纯作白狗形，积骨亿须弥，以针刺地种，无不值我体，何况余色狗，其数不可量。"

二、六道之于我

见、修、行

分别思维六道各自的痛苦。人的苦也就罢了，为什么还要那样仔仔细细去观想地狱、饿鬼、旁生、阿修罗、天人的痛苦呢?

首先来看为什么要观修。

佛法里面有许多看来是知识性的东西，但我们不要让自己迷失在纯粹的知识积累或理论研究中，修行才是佛法的核心，是所有内在转化的基础。比如，六道里面有多少层地狱、多少层天界，每一处的众生都是何种状况，这些内容，我想很多人第一次接触会颇感兴趣，看看其他众生都是怎么活的，了解一下，增长知识，但若说一遍遍去观修，恐怕没那个耐心，也觉得没有什么必要和意义。这恐怕正是我们虽然学了很多佛法但内心却没有转向佛法的原因吧——我们没有修行。

修行并不玄奥，很多时候只是耐心地坚持一遍遍观修，让自己的心逐渐熟悉某一见地或“知识”，慢慢地不需要特别提醒便自然而然会那样去看待、认识和感受。这也就是佛法里讲的“见、修、行”。

虽然我们只在讨论佛法的时候会说“见、修、行”这样的名词，但实际上“见、修、行”存在于生活的方方面面，我们只要做事就有“见、修、行”。比如你认为瘦是美的，这就是一个“见”。然后你会去看各种瘦美人的图片和赞叹、欣赏她们的文字，同时也会对比自己，在镜子前仔细端详，想想自己瘦是不瘦、美是不美。这样一个反复琢磨，使自己的心不断趋近、认同“见”的过程，相当于“修”。然后你努力节食健身，尝试各种方法减轻体重，这就是“行”。你生活里的种种，恋爱、结婚、离婚、工作、上学也都是这样。没有“见、修、行”，简直就没有大家剧情百出的生活。当然，这类的“见、修、行”和佛法的“见、修、行”，在性质和内涵上是不同的。

总之不要一讲到佛法修行，就开始怀疑一遍遍观修有什么必要和意义。我们从生到死日复一日的流转都不离“见、修、行”，而要从这种流转中解脱出来，同样也离不开“见、修、行”。有能帮助我们出离轮回的见地还不够，还需要反复修行这种见地，只有这样内心才能慢慢与解脱相应。

六道与我何干？

为什么观修，知道了，接下来的问题是：为什么观修六道众生的痛苦？换句话说就是，其他五道跟我们有什么关系？观修他们的痛苦对现在的我们有什么意义？

这要从六道轮回是怎么一回事说起。我们生活中的聚散、始终、生灭，种种相续循环，都是轮回。死亡到来时，这种相续循环也不会停止。组成我们一生的无数念想、无数言谈举动，引发它们的无数因缘，以及它们带来的无数后果和影响，前后相连、环环相扣，共同决定着我们来世的样子。一切不只被一次生命所局限。

如果把生命比喻成一条奔流不息的河，在每一个刹那中，河的状态都是它自身历史的结果，那么生命中每一个刹那，我们所经验到的一切，都是之前我们所作所言所想的结果。我们无时无刻不在根据自己需要承受的后果而经历着顺逆苦乐的境遇。

这些境遇取其最主要的特点加以分类的话，有两大类：以轻举飞升为特征的善趣，以流结下堕为特征的恶趣。

这轻举、流结从何而来呢？都是从我们的心想和行为而来。

比如，持守禁戒，身心自然会轻清。事奉善知识，自轻身命。为他人着想，照顾他人的感受和福祉，也是一种轻清的表现。有些人，你看他做人处事总有那么一股淡泊安雅之气，让人觉得轻盈透亮。诸如此类的心行，又称为“想”，即超越纯粹生物性的欲望和束缚，向往精神的升华、心灵的自由，是生善趣的因。

相比之下，心思总在饮食、男女、财宝、名利上打转，或是对感情、情绪过于执著，爱染贪执的习气粗重，皆称为“情”。情积不休，能生爱水。无论是垂涎欲滴也好，是因爱因恨痛哭流涕也好，皆是水出润湿的性质。流结下堕，为生恶趣的因。

传统上人们认为善趣在上恶趣在下，是有道理的。之所以这样，不是谁硬性安排。清轻飞举，浊重下堕，法尔如是。

当然，正如我们观察自己平日的心念和言行，会发现它们其实是情想参半的，一个人很难做到所有的心行都是“想”或者都是“情”。这么一来，善恶趣就有了进一步的细分，为六道，且同一道里的众生也因为情想的比例差异而有了不同的特征。比如：纯想升天；情少想多生阿修罗道；情想均等生人道，想的习气重则聪明，情的习气重则愚钝；情多想少生旁生道；七情三想生饿鬼道；九情一想或纯情则生在不同层的地狱里。

因为情与想又有种种具体表现，像贪、嗔、痴、杀、盗、淫，或者不同程度地持守禁戒、修习禅定等，众生便因自己的所作所为而感应来六道里种种不同的具体经验。拿贪婪心来说，贪以吸为表现，吸揽不止，则感应积寒坚冰，于中冻裂，就像用嘴吸气会有冷的触感。而以此为因，因缘成熟业报现前时，便显现为身陷青赤白莲等八寒地狱中。

所以我们现在观想八寒地狱的痛苦，并不是多管闲事般操心其他世界的众生的问题。八寒地狱离我们并不遥远。虽说只有少数极端的情况下，众生等不及这一世的人身耗尽便生身陷入地狱受苦，但这不意味着我们可以高枕无忧：管他以后怎样呢，反正现在地狱跟我没关系。要知道，我们现在的每一念贪婪多求之心，都是在为八寒地狱的现前做加码；而且，说现在不必操心，所谓“现在”这个人身我们又能保有多久呢？

像所有善趣一样，生于人道也是需要极大福报的。我们这一世生而为人，有人的形象，人的思维能力、创造能力，人的心胸眼界和受用，如此种种都是往昔行善积德的回报。好比我们把辛勤工作的酬劳一点一点存起来，终于有一天钱存够了，我们取出来兑了现，活着便是在消耗已经兑现的福报。这个福报并不耐消耗，人寿不及百岁，一辈子匆匆就过了，何况我们的所作所为有很多还是在不断地让这笔现金贬值。比如某些杀生的行为，不仅影响后世，还直接缩短这一世的寿命。所以，若不好自为之利用这个人身积植福德的话，我们一定会在哪一天猛然发现自己已经走到人身的尽头，而除了沉重的恶业之债等着用无数后世的苦难去偿还外，一无所有。这一天也许就是今天。

轮回六道在哪里？

六道，重重天界、层层地狱、饿鬼的世界，这些都在哪里？

从比较究竟的角度说，六道是众生各自业因果报的显现，而不是独立、绝对存在的六个地方。比如我们看见面前这杯水，或者感觉到煦暖的阳光照在身上，对一个饿鬼道众生来说，他看见的则是脓血，阳光照在身上冰冷彻骨，所以根据业报的不同，就在原地，便有不同的世界。

但是，有一些典籍里也说六道不同的世界是在不同地方，相距多少，方位如何，都讲得清清楚楚。比如《俱舍论》里说：“下此二万里，为无间地狱，其上次第有，七种之地狱。”《普贤上师言教》里讲到地狱痛苦时，也说从复活地狱逐渐向下到无间地狱之间层层累累像房屋一样，从一个地狱出来进到另一个地狱，无间地狱四周有十六个近边地狱，等等。这岂不是与前面说的矛盾？

其实一点儿不矛盾，两者说的是同一回事。举个例子来说：你晚上做梦，梦见自己从成都坐车去了色达。对梦里的你而言，的确是从一个地方到了另一个地方，途中还遇到很多事情。可是就在梦中的你经历这一切的时候，你实际上哪儿也没去，就在原地。成都也好，色达也好，旅行也好，都只是一个个景象在梦心前的呈现而已。

轮回也是这样，像一场大梦。可以说，是轮回中的我们上天入地，在不同世界间循业流转；也可以说，是六道的景象相应业力显现在我们轮回的心前。

六道的痛苦因而都离我不遥远，有的已经在当下的境界中显现，有的虽然暂时还没有显现，但检视我的身语意，我知道我已种下了未来痛苦的因，因缘具足时苦果一定会现前。

三、谁入地狱

阿琼仁波切说，思维千差万别的痛苦时，不要有看杀头、凑热闹的心态，好像自己只是个围观者，看别人受难而已。我们要想象自己身临其境，真正转生在那里。

不是因为我们是一群特别心软的人，非要想象自己处在别人的位置上受苦。正如前面所说，如果我们知道六道是怎么来的，就能理解六道中所有千差万别的痛苦都与自己有关。

《入行论》曰："实语者佛言：一切诸怖畏，无量众苦痛，皆从心所生。有情狱兵器，何人故意造？谁制烧铁地？女众从何出？佛说彼一切，皆由恶心造，是故三界中，恐怖莫甚心。"

我愿意从业因果的角度入手，来观修轮回痛苦，因为这样做更能让我有切身感受。我不再心存侥幸认为某种痛苦一定不会降临到我头上。事实上，我知道我已经点燃了导火索，而观修只是让我提前看到了爆炸现场。

轮回皆苦，三恶道尤甚。观修轮回痛苦总是从苦难最深处——地狱开始。为什么不是反过来，从天界开始观修？我想大概是因为对众生来说，转生天道需要非常努力，下堕恶趣则不必费事，随心所欲自然就去了，而轮回里大部分时间我们都在随心所欲。恶趣不但容易去，去了以后待的时间还长。以地狱里痛苦最轻的复活地狱为例，那里的一天相当于人间九百万年，一旦转生于此，需要待五百年也就是人间的一万六千多亿年，才有希望出来[①]。在我们轮回的经验里，恶趣痛苦应该是主要的经验，所以观修轮回痛苦以恶趣为主。

（一）八热地狱

复活地狱

到处是熊熊燃烧的大火。这不是一般的火。人间普通的火、檀林火、太阳火、劫末火的炽热程度依次递增七倍，而这里的火比刹那间将二禅天以下全部焚毁的劫末之火还炽热七倍。

天空中不断落下火块、火球，像是虚空也被烧散了架，摇摇欲坠。

我拖着烧焦如黑炭般的躯体，奔跑在炽热的铁地上。不，是我们一群地狱众生，一群黑炭，在燃烧的铁板上相互追逐扭打。满心的嗔恨让我们不顾一切地挥舞手里的兵器，去砍，去刺，去杀。倒下一个，又挥舞嘶叫着冲向下一个。

我如焦炭的身体伤痕累累，但我顾不上，我只想把一个个扑过来的对方打倒杀死。我的心里，我们的心里，除了仇恨，容不下别的。一息尚存，厮杀不止，这仿佛是我们活在这一片铁板烧上唯一的意义。

最后，所有黑炭倒毙。

空中传来声音：“愿你们复活。”

---

① 关于地狱众生的寿量，不同经论里有不同说法。本书主要参考的是《普贤上师言教》和《大圆满心性休息》中的教证。

我们于是不得不活过来，再次投入战斗。迈开布满燎泡和烫疤的双脚，追杀，被追杀。

再次全体倒毙，再次复活。

如此循环不断，多久呢？复活地狱时间五百年。这是什么概念？人间五十年是四天王天的一天，四天王天五百年是复活地狱的一天。

不要问我：为什么不在一个没有人的地方活过来，只是安静地被烧焦不好吗？当然烧焦也很痛苦，但总比烧焦之外还要活在敌人中间被乱刀砍杀好点。可这不是我能选择的。很奇怪，我每次都在敌人中间活过来。每次一睁眼，看见漫天火光中，那些刚才还死得死死的敌人也都活了过来，我就生气，就要赶紧爬起来跟他们拼命去。

我其实也不想这样浑身烧伤刀伤塌皮烂肉地在火焰里杀来杀去。每次空中那个声音响起——“愿你们复活”，我都痛苦万分，因为活过来我控制不了自己的愤怒和杀戮，而我不得不活过来。

万亿年里，数不清的死而复生。慢慢地在我心中，“复活”的痛苦超过了其他痛苦。这个地狱叫“复活地狱”，我想可能跟这个原因有关吧。通常在一个地方感受到的最刻骨铭心的痛苦是什么，我们就把那个地方叫什么。

这也从侧面证明，所有地狱中，这里果然是痛苦最轻的。

竟然还是痛苦最轻的！

黑绳地狱

焦炭般的我被阎罗狱卒们带到炽燃的铁地上。他们在我身上用黑绳画线，像木匠在木条上弹出黑线，然后用烧红的铁锯把我一块块锯开。

我的身体看上去像一大块黑炭，可它没有炭的坚强无感，它只是一个长成黑炭样子的伤口。

整个身体是一个敞开的伤口，锯齿在它上面咬啮前行，而烧伤后新生皮肉的敏感把这种痛苦放大无数倍。

恐惧和剧痛中，我看见我的肉屑、骨屑沿铁锯的边缘掉到铁地上，瞬间融化成油；切下的肉块在地上被踢来踩去，仍抽搐不停。

被切割，锯开的身体随即黏合起来等待着新一轮的切割。我的一生只做这一件事。多么漫长的一生！人间一百年是三十三天的一天，三十三天的一千年是黑绳地狱的一天，而我被切割的命运要等黑绳地狱里千年过去，才暂告一段落。

地狱众生的生活内容单一，专注于受某种或某几种苦，不像在人间有苦有乐，有不同的事可做可想，有选择有余地，有种种可能性。

像灼烫之苦、切割之苦，人间也有轻微的显现，不小心手指割破，或者火星溅到身上，这种事大概每个人都碰到过。以前造作了感受灼烫、切割之苦的因，缘起成熟时，才会显现这些果报。但同一类因果，因的性质、力量不同，即使感召同类果报现前，其痛苦程度、持续时间等也会有天壤之别，比如人间的手指割破和黑绳地狱的切割。

在人间，尚能感受到其他的业报，有善业有恶业，所以有苦有乐，有这样那样的事可做，而地狱现前，则说明某些恶业的果报是以最集中猛烈极端的方式显现出来了。纯粹的恶业的具象，纯粹的苦的体验。不会夹杂其他的东西了。

人道中火星灼烫、手指割破的痛苦无限放大，淹没我全部的感觉、思想和身体的应对，充满我所有的时间空间，在若干万亿年里，成为我唯一的存在方式。这是黑绳地狱。

众合地狱

我和无数同伙被关在巨型铁臼里，头顶上大如须弥山的铁杵落下来。我们惊恐逃逸，哭喊着，想从铁臼里逃出去。大家争先恐后涌向炽红的铁臼内壁，不顾身体在壁上炙烤得嗞嗞冒烟作响，仍然紧贴着它向上攀爬。可是铁壁那样滑那样高，任凭我怎样用力都是徒劳。我一次次滑下来，立即被后面的人踩在脚下。就在难以描述的混乱、痛苦和恐惧中，我看见铁杵离我的头顶越来越近，越来越近，终于重重地落在我们头上，把所有人碾成肉泥。

当铁杵抬起时，我活过来。刚收拾完一摊滚烫肉粥一样的身体，一抬头，又看见铁杵落下来……

有时我睁眼，发现自己在一个狭小山谷里，两边的山冒着火舌不断靠拢，而我夹在许多人中间，沿山间小路仓皇逃窜。时而，那些山变成我以前杀害的山羊、黄羊、鹿子等动物的样子。它们角尖燃火，朝彼此冲过来。

我想我一定要在那些山或者那些动物（或者两者是一回事）撞到一起前，逃出山谷，否则我会被活活挤死。于是我发足狂奔，燃烧的大地上留下我燃烧的脚印。

逃出去！而我的脸颊慢慢燃烧起来，两侧的火焰离我越来越近。我拼尽最后的力气往前跑。我的眼睛也燃烧起来。火舌烧进我体内，吞噬着我的五脏六腑。

就在那时，两山撞在一起，发出震天巨响，我仍然呈奔跑状的身体随之粉碎。应该是瞬间发生的事，而在我的感受中，那种撞击挤压、粉身碎骨之苦极其漫长，毁灭一个世界大概也不会用比这更长的时间。

山谷消失，里面所有生命死去。

这时，两山复又分开。

我再次转生在这个山谷里。

同样的场景重复，同样的恐惧痛苦再来一遍。

人间二百年是夜摩天的一天，夜摩天的二千年是众合地狱的一天。一旦转生到此地狱，需要感受二千年的痛苦。

号叫地狱

人间有一个词形容痛苦的惨烈，叫“鬼哭狼嚎”。鬼哭狼嚎放大千万倍，不足以形容我在号叫地狱听到的声音。当然，这里面也包括我自己的惨叫。我们挤在一个密封的屋子里，四面上下全是白热的铁壁。什么也看不见。

拥挤和炽热像一块密不透风的滚烫的塑料布层层包裹住我，让我窒息，此时呼吸对我来说意味着灼伤，而我渴望被如此灼伤。

我感觉自己的身体在被慢慢地煎熟，但无处可逃，甚至除了号叫我都没有别的办法可以缓解痛苦和恐惧。

这里的一天是兜率天的四千年，而兜率天的一天是人间四百年。我需要在这里嚎叫四千年。

大号叫地狱

狱卒把我们驱赶到双重铁门把守的炽热的铁牢中，接着，用铁锤铁棍没日没夜地打我们。

我遍体鳞伤，无数次击打使我的身体如枯草般羸弱朽败。

我拖着这根焦烂的枯草，趁狱卒不注意逃到门边，可怎么也打不开那扇铁水浇铸的大门。我像一只蚂蚁，想撼动须弥山。

更多的同伙聚来，一起推门，都想逃出去。这时狱卒发现了我们，挥动着棍棒杀过来，把我们打得稀巴烂。

我生来好像一直就是这副稀巴烂的样子，头上冒着硝烟，头发劈劈啪啪炸散开，鼻青脸肿，虽然每天都在铁屋子里逃来窜去想躲过暴打，但没有一天成功。

屡败屡逃，企图逃跑。每次顶着棍棒锤斧好容易捱到门边，可有什么用，出不去。而这只是第一道门，外面还有一道。

我绝望得只剩嚎叫。

人间八百年是乐化天的一天，乐化天的八千年是大号叫地狱的一天。我要在这里感受八千年的痛苦。

烧热地狱

犹如三千大千世界一样大的铁锅里，充满沸腾的铁浆。

铜熔灌口，肝肠寸断，可忍着剧痛我还在拼命挣扎，不想沉到底。终于，看见红通通的熔浆海面上，滚滚冒着的浓烟！那是我为数不多的几次把头伸出海面的时刻之一。

就在同时，锅边巡逻的阎罗狱卒们也看见了我。几乎同时，他们的铁钩也到了，一把扎进我的后颈，把我死死勾住。铁锤随之甩过来，如雨点般密密麻麻砸在我头上。

我的头开了花，脑浆四溅，昏死过去。这是我烧热地狱生涯里最幸福的一刻——昏厥让我暂时没有了痛感，总算消停了。

但瞬间过后我便醒来，我多么希望不醒来，那样就不用感受痛苦。地狱里，一死了之是遥不可及的奢望。我醒来，尖锐的疼痛也苏醒过来，淹没了我全部的知觉。

我发现自己正在铁浆里往下沉。

痛苦越来越剧烈，我不能沉下去，忍着剧痛我拼命地挣扎。

终于，我看见熔浆海面的浓烟，而铁钩铁锤也随之到来。

人间一千六百年是他化自在天的一天，他化自在天的一万六千年是烧热地狱的一天。我在铁浆里头出头没的时间为烧热地狱的一万六千年。

极热地狱

燃烧的铁屋里，狱卒们用火红的三叉戟从我们的脚心和肛门刺入，从双肩、头顶径直穿出，并把燃烧的铁片做成紧身衣裹在我们身上。

这样的酷刑持续半个中劫。换算成人间的年数？无法换算，不可说不可说算数譬喻所不能及。

无间地狱[①]

这里集中了前七种地狱所有的痛苦。

炽燃的铁屋，冒着火苗的铁块堆积如山。我们被狱卒驱赶，往这座山上去，号叫着与火混为一体，身体从里到外都在燃烧，想脱离却绝无办法，狱卒用铁弩、棍棒、铁锤不断地击打我们，往我们口中灌注沸腾的铁水。

再没有比这里更强烈的痛苦，苦受与苦受无缝连接，痛苦到极点，所以

① 《地藏菩萨本愿经》："又五事业感，故称无间。何等为五。一者，日夜受罪，以至劫数，无时间绝，故称无间。二者，一人亦满，多人亦满，故称无间。三者，罪器叉棒，鹰蛇狼犬，碓磨锯凿，剉斫镬汤，铁网铁绳，铁驴铁马，生革络首，热铁浇身，饥吞铁丸，渴饮铁汁，从年竟劫，数那由他，苦楚相连，更无间断，故称无间。四者，不问男子女人，羌胡夷狄，老幼贵贱，或龙，或神，或天，或鬼，罪行业感，悉同受之，故称无间。五者，若堕此狱，从初入时，至百千劫，一日一夜，万死万生，求一念间，暂住不得，除非业尽，方得受生，以此连绵，故称无间。"

称为无间地狱。此外，前面说过劫成劫毁，当势不可挡的劫末火烧尽三恶道，连此世界无间地狱也一齐焚毁之时，我们这些在那里的众生于眨眼的瞬间，转生到其他世界的无间地狱中，继续受苦难，没有间歇，所以称为无间。

关于无间地狱之苦，只能是粗略描述，因为即便是以地藏王菩萨无漏的智慧，在一劫之中也无法说尽此地狱的种种苦事。

（二）近边地狱

由于无间罪的业力减轻而从无间地狱中解脱，往外走会依次经过煻煨坑地狱、尸粪泥地狱、利刃原地狱、剑叶林地狱。无论从东南西北哪一方出，都要经过这四重地狱。另外，无间地狱东南、西南、西北、东北四角上，还各有一个铁柱山地狱。

走出无间地狱的过程也丝毫不轻松。

煻煨坑地狱

从无间地狱出来身上仍然冒着硝烟、四溅着火渣渣火星星的黑炭人，远远看见前方一片凉荫，心中狂喜："总算凉快了！"

乐滋滋跑过去，却不想一脚踩进了火坑，顿时皮焦肉烂。哪里有什么凉荫！分明只是一片煻煨坑，不动声色闷烧着，远看以为是荫凉。

尸粪泥地狱

从煻煨坑里爬出来，看见前面有一条河，心想："总算有水喝了！"

乐滋滋跑上前，哪里有什么水，只是一片沼泽散发着恶臭，污泥里充斥各种各样腐烂的尸体，人尸、马尸、犬尸，小虫糜漫。

在沼泽里越陷越深，最后头也没入其中，被许多长着锋利铁嘴铁齿的虫兽啄食，苦不堪忍。

利刃原地狱

从尸粪泥地狱解脱出来后，继续往前走，看见一片草原，草色青青，十分悦意。于是又欣然前往。

走到跟前，哪里有什么草原！却是一片利刃原。四周一望无际都是锋利燃烧的尖刃，铺满大地，没有立足之处。左脚踩下，左脚被戳穿；右脚踩下，右脚被刺透。

只能这样踩着刀尖一步步穿过这片荒原。

剑叶林地狱

从利刃原地狱出来，前方是悦意的树林，兴奋地奔过去。哪里有什么悦意的树林！却是身陷剑树剑轮中。铁树上生长许多树叶般的利剑，随风飘摆，把身体割成碎片。复活后又割截，如此反复感受刀割之苦。

铁柱山地狱

《普贤上师言教》里说，毁坏梵净行、破戒律的出家人，或行邪淫的众生，转生在此地狱。

业力牵引下，来到铁柱山前，听见昔日的爱人在山顶上呼唤自己，于是往山顶攀爬。沿途铁树上所有的剑叶齐齐指向下方，把身体穿刺得千疮百孔。好容易爬到山顶，爱人不见踪影，乌鸦、鹰鹫却飞扑过来啄瞎了眼睛。

这时，又听见爱人在山下呼唤自己，于是又往山下去。沿途的剑叶调转头来齐齐指向上方，把身体千刀万剐。

到得山脚下，立刻就被可怖的铁男、铁女抱住，被他们一口咬下脑袋，白色的脑浆从他们的嘴角流出来。

以上为观修八热地狱、近边地狱、铁柱山地狱的痛苦。

转生到这些地狱的主因是嗔恨心，《楞严经》云："嗔习交冲，发于相忤，忤结不息，心热发火，铸气为金，如是故有刀山铁橛，剑树剑轮，斧钺枪锯，如人衔冤，杀气飞动，二习相击，故有宫割斩斫、锉刺槌击诸事。"所以这些地狱都有火烧、诛戮的共同特征。

嗔恨心往往伴生其他诸多烦恼，每种烦恼显现到极致都是地狱之苦。欺诳心的背后，是没溺漂沦于屎尿秽污中；淫心背后是猛火焚身、铜床铁柱、万箭穿心之苦；傲慢鄙视心背后，是热沙毒海、熔铁灌吞之苦。凡此种种，不胜枚举。

我们这些人前世今生造了无数嗔恨烦恼的恶业，后世缘起具足时一定会转生于这些地狱中。想到这里，不禁毛骨悚然。

从无间地狱中出来，又依次经历近边地狱的痛苦，每次远远望去都心生欢喜，以为终于找到幸福，可走到跟前，还是痛苦——是不是有种似曾相识的感觉？在我们当下的生活里，虽然比之地狱受苦的程度要轻微许多许多，但这个相信苦尽甘来、每次都欣然前往结果焦头烂额却永远不记得教训的过程，我们很熟悉，不是吗？我们以为的安慰欣乐，真正身临其间却只是五内俱焚、污秽加身，或在刀尖上行走，或千疮百孔、体无完肤。暂时没有受苦的时候，一定是在去受苦的路上，停不了也不想停下来。

恐怕正是我们的这种习气，加上身语意的恶业，才感召来出无间狱后还要经历这一番番乐极生悲吧。地狱的存在从来就是有根有据的。

以后再生烦恼时，务必于当下警醒，想想这些烦恼意味着什么。

观想到这里，我们也会比以往更加深刻地感受到如今这个暇满人身的可贵：已经值遇到具有法相的上师，听闻了甚深诀窍，有了行持佛法获得佛果的机会，所以应当精进修持；恶因已经种下，唯有证悟解脱，或以猛厉追悔之心忏悔往昔所有的恶业，才能阻止后世转生到那些地狱里。

在我们这样思维、觉察、下决心的同时，对，就在此时此刻，无数众生的地狱之火已经现前，不再是尚可改变的未果，是已经成形牢不可破的现实。那样的苦难折磨，光是想想都让人无法忍受，何况真的身陷其中。

这些不幸的众生是谁呢？龙树菩萨曾说：把整个大地的土抟成枣核大小的丸子，其数量可以穷尽，但众生互为母亲的次数却不可数尽。无始以来，我们在轮回中不断转生，每一世的母亲（大概因为在许多众生群类里，生育抚养主要是母亲的事，但这并不意味着我们不需要感念同样辛苦养育我们的父亲的恩德）为了我们辛勤操劳，吃了无数苦头，尤其在不明因果的情况下，造下重重恶业。我们身体不好，她杀了牛羊给我们补身体。我们在外受了欺负，她也嗔怨满心。善趣人道的母亲是这样，恶趣就更可想而知。你看那小鸟嗷嗷待哺，鸟妈妈一次次飞出去捉来虫子给他吃。养大一只小鸟，得杀多少虫子。我们往昔也一定曾转生为鸟，那时我们的母亲也一定曾这样为了我们，成天只是杀生。在她们，这是做母亲的本能和爱心，可杀业就是杀业，不会因之勾销，因缘成熟时，杀生的果报就会现前，没有人可以代受。

每一世的母亲都曾这样，以她们无数后世的苦难，换取我们在那一世的健康成长。也正因为这样，才更可悲悯；她们的苦难才更与我们的当下相关。

就在我们如此观想、如此思维的同时，我们从前的母亲正在恶趣承受极大的痛苦。母子一场，生生世世的母子一场，那样多牵挂、思念，不计后果的付出，剪不断的母子恩情，不应该彼此只成为转生恶趣的因缘！

多么幸运，这一世得到暇满人身，在两相遗忘、各自沉沦自顾不暇的万劫千生之后，还有机会修持佛法，救脱自己，救护母亲。

（三）八寒地狱

八寒地狱，顾名思义，就是八个狂风暴雪、极度严寒之处。转生到这里的众生，赤身裸体在坚硬如铁、锋利如刀的冰川上，无处可躲，无处可逃。分别细看：

具疱地狱　比较之下，这是八寒地狱中痛苦最轻的。众生冻僵如死尸，身上覆满冻疮，疼痛难言。

疱裂地狱　此处严寒加剧，众生旧疮未愈，新疮又起，层层开裂，惨不忍睹。

紧牙地狱　众生因酷寒而牙关咬碎。

阿啾啾[①]地狱　众生为业力所迫、酷寒难耐而发出撕心裂肺的惨叫。

呼呼地狱　这里的众生连惨叫之力也没有，绝望中只能发出“呼呼”的叹气声。

裂如青莲地狱　众生皮肤冻成青紫色，身体裂成四瓣，如青莲花。

裂如红莲地狱　表皮翻开，露出下面的红肉并冻裂成八瓣，如红莲花。

裂如大红莲地狱　冻成黑红色并裂开十六瓣、三十二瓣乃至无量无数瓣，有许多长着铁喙的小虫在冻裂的伤口上咬噬。

---

①　阿啾啾：藏语，因寒冷而发出的哀号声。

冬天我们衣服穿少点在室外多站一会儿，都会冻得牙齿格格作响，脸上、耳朵、手脚也会长冻疮，流血流脓，痒痛难当，可是八寒地狱的痛苦比这不知要剧烈多少倍。那样的果报现前时，我们该如何受？

而且不是一时半会儿，八寒地狱的寿量，用我们的时间算都算不出来，只能打比方：二百藏升的大盆里装满芝麻，具疱地狱的每一百年从中取一粒芝麻，这样，将所有的芝麻全部取完，具疱地狱众生的寿量方尽。其余地狱依次比上一层地狱增加二十倍。

你看到这样深重的苦难，会想不知要造多大的恶业才会转生到这里来，可其实不然，贪婪多求之心日夜熏习，恶业辗转增上，自然就来了。这是由业因果的规律决定的，每个恶业都会感召四种果报①，其中之一为士用果，就是恶业一旦造下，它自己便开始与日俱增不断壮大，就像一粒种子虽小，播下后任凭它去，它日后就能长成为一棵大树。

（四）孤独地狱

孤独地狱与前面所说的地狱有所不同，没有一定的方位处所，痛苦的表现形式也无定准。有的众生困在石头、木头里，有的冻在冰里，有的煮在沸水里，有的烧在火里。有些独居，有些少数聚，有些多数聚，被不同种类的痛苦所逼迫。有的长成旁生样，有的干脆长成无情物的样子，如木头、石块、扫帚、绳子、门、墙等，你劈柴、扫地、摔门、踢墙时，他们就在感受被杀被打的痛苦。

① 不善业的果有四：异熟果、等流果、增上果、士用果。善业亦然。

四、饿鬼与旁生

饿鬼世界

《普贤上师言教》里面描写饿鬼道，说那里的众生感受以饥渴为主的各种痛苦，要吃没吃，要喝没喝，要什么没什么。

饿鬼的种类很多，形象也各不相同，但总的说来有这么几类：

一类主要感受外境匮乏之苦，称为外障饿鬼。为了寻找饮食，他拖着瘦骨伶仃僵硬的四肢和巨大的肚子四处游荡，一无所得。有时看见远处有河流，等踉跄奔到近前，河水却已干涸，只剩下乱石堆砌的河床。有时看见远处有果实累累的树林，到近前来，树木都变成干柴，哪有果实的影子。有时眼看美食在面前，伸手去拿却招来乱棍暴打，不得已逃得远远的。有的饿鬼，几百年里甚至连水的名字也没听过，更不用说在远处看上一眼。

不只是吃喝，所有的受用都求而不得。人间的乞丐虽然衣食无着落，但太阳出来了，他至少可以找个地方，舒舒服服地晒太阳；夏天夜晚，他可以享受月光的清凉；乞讨的间歇，他可以自自在在睡一觉，微风轻拂，梦里也许还能闻到花香。而饿鬼道，冬天的阳光照在身上如冰雪贴着肌肤，分分秒秒吸去身体的热量；夏夜的月光则如沸水如蒸汽延续白天的炎热，令众生没有半点躲藏、喘息的机会。生存环境就有这样贫瘠恶劣。

而对饿鬼道另一些众生而言，外部的可望不可即不是他们主要的问题，他们的问题在自身。饮食送到他们嘴边虽不会消失，但他还是吃不到，因为他的嘴像针眼一样小，喉咙像马尾毛一样细。纵然有一星半点饮食进到嘴里，也远远满足不了大如盆地的胃的需要。到了晚上，吃下的一点东西还会变成火，焚烧五脏六腑，极度痛苦。有的饿鬼只能以土、粪便为食，或是割自己身上的肉来吃。这一类饿鬼称为内障饿鬼。

还有一类饿鬼是特障饿鬼，长着庞大的身躯，身上寄居成群的小饿鬼啃食他们，感受种种痛苦。

以前，哲达日阿阇黎出游时到了饿鬼界，遇见一位带着五百个孩子的女饿鬼，她对阿阇黎说：丈夫十二年前去印度金刚座觅食，至今未归，小饿鬼们要饿死了，请阿阇黎到金刚座时转告她丈夫，让他快快回家。阿阇黎到金刚座后，看见一位沙弥倒供过的水和食子，旁边聚集了许多饿鬼在争食，里面正好有那个女饿鬼的丈夫，阿阇黎便转告了口信。饿鬼丈夫说："我流浪到这里虽已十二年，但只有一次，一位清净的比丘擤鼻涕时，我们一大群饿鬼拥上去抢才抢得一点点，除此以外什么也没得到过，而且我在抢鼻涕时，还被其他饿鬼打得一身伤。"

一方面来说，每一道的众生只能感受他自己的业力允许范围内的东西，像我们作为人，见闻觉知就只能是人的见闻觉知，我们见不到、经验不到恶趣众生的状态（少数旁生除外，我们可以看见一些动物，但其实仍然无法体验他们的生活）；另一方面，一切都是业因果的影像，是众生内心烦恼的凝结，同类的烦恼恶业，重则是恶趣，轻则是人道，所以我们作为人又有可能类比地想象出一点地狱、饿鬼、旁生世界的痛苦。

像前面讲到的饿鬼世界的情景，读来让人不仅是心生怜悯，还有悲伤，我们总是能够联想到自己当下的生活。

我们有时候也是那样，为了吃饭终日奔波辛苦要求不高，而往往就这一口饭也总吃不上。别人轻松能得到的，我拼尽全力仍然可望不可即。别人弃之不要的，在我们眼里都是宝贝要争要抢要你死我活才有可能得到一点点。还有家庭，一群人指望着，可你在外面打拼却连自己的肚子也填不饱。

等好不容易不愁衣食了，老病又现前，这副身体不争气了，吃不了喝不下，什么也无力享受，到头来还是没吃没喝。再看其他人，有吃有喝的，可食物吃进肚里，却可能就变成了毒药。

书上说有些饿鬼，只自己受饥渴贫乏之苦，不会存心去恼害他人，而有些饿鬼却经常生起恶念，总想害人，他们多少有点神通，能在虚空中游行，所以叫作空游饿鬼。活动不限于饿鬼界，常窜到人间伺机损害。这种饿鬼或许更接近于人们通常所说的“鬼”的概念。

某些横死暴毙的人，因为死亡来得太突然，经常是不知道自己已经死了，还照旧回家，跟家人说话，可是谁也看不见他，谁也不理他，他感到非常难过失落，在前世熟悉的那些地方游荡，想方设法引起家人朋友的注意，有些亲友竟因此被吓出病来甚至精神失常。他逐渐明白自己已经死了，不能再回到原来的生活里去了，这更加深了他的失落、怨恨。于是他守在当初死亡的地方，希望能找一个人来代替他死，他好重回人间。每隔七天，他会感受一次以同样方式死亡的痛苦。在饿鬼道时间越长，这种痛苦的烙印越深，他越想逃离。迷乱使他执念于以找人替死的方式寻求解脱，而越是害人，恶心恶行就让他在饿鬼道陷得越深，越痛苦；越痛苦，执念越深。如此恶性循环，直到在饿鬼道的寿命终了，之后立即堕入地狱。

当然空游饿鬼也是千鬼千面，并不都是这样。有的饿鬼专食人血肉，有的吸人精魄，有的面目可怖，有的没头没脚，有的变成女人样，有的长成鸟、狗等动物的样子，山里有山鬼，水里有水鬼，火里有火鬼，总之，各种各样，散布各处以恼害他人维生。

见鬼了！

人们平时遇到倒霉不顺的事情，总会说："见鬼了！"这不完全是无凭无据，有时人生病或者遇到这样那样的障碍，确实可能是因为鬼魔作祟。尤其修行人，修道过程中难免遇到这种情况。修法越是殊胜，修行越是进步的时候，鬼魔越要来制造障碍。这时，我们应该如何应对呢？

首先要明白，凡事皆有缘因，纵是鬼魔恼害，也不是无缘无故来的，他们必定是与自己有某种联系，才会出现在自己的生活里。有些鬼怪可能是来寻求帮助的，并非存心恼害，只是他恼害惯了，不存心，也免不了制造些麻烦。他在饿鬼道吃尽苦头，由于往昔的善因，使他能在剧苦中萌生寻求救拔的念头（能生起求解脱求帮助的心也需要足够的善因福报，否则连这样的想法也不会有，只是低头受苦，根本不会想到去寻求帮助），知道你是清净的修行人，便来求你度脱他。

以前，一位修行人持诵《金刚经》，一天夜里，有几个鬼来到他面前，跪在地上求他超度。他说："我道行浅，只会念《金刚经》，不知如何超度。"鬼们便道："无妨，您只念经便可。"于是他开始念经。一边念经，一边忍不住心想："不知那些鬼有没有得到超度，是怎么超度的？"这么心中有些散乱地把经念完，鬼们还在原地。他们说："请您专心念经，我们才好得度脱。"于是修行人这一回心无旁骛，专心念经。一部《金刚经》还没念完，几个饿鬼已经踩着他的肩膀转生到善趣去了。

可见，好的修行人，你看他似乎也没做什么，只是安安静静地修行，可就凭他的一心专修，就不知有多少有缘众生得到了利益。

我们常常发愿为一切众生离苦得乐而修持佛法，但实际上当一个众生，比方说一个饿鬼道的众生，真正到我们面前寻求帮助时，我不知道有多少人还会记得自己的誓愿，还会至少保持一颗平等之心去对待，努力去理解对方的苦，如果有可能，诚实地进行沟通，给予帮助。

当然，惧怕也是很自然的，我们多数人没有那么好的定力，时刻保持平等开放的心态，尤其当你的对面是一个鬼的时候。但我们平时的修行如果不只是做做样子，而是真的带来了某种程度的心灵转化，那么在第一反应的惧怕、慌张过后，我们的心应该能够很快回到正知正念上来，我们会想到：如果对方是来寻求帮助的，我们的惧怕、厌恶乃至嗔恼很可能就会刺激他生起嗔心、害心，他本不想害我们，但嗔心起来他控制不了自己，结果我们的恐惧既害了自己，又害了他——嗔害之心使他更深重地困在了恶道中。

我们要放下惧怕，想想他其实也和自己一样，是身不由己流转轮回的一个可怜众生，想方设法躲避痛苦、寻找安乐而已，如今他找到我，必是以前我们结过缘，更重要的是，他是冲着佛法的救拔力量而来的，他要通过我借助佛法的力量出离恶趣，所以我应该尽己所能帮助他。

如果我们有超度的能力，悲心是连接众生、救拔众生最强的纽带；如果我们没有超度的能力，这个悲心也是对自他最大的保护。

不过大家不用担心，想是不是自己现在修行，便容易招饿鬼啊，他们要是都跑来找我、求我帮忙可怎么办呢？其实，你的修行不足够笃实，内心不足够清净强大的话，或者没有很特别的因缘的话，他们大概也不会来找你。找你干吗呢？你又帮不了他。

当然有一些饿鬼不是来寻求帮助，他来就是专门为扰害的。对他们，我们也不能失去悲心。前面我们讲到，面对饿鬼的扰害，首先要知道凡事有缘因。第二呢，就是要有悲心。悲心是我们修行的一个根本，什么时候也不能丢的。不能座上观修的时候，“你好我好，大家一起解脱”，下了座了，

“谁敢祸害我，我就念个咒子（或找人念个咒子）咒死他！”别说你没有修诛法的能力，这样发恶心恶愿只是枉造恶业，就算你有修诛法的能力，也是要以悲心为前提的，否则，只是降伏、诛杀而没有超度之力，这是不是在慈悲、利益众生，还是不是大乘佛弟子的行仪，自己应该好好想一想。

那些饿鬼其实也可怜，你看他兴风作浪、作怪多端，实际他可能只是为了换取一点点饮食受用而已。

《米拉日巴尊者传记》里有这样一个故事：

一次，米拉日巴尊者被请到一户人家超度亡灵，这家人同时还请了另一些人念超度。法事进行中，在他们的坛城里出现了亡灵的身相，全身绿粼粼，披头散发站在坛城中央。这些人得意地说：“我们能够把死者的亡灵召唤来此，米拉日巴他办得到吗？”尊者听见，便对身边的人说：“那根本不是死者的亡灵。只是他们为了让人相信他们的法术而玩的骗人把戏而已。”尊者随后对寂光惹巴说：“你去握住那亡灵的无名指，问他在雅龙腹崖窟接受尊者米拉灌顶时，尊者给他起了一个法名，这法名叫什么？”过了一会儿，寂光惹巴回来说道：“那厮受不住尊者的大悲光明，我一到他就说：‘我现在要走了，我是一个世间的鬼魔，专门作拘魂的勾当以换取人间的祭食的。我到这里来，只是享用我应得的酬劳罢了。’说着就一溜烟逃走了。”

这个故事后面还有很精彩的情节，讲米拉日巴尊者怎样超度这个亡灵，以及怎样为大众开示佛法的，我们在这里就不细说。前面一段只是想让大家知道，鬼魔作怪，看上去好大本事，可能也只不过是用来换吃换喝的。所以说，他们也可怜啊。

我们平时有条件的话，可以为饿鬼道众生作一些施食。烟施就是很好的方式，当然最好能按照仪轨来做。如果没有条件，也可以念观音心咒和其他一些咒语，随时回向给他们。

面对饿鬼道众生，第三点，就是要知道，究竟上来说，一切鬼怪魔军都是我执的幻现，我执才是最可怕的魔王，因为它，我们才会被鬼魔所扰害。

有一次，米拉日巴尊者外出回到闭关的山洞时，发现里面坐着几个面目狰狞的鬼。鬼们看见尊者回来，便开始变幻出各种恐怖的情景，想迫使尊者中止修行。尊者念了很多除魔咒，都不见效。后来他想到世间所有的境界都是内心的如幻显现，从而安住于空性的禅定。这时，恐怖的镜像瓦解成碎片，消散无踪。

《大方等大集经》云："尔时宝思菩萨白佛言，世尊，若有妄想分别则是烦恼，及有烦恼处则是魔界，若有菩萨知一切诸法无相貌者，于诸烦恼则无妄想，若内若外亦不别知，去离一切妄想分别故，是为菩萨能过魔界。"

旁生

旁生道，也有称为畜生道的。实际上我们通常所说的畜生也好，动物也好，其所指范围远远小于旁生。人类已知的动物种类只占实际存在动物种类的很小一部分，而人类承认的所谓"动物"，又只占旁生的很小一部分，像旁生道的龙族（那种能上天入海、降雨吐火的龙，而不只是侏罗纪的恐龙），大概许多人就不承认他们的存在。

《普贤上师言教》里把旁生分成两大类：海居旁生和散居旁生，即生活在海洋里的旁生，以及生活在其他地方的旁生，可见海里旁生之多，足以称一类，而其他所有旁生归为另一类。这里所说的海，也不仅指我们地球上的几大洋。娑婆世界以须弥山为中心，周围有四大海洋，我们南瞻部洲只是其中一个海里的一个洲。仅仅这个洲上的海洋深处，就生活着无以数计我们闻所未闻的各种生物。

在观修旁生痛苦的时候，要知道，我们所能想象到的不过是旁生道痛苦的千万亿万分之一。把这一点记在心里还是比较重要的，否则一说到旁生，我们可能就只想到当牛做马之类，甚至觉得做一条宠物狗，有吃有喝，人见人爱，也挺好的，实在这辈子没弄好，来世挣不到人身，去旁生道也不是太惨啊。

真要是转生到旁生道里，你哪知道会是哪种旁生呢？说不定是海底最深处细小如针尖如微尘的某种虫子，只有一个细胞，没有消化系统，没有呼吸系统，没有神经系统，没有任何的生理组织和结构可言，全部的生命便是在冰冷的黑暗深处用这一个细胞来吃喝、排泄。我们想象一下，如果自己没有眼睛、耳朵、嘴巴、鼻子，没有手，没有脚，不能思想，不能说话，只有一根管子穿过我们的身体供吃喝和排泄，周围一片冰冷漆黑，我们该有多痛苦。生不如死？可若是转生为那种旁生，这就是我全部的世界，没得选择。要有非常大的福报，才能谈得上有选择，哪怕是选择死（当然自杀是不好的，不能结束问题，只是增加痛苦）。

有些微小生物，没头没脑，没手没脚，福报小到几乎什么也长不出来，可是仍然有嗔害之心、狡诈之心，知道攻击、诱捕其他生物，杀来食用。沦落到恶趣最可怕的一点，就是会不停地造恶业，即使最卑微的需求也要靠造很大的恶业才能满足。

我们不是从道德的角度谈论善恶，跟动物尤其单细胞生物提道德要求是可笑的，我们不至于那样迂腐，但为什么还要讲善恶呢？因为我们所说的善业、恶业是指会带来安乐或痛苦的心念和行为，众生都会因为自己的心行而感受苦或乐的后果，在这一点上，是不分低等生物、高等生物的。也正是因为这样，恶趣众生才更加可悲可怜——人作恶可能是好了还想更好，想要更大的欲乐享受，而他们作恶，只是为了生存，最卑微的、几乎无安乐可言的生存，可是作恶是一样的。

有的海居旁生凶猛巨大，所经之处如排山倒海般势不可挡，其他旁生避之唯恐不及，可这样的威势不过是方便了杀生，他血盆大口一开，无数鱼虾便顺流而下葬身其腹。杀业累累，但他没得选择。活一天，他就得杀一天。那巨大的身体上面，密密麻麻寄居着数不清的小旁生啖食其肉。杀生无数的同时，也日夜受到被蚕食之苦。

从小生物到大猛兽，能力的增加、威势的增长，似乎只意味着造恶业的能力更大和受苦的渠道更多。这也是转生到恶趣的又一个可悲可怜之处吧。

海里有多少旁生，便有多少种痛苦，真正是难以想象。散居其他各处的旁生呢？像生在人间天境的龙族，旁生当中就算福报极大的，但他也活在被大鹏鸟叼杀的威胁中。曾有龙族实在不堪被大鹏吞食之苦，来到佛陀面前祈请护佑，佛陀便以袈裟庇护之。往昔，佛陀在因地时，也曾为拯救一支被大鹏叼食几近灭绝的龙族，而布施身体。可见，我们印象中本领高强的龙族，也有他的恐惧和痛苦。

人间的旁生，野生动物们时刻处于争食厮杀、被人捕杀的嗔恨恐惧中；饲养的动物，要么饱受役使之苦，要么被催生成怪物，受人宰杀，供人食用。

旁生道有的众生几乎无身体可言，而有的众生长出了身体，却因为这身体被杀被食，受种种苦痛。蚌因为珍珠被杀，象因为牙齿被杀，熊因为胆汁、脚掌被杀，獐因为麝香被杀，虎豹、水獭、狐狸等因为皮毛被杀。至于因为人要吃其血肉而被杀的，更加数不胜数，几乎所有活物都可算在内。尤其现在，人类前所未有的巨大肉食需求，带来的是猪、牛、羊、鸡鸭、鱼虾等前所未有的杀戮。

想想看，如果我们自己来世转生为一头牛、一只鸡或一条鱼，会有怎样的命运？

那时养殖场、屠宰场们想必还都在，我和许多同伙鸡挤在臭气熏天的笼子里，完全动弹不得，头上大灯泡明晃晃没日没夜照着，把鸡们都搞成了精神分裂；到点不由分说填食长肉，长到没鸡样、够痴肥了，就送去加工厂，手起刀落结束我疯狂而痛苦的一生。更有种种新奇的技术、设备被不断用来提高杀生的效率。有时神识还没来得及离开身体，现代化生产线、流水作业已经把我分解成了鸡胸肉、鸡腿肉、鸡翅、鸡脚、鸡杂，生生感受被肢解之苦。

或者我转生为一头牛，从小到大为主人驮东西、耕地，累死累活，行动稍慢便招来鞭打，背上伤痕累累，爬满小虫。可主人并不念我的好，他觉得让我干活不如拿我的肉卖钱来得痛快。屠宰场的血腥气味扑面而来，把我吓得腿脚打颤，我哗哗地流泪跪地求饶，可是主人不管不顾，拿起鞭子在我背上就是一顿乱抽。我是驯服惯了的，惧怕得要命也还是听话向前走，任由屠刀在我头顶落下。然后当我再次出现在人们面前时，是市场里干净可爱的一盒盒牛腩、牛排、牛百叶的形象。

或者我转生为一条鱼，养殖场长大，生来就是为了成为一道菜。人的馋劲一上来，便把我从水里捞起，一把拍在地上，直把我拍得昏死过去。然后，他们把我开膛破肚，煎炒烹炸。其实很多时候，我还没死呢！

五、生而为人

相比恶趣，人的痛苦不那么惨烈、逼迫，有时还能感受到快乐乃至幸福，所以从人道往上称善趣，行善积德的果报逐渐明显起来。人生有苦有乐，不错，但佛陀说，事情往往不加观察时是一个样，仔细观察，又是一个样，而后者更接近真相。我们所谓喜忧参半的人生，逼近了看，会是什么样呢？

（一）无处可逃：三大根本苦

变苦

从乐说起吧，大大小小各种各样的乐，也是我们最为执著的所在。痛苦，自然是谁也不想要的；快乐，又有什么不好？

佛法中把人们通常所说的乐称为变苦，乐会变，变即苦。

乐，就是称心如意。人也好，事也好，称了我们的心意，我们就快乐。然而，称心如意是不容许变化的，所有的变动都意味着不再“称心如意”，所以快乐的时候，我们总不禁会希望时间停下来。是的，时间停止，这是保持快乐的唯一办法。但怎可能？时间停不下来，变化不可阻挡，所以称心如意的当下，我们即刻开始不如意。只不过这种不如意初起时非常微细，难以察觉，人们大都要等到不满意感积累到相当程度，才会“突然”发现快乐已经变成了不快乐甚至是痛苦。实际上，那个快乐早已远去，我们早已经在缺憾、忧烦的心情中。

这是我们在快乐这件事上犯的第一个错误，即执著于恒常，相信快乐应该是恒常的，而无常的事实总是让我们的快乐幻碎成烟。

于是我们重新确定目标，寻找下一个快乐，但这新的快乐，也跟之前所有快乐一样转瞬即逝，在它实现的当下折返，朝自己的反面——痛苦演变。这个过程中，我们不断经历着变苦，每一次如意都意味着不如意，每一个快乐都开启忧恼。

认为某个人、某件事本自具有快乐的性质，只要和他们连接，便妥妥能得到快乐，这是我们犯的第二个错误。因为这个误解，我们才终生向外驰求。

实际上，我们认为会带来快乐的事情本身并不具有乐的自性，否则，我们一直做这些事，会一直快乐并且越来越快乐。像财、色、名、食、睡，大家都认为的乐事，钱越多就越快乐吗？名气越大就越快乐？不尽然。很少人的不快乐单纯是因为经济问题，收入增加也很难改变。至于名气，赞誉的另一面是毁谤，有人夸就必定有人骂，且骂的词汇和想象力丰富得多，你受得了？

觉得孤单时正好遇见一位姑娘，你认定她就是让自己从此幸福的那个人，于是好辛苦追到手，真的朝夕相处了，快乐和苦恼哪个多，我不知道。哪有一个人，或一件事，能许你从此快乐的？

饮食睡眠，是人基本的生活需求，但也显然不是越多越快乐，反而现在生活中的很多麻烦是过度饮食和安逸造成的。

快乐在心里，不在外面，可我们总在外面找（本来这心里的快乐也是转瞬即逝，非要时间停止不能留住，更何况我们还找的不是地方），并且我们还想把快乐一个接一个连起来，这样便有了持久快乐的人生。这是我们犯的第三个错误。

且不说，不断地重新对焦，是多么令人身心疲惫的一件事，就算我们不怕辛苦，也得要有那么多快乐供我们去对焦才行，可是有吗？凡事都有缘由，快乐也不是无缘无故来的。你不管是在心里找也好，在外面找也好，是真快乐也好，自己想象的快乐也好，条件具足才会出现，哪怕只是心里感受快乐，与外界无关，你也要有足够的心力（福德）才能产生这种感受，否则，想快乐就能快乐起来？

前面说过，所谓人生乐事本身并不乐，是我们把自己的理解和愿望投射在它们上面，相信它们是快乐的，而这些想象出来的快乐要出现在我们的生活里，也绝非易事。财、色、名、食、睡，哪一个容易得？多少人耗尽气力追泡泡，泡泡易碎已是可悲，追也追不上，更加可叹。然而，我们不是这样吗？气喘吁吁望着不可及的泡泡想：把一个泡泡、两个泡泡、三个泡泡，无数个泡泡，连起来，我的人生就完美了。

看来在快乐这件事上，我们从头到尾处在困局中。所以佛陀把世人所说的乐称为变苦。

苦苦

苦苦，苦上加苦。我们通常所说的与快乐相对的痛苦，像疾病、灾难、死亡、离别、争吵等等，都属于这一种，即显而易见、毋庸置疑的痛苦。

用两个苦字，一是说苦的程度深，二是说苦的叠加，旧苦未了新苦又起。比如疾病，病前往往有各种不适，只不过要么没有察觉到，要么察觉到了也没在意，总之是等微细的苦受不断叠加成为粗大的苦受了，才惊呼“病来如山倒”。病中，人的感受也是痛苦成片，一眼望不到尽头，发生的每件事似乎都在增加苦受。所以叫苦苦，苦连着苦。

我们的生活不也总是一波未平一波又起，絮絮叨叨的忧烦没完没了吗？老问题都解决，新问题未出现，这种时候几乎没有。从这个角度说，我们也一直都在苦苦中。只是有的苦受尖锐些，有的柔和些，而我们把柔和的苦理解为乐。

行苦

苦是苦苦，乐是变苦，那么不苦不乐呢？行苦。行行复行行，一刻不停地走向苦。

我们日常行住坐卧，很多时候并没有明显地感觉苦或乐，按部就班过日子罢了，而这些日常之事，平淡如喝茶、吃饭、走路、穿衣，也不免成为未来痛苦之因。

华智仁波切教我们仔细观察茶叶、糌粑等怎样种植、收获、加工、交易、运输，这个过程中有多少旁生被杀，有多少苦工、欺诈、争斗，可以说，每一滴茶水喝到嘴里之前，都经历了重重恶业。虽说现在和以前不太一样，不再需要人力背驮肩扛，苦力役使的情况少了，但从原料到商品，生产、销售整个过程中所涉及的恶业，恐怕只会比以前多。以前没有农药，现在大规模、高强度使用农药，意味着更多的昆虫被杀死。以前的货物交易，坑蒙拐骗、争吵算计只在小范围内；现在技术、信息发达，诱骗欺诳更容易，骗的人也更多了。尽管我们只是享用这些商品，并没有亲自参与之前的恶业，但无可否认，我们是这链条中的一环，我们看似无害的享用给了之前种种环节以推动，因此并不能说完全与这些恶业无关。因果不爽，即使这样遥远而模糊的因果关系，在果报成熟时，我们仍然将为此感受痛苦。

饮食、穿衣如此，连走路也难免成为痛苦之因。佛陀当年制定僧团结夏安居的制度，主要就是因为夏天地上虫蚁多，为了避免走路时伤及这些众生，便要求大家闭门专修，等夏季过后再出门。现在不仅是走路，还开车。有多少飞虫在车头前粉身碎骨，现量可见。这些虽是无心为之，却仍属恶业，能避免时还是要尽量避免。

这么一想，我们吃的、喝的、用的，行住坐卧，或远或近都是在为痛苦埋下伏笔，可知道了这个，也无可奈何，似乎并不能因此就不吃不喝不正常生活，而这，正是又一重行苦——陷于痛苦之因中，身不由己地流转。

行，有迁流不居之义。轮回中的一切都是迁流不居的，所以行苦也可说是轮回之苦。无论善趣、恶趣，只要还在轮回，就无时无刻不受到业力牵制，从烦恼中来，到烦恼中去，全然不得自主。

变苦、苦苦、行苦，并不是各自分开的三种不同的痛苦，它们其实是同一个东西的不同角度。

或者说，是我们的心在粗重和敏锐之间，对轮回的不同感受：心念粗重时，感受到的主要是苦苦；随着心念越来越敏锐，开始察觉到变苦；心念再精微，如镜头推进，变苦的画面不停放大，到不辨变苦，但见行苦。

（二）生死之间：八种支分苦

生

现在的人听说“生苦”，大都觉得奇怪：生产的时候，确实痛苦，但那也是母亲的痛苦，婴儿也感到苦吗？

其实不仅是出生时，胎儿在母亲肚子里也同样有苦的感受，只不过目前的科学还没有发展到那个水平，能观察到胎儿的苦乐感受；而我们自己，虽然都曾亲身经历过，但小时候的事早忘记了，何况是出生前的。在现代科学描绘出胎儿的生长发育过程之前很久很久，佛经里便详细记述了人在住胎期间的所有成长变化，甚至包括胎儿的感受：

子宫里漆黑一片，非常狭窄，恶臭异常，住在里面像坐牢一样煎熬。母亲吃下热的食物，胎儿便感觉像在火里炙烤一般痛苦；母亲吃冷的，便感觉泡在冰水里一样痛苦。一些地方的生活环境日益恶劣，母亲吃下的食物、水，呼吸的空气等，都可能影响到胎儿，使他们未出生便患上疾病，生苦之外还要承受病苦。

母亲饱足时，如夹在两山中间般痛苦；母亲饥饿时，如坠入深谷般痛苦。母亲睡觉时，如被山压迫般痛苦；母亲行走时，如被风卷刮般痛苦。总之，住胎几个月一直都有痛苦相伴。

出生时，被业风吹动，头足翻转过来，感觉犹如被人用力拽着脚把头甩打在墙壁上，非常痛苦。通过产门时，犹如通过铁斧头上的细孔一样。莲花生大士曾说：“母子二人中阴迈半步，除母颌骨余骨皆分裂。”母亲生产时，全身的骨头除颌骨外都要生生分裂开，这是何等的痛苦。而孩子为通过产门，也是拼尽全力，承受粉身碎骨般的痛苦。如果母亲产门狭窄不能生出，或者胎儿手脚横乱，头足无法转侧，便胎死腹中或母子俱亡。世人说：生孩子就像到鬼门关走一趟。这不仅是对母亲而言，对孩子也一样。

好不容易生到这个世间，剥脱胎膜时，犹如活活剥皮般痛苦；擦拭身上的污血时，犹如被荆棘的鞭子抽打一样痛苦；放到垫子上，犹如落到荆棘丛里一样痛苦。

我有一次受伤，伤愈后新生的皮肉非常敏感，只是接触空气，亦有针扎般的刺痛感。我不禁想到法本里的这段教言。初生婴儿的皮肤应该更加娇嫩吧。

米拉日巴尊者在他的道歌中也曾详细描述生苦。他说：

具信施主且谛听，听我略说生之苦。

中阴八识流浪者，以贪嗔故入母胎。

识入母胎极逼塞，如彼人鱼困石中。

躺卧黄水红血里，以诸秽物作枕垫。

由恶业故得恶身，踞秽处中受疾苦。

心虽能忆前生事，口不能言甚苦哉。

时寒时热众苦逼，九月地狱成人身。

始从母胎生下时，如被钢钳铗降地。

脱离母胎之顷刻，周身刺痛如针锥，

如堕荆棘深坑然。

母亲抱身置膝时，自觉如鹰抓小雀。

洗涤脓血不净时，如剥活人生皮然。

剪断腹间脐带时，自觉似断己命根。

全身置入床榻时，如链缠身掷狱坑。

未证无生之理时，生苦难说难思议。[①]

生苦不止于住胎、生产的痛苦，还包括从出生到死亡间所有的痛苦，也就是活着的苦。这其中，衰老和疾病又是最普遍、谁也无法避免的苦。

老

从中年开始，衰老的问题逐渐突出，不再是不喜欢就可以忽视掉的。中

① 张澄基译：《米拉日巴大师集》。

年不光是个年纪的问题，更多是生命力达到顶峰后从此走下坡路。那个转折点具体从何时算起，因人而异，实在也是“如人饮水，冷暖自知”，面始焦、发始堕只是表象，更要紧是你开始失去某种力气，某种纯粹性，这个自己心里是清楚的。

矛盾的是，人到中年，往往也是一个人在世间生存的能力和智慧趋向全面成熟的时候，终于开始了解，懂得欣赏，也有条件享受，并感觉更有能力控制生活了，而生命力却全然不可控地衰退起来，就像你终于制作出一个精美绝伦的茶杯，盛茶在手，你发现自己开始尝不出茶的滋味。

在衰老这件事上，我们多数人恐怕首先面对的是这个矛盾或者说错位。你觉得很不公平。这种被亏待的感觉不会因为知道别人也都在衰老，或者懂得衰老在所难免等道理就减弱。没那么容易。承认衰老并不比衰老本身的痛苦小。有些人会用比较极端的方式来发泄内心那份抗拒，比如尝试各种长生不老、返老还童的方法；更多人，是默默与衰老对峙，因为在内心深处我们知道，这事和他人无关，和外面的世界无关，惊动自他亦无济于事。

有没有发现，我们描述年龄的角度是会变的。年轻时，每过一年，我们说自己又大了一岁，计算的是离起点的距离，是面朝过去做加法；而从某个阶段开始，每过一年，我们会说又老了一岁，计算的是离终点的距离，是面朝未来做减法。这种变化并非刻意，是自然而然地就发生了。不是单纯的语言问题，语言变化背后反映的，是我们对待事物的方式、对世界的整体感受，随着年龄的增长发生了变化——从累加式转向减去式，从以起点为参照，转向以终点为参照。也许对很多人来说，这个转变是不自觉的，于是问题便来了——你仍要固执地前进，而你的大部分身心已经往回走了，只好自己跟自己较劲。好在时间的钝刀终会磨去尖锐的痛感，总有一天，会老成习惯。只是这个过程中，固执和不自知给自己增加了额外的痛苦。

常常有人问：佛法里有没有什么方法能让我们更好地面对衰老？在很多

时候，这句话的意思其实可以理解为：佛法里有没有什么方法可以让我们绕过衰老，或至少让它看上去美妙一点？我的回答是，像莲师那样证得虹光身，可以永葆青春，否则，似乎没有别的方法可以绕过衰老。在我们成为像莲师那样之前，更好地面对衰老，明智的办法可能就是面对它，并让自己明白：别再想方设法绕过这份痛苦，绕不过去的；也别想粉饰衰老，它的面目就是狰狞残忍的。

面对衰老。怎么面对？当然不是天天照镜子。大家只想在镜子里看到一个俊男或一个美女，而不是真实的自己，所以，本来每天照镜子就足以让我们生起出离心，但鉴于大家的状况，还是算了吧，别总抱着镜子看了，那只会让人更加无法面对衰老。

我说的面对，是如实观察衰老怎样正在自己身上发生：脸上的红润光泽慢慢褪去，皱纹爬上面颊；白头发一根根冒出来，须发掉得越来越厉害；记忆力衰退，健忘，注意力无法长久集中；胃口减弱，不再吃什么都香，吃下去也不容易消化；牙齿松动、脆弱，对硬、酸、冷、热越来越敏感；体能下降，容易疲劳，衣服稍有些单薄便觉得冷……

还有，就是可能性的减小和热情的消退，以前生活里每件事好像都有各种可能，现在那种潜力感越来越弱；以前会很强烈地想做一件事或思念一个人，现在会觉得不是一定要怎样才行，其实怎样都行……

这个观察的过程会让我们慢慢明白一件事：就衰老而言，没有最糟，只有更糟。当你以为情况已经很坏时，要记住更坏的情况还在后面。长白头发、长皱纹了算什么，老态龙钟、面目全非的日子在后头；牙齿松动算什么，满口牙都掉光的日子在后头；体能下降算什么，走不了路，吃饭穿衣、大小便都要人伺候的日子在后头；记忆力衰退算什么，连家人也记不得的日子在后头……

米拉日巴尊者曾经这样形容人老时的样子：

拔出牧桩之起式，悄捉小鸟之走式，

重物落地之坐式，倘若具足此三时，

祖母身衰心意败；

外皮集聚诸皱纹，内失血肉现凹凸，

痴哑盲聋境迷乱，倘若具足此三时，

祖母示现愤怒母；

身著沉重褴褛衣，口食冰冷浑浊食，

睡处四层皮垫褥，倘若具足此三时，

人狗践踏似证士。

他说：站起来像拔牧桩一样艰难，走路像偷偷接近鸟窝一样缓慢、蹒跚，坐下像一件重物轰然落地一样沉重，当出现这三种情况时，就是身心衰败了；皮肤皱皱巴巴全是褶子，血肉消退，骨节突出，痴哑盲聋，出现这些情况时，简直就是愤怒本尊显现出可怖形象了；破衣烂衫穿在身上像穿铁衣一样沉重，吃什么都像嚼蜡一样无味，躺下就站不起来，这种样子，人狗都会嗤之以鼻，好像是得了道的大成就者一样。（可见，成就者往往示现低贱卑微的形象，人不识其功德，尽皆践踏。）

尊者的描述虽然幽默，他指出的事实却一点不轻松：喏，这就是衰老的样子，活着活着，后面就是这样。

但人总是有惰性，适应力也强，多可怕的东西，习惯了也就不觉得可怕；老苦观想多了，可能就觉得老也没那么苦。反正衰老也不是一夜之间发生的，正常情况下，一个人总得老上几十年吧，够我们消化对衰老的恐惧了，尊者所说是很老很老的样子，离我们还远。

现在有一种发病率不断提高的疾病——阿尔兹海默症，俗称老年痴呆症。有的人甚至在中年时期便发病。这是一种进行性发展的疾病，病程不可逆，目前还没有完全治愈的方法。作为一种疾病，我希望人类能最终找到治愈它的方法，使病人摆脱折磨。但在这里，我想讨论的是阿尔兹海默症给我们的启示——在我们以为老苦会被十几年、几十年的时间稀释，从而很温柔体贴地让我们慢慢适应的时候，衰老以浓缩的方式，把生命终点、老到最后才会有的种种，狠狠甩到我们脸上。看吧，这才是老的真相。

你以为什么是衰老？是生命中有的一切，一个个失去。社会角色、技能（包括令各自在职业领域有所建树的技能、才华以及基本的生活技能）、思想（让你与众不同的、曾带来无数灵感、欢乐和心灵滋养的思想），乃至记忆（像远古的星星虽陨灭，星光却仍照耀夜空，当一切随年华逝去，记忆留下来，告诉你存在的意义并用它的光芒温暖你未来的行程），这些，一个个都将被衰老夺走。

这意味着什么？

生活能力、认知能力的丧失，意味着不再能有尊严地活着。沟通能力的丧失，意味着失去与外界、与自己的连接，我们将不识自己，不识眼前人。

不是只有阿尔兹海默症患者才会经历这些，我们许多人都会，在衰老的不同阶段。这不只是某种病的症状，而是我们共同面对的老苦。不论曾经多么优秀，多么幸福，衰老会像一块橡皮擦把它们都擦掉。

偶尔地，某些早期记忆的碎片会闪现在被擦成空白的脑子里，而那意味着，我们失去清醒，但仍有深深的执著。正常人的老年往往也这样，当下的事一片糊涂，很早以前的记忆反倒清晰起来。从修行的角度说，这或许是衰老给我们造成的最大问题。清醒对修行的意义，执著对解脱的障碍，不言而喻。容颜不再，行动不便，孤独，病痛，生活不能自理，这些到最后都不是最可怕的，最可怕的是失去清醒。

别以为自己一定不会走到这一步。的确有一些老人直到生命的最后头脑依然清醒，甚至思维敏捷开阔，但也有许多人并没有太老，人已经完全糊涂了。我们并不知道自己会老成哪种样子。

许多人都觉得，有个老伴能部分地解决随衰老而来的诸多问题。比如，不会太孤独，日常生活互相照应，生病了有人照顾。然而，到老年依然相亲相爱、互相扶持的夫妻并不多。更常见的情况是，活到老，吵到老，越老吵得越厉害。年轻时或许还会努力去弥合分歧，为了维系感情而自我检讨和约束；到老了根本懒得再去顾及对方，自己想怎样就怎样，不行就吵一架，哪里谈得上陪伴和照应。

我认识一对老夫妇，两人年纪都八十多了，家庭条件很好，子女也孝顺，按理说，是很令人羡慕的，但他们却每天争吵不休。先生身体不太好，喜欢安静，而太太喜欢热闹，每天忙于各种活动。两人都不能适应对方的生活节奏，先生嫌太太打扰了他休息，并且不照顾他的起居；太太嫌先生妨碍了她的社交活动和生活自由。先生想去别的地方调养身体，太太不愿意，觉得身边没朋友，没有交往的圈子，会很寂寞。让太太自己留在家里，她也觉得寂寞，没人陪伴。总之，在一起也不行，分开也不行，怎样都不行。两个人生儿育女，在一起生活了一辈子，年轻时总以为性格不合的问题会被时间解决，但事实是，最后连起码的相互理解和包容也不会有。

即使性格很好，彼此也亲爱的夫妻，老来能相伴的也很少。大部分人是做不得自己的主的。有一位居士的父母关系本来不错，后来父亲得了老年痴呆症，母亲身患癌症，两人在一起谁也照顾不了谁，只好分开，一个住进了养老院，一个在家里养病。平时难得见面。再说，见面了，也是无法相认的。

关于衰老，在自己的人生中观察，旁观他人的生活。然后呢？然后我们会知道什么是“老”。听上去有点可笑，我们无时无刻不在衰老中，可并不是很清楚“老”到底是什么。对待衰老的问题，许多人到老都是一厢情愿的天真，以为时间还早不用担心，以为问题自己会解决，以为情况不会更糟。

所以，衰老并非突如其来，而多数人仍然措手不及——根本还没学会面对失去，所剩已经不多；后面更加无助的时日，靠什么支撑走下去？

家人亲友的照顾陪伴固然是安慰，但人生走到后面，越来越只是自己的事，旁人帮不上忙。“自己”，到这时，不是曾经的自己（虽然我们一路挣扎着与曾经的自己连接），那些头衔、位置、角色、能力等都已远去，我们还剩什么？

“万般带不去，唯有业随身”，这说的不仅是死亡之时，我们一生都这样，没有什么是真正拥有、被携带进未来的，任何持续都只是我们的幻觉，只有我们造作的业如影随形。

业是我们身语意的所有活动及其直接间接、相互交织的作用与后果。业表现为我们的经历。善业表达出来，便是有利的、顺遂的境遇，又称福报。一方面，福报指当下的优势、安乐；另一方面，其实也是更重要的，福报代表创造有利未来的机会。生而为人，意味着一大波机会来了。我们每个人一生都有许多创造未来安乐的机会，可是我们只把它们认作现前的种种优势处境，而不是可以利用的机会，所以享受安乐的同时也浪费着机会。结果呢，就是我们发现自己的处境越来越不利，也越来越难改变，“唯福能救护，然我未曾修”。

病

正如前面观修人生三大根本苦时，我们发现苦苦、变苦、行苦是互为含摄的，观修支分痛苦，我们也很快就会意识到生、老、病、死、求不得、不欲临等等，实际在讲同一件事，你没办法把它们完全割裂开，即使像生死这样看上去截然相对的东西，实际中界线也不是那么清晰。生即老、病，生、老、病随时可能是死。人生的事果然理不清，不过我们也只能尽量先简化问题，把基本线条画出来，然后再去想那些复杂的、深藏的。

病，人人会得。和衰老不同的是，人们愿意忽视衰老，但通常会重视疾病。你很少见人把“我老了”挂在嘴边时刻提醒别人注意，谁也别注意好像根本没发生这件事，自己也把它忘掉，才好呢。生病就不一样了，你多少还是希望别人在意的，自己也会仔细端详。所以关于病痛，不需要太详细描述，大家都知道的，典型的苦苦，谁也不会错认成快乐。人人避之唯恐不及，只是躲不掉。

有人说：我不怕死，但我怕病。有这种想法的人应该不在少数。这或许只是说明：一方面，你还不是很清楚什么是死（人们对死的了解很少，却愿意把它想象成一种解脱，一种结束，或其他什么一种不错的状态，反正也跟自己没关系了）；一方面，宁死不病，也证明病苦之剧。

病苦现前，没有什么弹性可言，只能承受。诚如米拉日巴尊者所说：

疾病随时袭此身，侵扰身心受苦痛，
风病胆病及痰病，如魔降身难摆脱。
烧灼血汁如沸水，病毒集聚于诸根。
虽卧舒适床榻上，辗转反侧不成眠。
宿世悭吝业感故，哺精美食反呕吐，
慎将病人置凉处，反觉燥热不能耐。
以暖热衣覆其身，反觉极冷胜寒冰，
亲友虽然四围绕，谁能代受一分苦？
巫祝医师虽善巧，宿业疾病难除愈，
未证“无病”果位时，病苦汪洋难具说。
何日病来不可知，畏病应修正佛法。

修行人，在这样艰难的承受里，仍然能发现训练自心的大好机会。

疾病可以由不同原因引起，外感，内伤，四大失调（免疫力下降），但推到底，是恶业在因缘成熟时以疾病的形式显现出来。如果没有这个因，即使有缘起，也不会有这个果。就像没有种子，有阳光雨露土壤，也不会结果。换句话说，如果以前没种下感受某种苦的因，那么外感、内伤、病毒、遗传等因素全都加起来，也不能让你感受这种苦。我们不是常常看见吗，同样的外部环境，寒、热、湿、暑侵袭，有的人没事，有的人就得病。或者，同样是熬夜、喝酒、抽烟、饮食无度、喜怒无常，有人没事，有人犯病。暴露在同样的病毒面前，有人就天然具有免疫力。即使遗传病，也是有人发作，有人终生不发作。你可以解释为这些是因为免疫力强弱有别。但即使如此，免疫力的不同又由何而来？天生的？随机的？为什么会有天生不同？为什么随机的结果是这样而不是那样？其实所有事背后都有因果线索，只不过我们的视界不够开阔、精微，才看不见理不清，或是只能见到很小的一部分。

米拉日巴尊者在道歌里说，因为往昔悭吝的业感，精美的饮食吃下去又呕吐出来。你也许会觉得，呕吐只是因为食物、药物刺激引起肠胃不适造成的。对，这些是缘起，但首先是有往昔悭吝的因在那儿，因缘具足就出现得不到饮食的果报。得不到饮食是关键，可以是以呕吐的方式，也可以是以其他方式达到这个结果。而呕吐（或其他方式）本身又是苦报，是另一串因因果果连锁反应得出的结果。每一个果都有自己的因和缘，同时它本身又是其他因果链条上的因或缘。不可胜数的因、缘、果错综交织成一大罗网。从因到果，中间虽不断有新事件发生，看似岔路百出，却很神奇的其实是走的一条直线，如是因如是果，从不错乱。具体有关业因果的话题，我们可以试着在后面专门的章节里细说。这里需要明了的是，疾病虽各有各的病理、症状、对治，但对病人来说，疾病意味着他当前需要承受的苦。比如说感冒，究竟什么是感冒呢？站在病人的角度看，并没有一个实实在在的东西可以指认为感冒，它只是鼻塞、流涕、喉痛、发烧、头痛等苦受的合相。而苦受，究其根源，是恶业成熟的果报现前。

那么，疾病的另一面就是，它代表着恶业在不同程度上减轻乃至了结。晋美林巴尊者说“疾病是清除自己诸恶作的扫帚”，便是这个意思。他说：“再也没有比疾病更好的可以烧尽恶业的燃料了，不要对疾病心存悲伤或生起邪见，应将其视作消减自己恶业的迹象而生欢喜。”

我不知道其他人怎样，但我自己生病时，尊者的这段教言给了我莫大的帮助。它在病痛中为我打开了一扇窗，让我看到生病可以不只是单纯的受苦，生病同时也代表有许多恶业减轻了，有一些恶业了结了。尽管病痛折磨人，我还是应该庆幸：这些恶业若留到后世转生到三恶趣里再报，不知会惨烈成什么样子；而今生再怎样痛苦，毕竟有人的福报护身，有心智有能力去忆念三宝，感受到三宝的加持，苦难因而有了能看得到的极限。

病痛成为我的老师，它教我深深体会因果不虚的道理，并教我在困境中仍有感激之心。这种感激源自对因果法则的体认和确信，所以即使病苦加剧也不会影响到它，反而使它更加坚定。

人在病中，心境反倒比较容易宁静，有时思想也更清明。有病方知身是苦，健时多向乱中忙。疾病提醒我不要忘记身体的无常、速朽及为众苦所集。人在生病的时候，往往能更容易体会到：

如此身，明智者所不怙。是身如聚沫，不可撮摩。是身如泡，不可久立。是身如焰，从渴爱生。是身如芭蕉，中无有坚。是身如幻，从颠倒起。是身如梦，为虚妄见。是身如影，从业缘现。是身如响，属诸因缘。是身如浮云，须臾变灭。是身如电，念念不住。是身无主，为如地。是身无我，为如火。是身无寿，为如风。是身无人，为如水。是身不实，四大为家。是身为空，离我我所。是身无知，如草木瓦砾。是身无作，风力所转。是身不净，秽恶充满。是身为虚伪，虽假以澡浴衣食，必归磨灭。是身为灾，百一病恼。是身如丘井，为老所逼。是身无定，为要当死。是身如毒蛇、如怨贼、如空聚，阴界诸入所共合成。[①]

疾病也教我清楚看到众生的连接。没生病的时候，各忙各的，谁跟谁似乎都很不一样，可等病号服一穿上，你发现形形色色的不同原来也是很容易脱掉的，就像脱掉那些日常服装，大家在疾病面前并没有太大不同，忧虑着同样的忧虑，恐惧着同样的恐惧，期待着同样的期待，说着同样的话语。这些“同样的”对生命来说比那些“不同”更重要、更基本也更可依赖，不是吗？

有句俗话，同病相怜，意思是说生同样的病让人彼此间相互理解和依赖。但我想，还有一层意思，就是只有自己经历过，才会真正懂得，痛苦发生在自己身上，才会知道他人的痛苦是怎么回事。当我们生病时，身边的亲友总是会劝我们“想开点”“往积极的方面想”，但难以诉说的病痛，心底深藏的恐惧和忧伤，让我们疲惫不堪。积极、消极有什么要紧，我需要的是有人真正了解我此时的感受，了解我的软弱、惊慌，以及我只求活下去（或正常活下去）的卑微希望。

理论上的“理解”乃至“自他相换”都是容易的，而只有自己亲身去经验那份病痛，那份混乱和危险，才会知道“理解”“慈悲”“自他相换”等的分量。因为疾病，我们有了更有力的通达法教的途径。

疾病本身也可以是观修的对象。晋美林巴尊者说：

不要盯着自己的疾病看，而应看是谁在生病。

身是没有生命的，心即是空，

有什么可以给没有生命之物带来痛苦或伤害空呢？

观察疾病从何处来，向何处去，依何而住。

疾病仅仅是自己分别念突然的影像而已，

---

① 《维摩诘所说经》。

当那些分别念消失，疾病也会消融。

只要不是来势迅猛的心脏病，生其他病的时候，我都会忆念尊者这殊胜的修行口诀。心里很高兴自己生的是比较和缓的病，可以顾得上观修。

生病时，究竟是谁在生病？是身体吗？是心吗？

心无形无色，念念不住，无可指陈。若说是心在生病，那么是哪一念心病了呢？若是前念，前念已过；若是后念，后念未生；若是当下，当下不住。

如果病与心无关，全是身体的事，那么心就不会有病苦的感受，或者无心的尸体也该有病痛、病苦才是。

如果病与身体无关，那么比如说床坏了，我们会觉得是自己病了吗？或者别人感冒，我们会因此发烧、流涕、浑身难受吗？当然不会。只有在自己身上发生的疾病，我们才有病苦。

在自己身上发生，是如何发生的呢？关于种种疾病具体从何而来，医学上至今无有定论。即便如感冒这样的常见病，究竟由什么原因造成，也只能是根据统计、概率、关联性等列举出可能的病因。病毒可以是许多疾病的罪魁祸首，但关于什么是病毒，并没有一个确定、明确的定义。各种恶性肿瘤，癌细胞在体内滋生，而什么是癌细胞？癌细胞是怎么来的？能检查到癌细胞即代表有癌症吗？所谓癌细胞是以前就在体内，还是后来由外而入？诸如此类的问题。生病时，我们若这样去观察一下病是怎么来的，会发现不论小病大病，似乎都难以说清楚究竟是怎么生起来的。

而正当病时，病又在哪里呢？比如痛风发作时，病在脚趾关节吗？若说不在，明明脚趾红肿疼痛，看得见、摸得着是有毛病的。若说在脚趾，其实关节本身并无问题，而是嘌呤代谢或尿酸排泄出了问题。若说病在嘌呤、尿酸，嘌呤是人体内参与能量传递和代谢的重要物质，它的代谢产物——尿酸存在于人体内也是正常的。若说病在代谢紊乱或尿酸排出不够，那么这是因为自身体质还是肾脏等出了问题，还是其他原因？若说病在体质，那么周身都该有痛风。若说病在肾或在其他处，那么接下来仍可以如法炮制地加以观察分析，发现病既在肾又不在肾，既在一处又不在一处。最后我们会知道，没有什么病是孤立的。哪怕一个小小的病，也是整个身体的事。身体由地、水、火、风四大和合而有（何为四大，我们在前面《诸行无常》一章中有具体解释，这里不赘述），病从四大起，病非四大，而不离四大。

所谓病愈，病又是去哪里了呢？并没有一个具体的、有形色的“病”脱离开这个身体，就像一件衣服被脱去。似乎病就在原地消失，它哪儿也没去。有些病，比如肿瘤，现在常会以切除的方法对治。而肿瘤切除后，有时病能好，有时不能好。可见病不是被切除的。有的恶性肿瘤患者，什么医疗手段都试过也不见效，只好回家等死，可没想到后来癌症竟然自愈了。是什么让癌细胞消失的？消失到哪儿去了？

我们不一定要等到重病加身才去想这些问题，平时头疼脑热的时候，就是很好的修法对境。一些道理，在文字上我们多少是能理解的，但真正在病中去观修，体悟会很不一样，会非常深刻有力。

佛经云：“身不离病，病不离身，是病是身，非新非故。”病是什么？就是这个身体。身体在，则病在。非新得，非故有。未病、已病、病愈等都是我们分别假立出来的概念。然而，由于无始以来反复串习的坚固执著，尽管是分别假立的概念，我们仍然会切身感受到生病的痛苦和病愈的轻松安乐。

我自己也有心脏病，发作起来，飓风扫荡一般，所以我能理解疾病对人身心带来的影响。那种创伤会持续很久不能愈合。但尽管如此，我们还是要学着与病共生，带着这麻烦不断的身体有尊严、负责任、有目标地活下去。否则，一生很快过去了，而我们大部分时间困在了病以及等病来的阴影里，该看的东西看不到，该做的、该创造的、该珍惜的，统统错过了。

我自己这一年多以来疾病缠缚的经历也使我深深体会到，疾病一方面意味着痛苦，另一方面也意味着修行和弘法利生的机会。因为我生病的缘起，很多人放生、供灯、念经，精进地行持各种善法。我常常想，如果不是我生病，这些额外的精进和行善可能都不会有，所以生病也不全然是坏事。

维摩诘居士说，病中的修行者应该怎样去调伏自心呢？他应该“以己之疾，愍于彼疾。当识宿世无数劫苦，当念饶益一切众生，忆所修福，念于净命，勿生忧恼，常起精进，当作医王，疗治众病”。

死

关于死的痛苦，我们在前面的章节里讲到过。四大分离，舍弃一切，独自走向后世，这每一点都伴随巨大的恐惧和痛苦。

阿琼仁波切在《前行备忘录》里曾这样描述人死后的一些经历：

当神识到了中阴，从昏厥中苏醒过来，开始并不知道自己真正已死，当发现自己的亲友们在号啕大哭，便对他们说：“我没有死，我还在这儿。”但他们却视而不见、充耳不闻。于是心想：“我现在到底是不是真的死了。”接着观察太阳下有没有影子、沙子里有没有脚印、水里有没有影像，结果以上这些一无所有，由此认为我一定是死了。随后，感到十分害怕，以此为缘而出现四大恐怖声音和令人毛骨悚然的三险地。

四大恐怖声是指，如同整个大地同时震动般的声音、如同三千大千世界被烈火燃烧的声音、如同三千大千世界被狂风猛吹的声音、如同三千大千世界被洪水冲击的声音。

三险地，当黑沉沉的时候，出现贪心自相，无论看哪里都是红彤彤一片；嗔心的自相，无论看哪里都是白茫茫一片；痴心的自相，无论看哪里都是黑乎乎一片。当显现此情此景时，对于业力清净者来说，就会呈现出勇士、空行相迎而直趋上方的景象，造无间罪者，会浮现出密宗所说的业卒、显宗所讲的成群阎罗卒的情景而径直下堕。除此之外的亡者，在中阴停留七七四十九天，或者三七、四七等没有固定期限。

如果在中阴停留七七四十九天，那么前一半时间见到的俨然是前世的身体，后一半时间所见的似乎是后世的身体。假设转生到地狱和饿鬼界，那就会感觉好像头朝下在行走；倘若投生为畜类，那就觉得头上有角、横着行走；如果转生为天人和人类，会感到头朝上在走，身体沐浴在日月光辉中。

如此中阴痛苦作为衔接，随之便是后世痛苦的起点。

求不得

求不得苦，因为得不到想要的东西，而感到失望、沮丧、焦虑、不知所措，诸如此类的感受，我们熟悉吗？当然，恐怕现在比以往更熟悉。想要的东西越多，求不得苦越盛，这个基本上可以肯定是成正比的。不过也有好些人认为如今情况可能不同，没有做不到只有想不到，敢拼就会赢。

物质和科技的发达的确帮我们解决了很多难题，让生活更丰富便捷，但同时也不断创造出新的需求和新的问题。尽管比较从前，更多的需求得到了满足，而仍有更多的需求等在前方亟待满足。考虑到人自身的局限、处境的局限，得不到满足的需求会越来越多。这种情况不仅仅是个人或生活方式、心态的问题，应该还跟现代经济运行的基本原理有着密切关系。不过在那方面我是门外汉，所以也没法在这里探究下去。我们还是说回自己吧，生活在这样一个大环境里会遇到什么问题。

需求得不到满足，心里就会苦，尽管是别人替你创造出来的需求，但他们说得那么肯定不容置疑，让你不得不同意这确实是自己需要的，只是自己愚钝，没有自知之明而忽略了，幸亏有人指出来。现在指出来的途径那么多，比如人手一部乃至几部手机，还有各式连接网络的设备，随时随地接收各路推送信息；也不必费事自己上网查，自有人为你量体裁衣般把与你工作、生活、家庭、收入、爱好等相匹配的信息定时更新发送到你的设备上，躲都躲不掉。从怎样看家国大事，到怎样不落伍地衣食住行，皆能得到全面指导，且越来越离不开指导。当别人都在讨论某事而你茫然不知，当大家都在做某事而你还傻乎乎与众不同，你会被人群抛弃，成为一个让人触目惊心的另类。人们不喜欢另类，对与己不同者相当没有耐心。你与别人的不同很有可能成为被歧视、被孤立的正当理由。

不过，跟随潮流也不是那么轻松的。跟上潮流，本身是一个无止境的需求，它源源不断衍生着焦虑、不安全感和各式各样具体的物质、精神需求。

现在，对名利、物质的追求被赋予这么正面积极的形象，不再只是满足欲望的问题，而是一个人要证明自己的价值、证明自己人生过得有意义的问题。如果你不那么热心于追求这些所谓“成功”的证据，你可能会被认为是对自己不负责任，没有认真积极地对待生活。那样的话，你不仅是不成功，还是不值得同情的不负责任的人。

人的需求层出不穷，尤其是为证明自己而有的需求。它基本上是一种比较，只有一样东西是别人没有而你有的，你才能证明自己的“赢”不是吗？理论上，任何人身上任何一点，都可能成为你比较的对象，这个范围可就太大了，而且意味着潜在你要去求的东西就太多了，然后呢，然后你会一再尝到求而不得之苦。

对幸福美满的追求，古今皆然，亦无可厚非。不过，从前的人们在这追求途中似乎有一种默契，即多正当合理的追求亦有所克制、有所保留，毕竟人事难料，世间危脆，哪能凡事称心？我想，正是这适当的克制、保留和低温，极大地缓冲了求而不得的痛苦，使人在目标被阻的挫折、沮丧、悲伤、迷惘里，还能自己转身，还能旁顾其他。这也许是现在的许多人缺乏而又需要的。

求而不得乃人生常态，有些问题不是你有意愿、你努力了就能解决，然而这样再明白不过的道理，如今好像越来越被看作不应该。“成功”“完美人生”的概念被过度强调，让你觉得人就该过上令旁人羡慕的、完美的生活，如果出状况、有遗憾，是因为你不够努力、不够聪明。这实在是把人逼到了一个很狭小的、没有多少选择的境地。而且，认为人生本该完美，至少各方面都要相当美好，这个想法像是一个死结，你越想办法解开它，它越死。

因为眼睛总盯着自己还没有的，我们不懂得珍惜自己已经拥有的，并且也看不到众生的相似性。当我们尤为强烈地感受到求不得苦时，心里往往想的是：“为什么别人都有，而我没有？”或者“为什么别人得来那样容易，而我却这么辛苦？”言下之意：没有就没有吧，可唯独我没有，这不行！认为自己是唯一受苦者的想法，放大了我们的痛苦感受。其实，怎可能是唯一？做唯一没那么容易。这道理虽然简单，可若真能在求而不得时想起它来，帮助会非常大。它带我们穿透特殊性、个别性的外壳，看到自己的经历原来是人类（乃至众生）共同经验的一部分。不是只有我在面对这种难堪、遗憾、无助的局面，求而不得，无数人此时此刻正感受着和我一样的痛苦。这并不是编造一个故事来自我安慰。这就是事实。

佛法里说，解脱痛苦其实并没有一个实在的痛苦要我们像解结一样把它解开，而是见到实相，痛苦自然就消失。我们在日常生活中也是这样，眼界越宽阔，所见越接近事实，痛苦就会越小；相反，离事实越远，痛苦越大。当我们真正开始体会到自己的求不得苦也就是许许多多众生的求不得苦时，心里自然生起理解、尊重、怜惜，希望自己和他们都能够找到走出这无奈僵局的路。见到事实，又称智慧。智慧和慈悲果然是同时生起的。

不欲临

与求不得相对应的状态是不欲临，有两个层面：一是不想要的倒来了，一是得到的又失去。

没人希望苦厄降临到自己头上，但事情往往是这样，你不希望的反倒更容易变成现实。至于得到复失去，就更是常见，不，不是常见，是一定的，无常衰变是人、事、物不移的规律。某种角度说，求不得苦尚有主动、可控的成分，你不求便没那么多苦，而不欲临苦则是更为被动、遍在、无可逃遁。

《普贤上师言教》里讲到“不欲临苦”这一节时，引用无垢光尊者的开示：

夫妻亲属欲恒时，不离相伴然定离；
贤妙住所欲恒时，不离安住然定去；
暇满人身欲恒时，不离常有然定死；
贤德上师欲恒时，不离闻法然定离；
殊胜善友欲恒时，不离相伴然定离。
从今披著精进甲，应至无离大乐洲。

观修无常时做的所有观察，差不多都适用于不欲临苦。

怨憎会、爱别离

你随便走进一栋写字楼的随便一间办公室，你看到的可能就是怨憎会。很多人每天早上去上班，离家的时候都在经历爱别离。

可能你会同时经历这两种苦，对同一个人。

有一位女士，她的丈夫跟别的女子生了孩子，在外面建立了家庭，她知道后很气愤，但丈夫提出离婚时，她坚决不同意，因为她舍不得他。我和这对夫妻认识很多年，眼看他们从两个充满活力、漂亮、彼此深爱的年轻人，慢慢在生活的磨砺下走到后来彼此仇恨的境地。妻子向我讲述生活中的变故，她觉得丈夫毁掉了她的生活，可没有这个人她也无法活下去，不是经济上的原因，是感情上她无法放下依恋。丈夫好像也很矛盾，他两边都舍不得，可在任何一边，他的出现都伴随无休止的争吵和怨恨。

关系疗法、心理学等，这时会帮你分析问题，看如何处理、修复关系，突破僵局。这些努力是好的，会在一定程度上解决问题。但佛法会告诉你，离开一个人，结束一段关系，和留住一个人，维持一段关系，从长远看并没有很大不同。当然，具体的生活经历会不一样，但怨憎会、爱别离的痛苦不会稍有歇息。即使那些让人烦恼、心碎的事从未发生过，家庭、婚姻、生活一切都好，也只是看上去很美，苦受如影随形，你心知肚明。

佛法教导的四圣谛，谛即真理、事实，第一圣谛——苦谛，就是苦的事实。

六、阿修罗与诸天

修罗界

阿修罗，《瑜伽师地论》中称为“非天”，意思是有天福，无天德。相对于其他趣的众生，阿修罗是比较特殊的。他们福报很大，堪比天人，但德行有亏，无法在天界立足，又无法真正入于其他各趣（现前的福报摆在那里，已成熟的恶报还不足以让他转生到他处）。怎么办呢？于是散居各处，从卵生、胎生、湿生、化生，分别摄于饿鬼道、人道、旁生道、天道。虽种族各异，本性都一样嫉妒、好斗。《正法念处经》《楞严经》等典籍里对此都有非常详细的描述。

有一类阿修罗，因前世在饿鬼道中，以护经、护咒、护戒、护如法修行人等护持佛法的功德，在饿鬼道业报终了后，凭借善业力而有神通变化，往来空中，成阿修罗。这类阿修罗从卵而生，为饿鬼道所摄。

有一类阿修罗，以前曾是天人，因德行亏损，从天界贬谪到下界。色界天以梵行清净为德，欲界天以少欲为德。如果梵行不够清净或情欲稍重，便会自降天德。情重的缘故，来世感应为胎生，为人道所摄。又因为天界的福报未完全穷尽，他并不真正住于人间烟火之中，他选择的居处是在须弥山旁、邻近日月宫的地方。那里也是四天王天居在之处。

有一类阿修罗，称修罗王，有执持世界的能力，驱役鬼神，降福于人，神通威力不逊于诸天。本事太大，却无用武之地。梵王为小千世界之主，帝释为三十三天之主，四天王统辖四大洲，各有各的领导王国。而修罗王呢，无所统领，空有一身本事，所以心中不平，妒火烧起，非要跟诸天之王争夺统治天界之权。修罗王福德力大，故不受胞胎，为化生（因变化而有），属天道所摄。

还有一类阿修罗，福报比前三类都低劣，生于大海最深处，白天到空中供阿修罗王驱使，跟天兵天将打仗，晚上沉回海中。这类阿修罗因湿气而有，属旁生道所摄。

转生阿修罗道的主因是嫉恨心。做很大的有漏善业，造微小的恶，修福之时夹杂嗔恨心、嫉妒心、傲慢心、疑心、争强好胜之心，生命再来一次时，就有可能是这种结果。

阿修罗的福报足够大，外现如天宫般华丽舒适的住所，天人般美妙丰饶的受用，内现如天神般神通变化、纵横天地的能力，而他的恶报也同时显现，那就是与天人之间无休止的征战，而且是力量悬殊、注定失败、相当于送死的战争。看到书中对阿修罗的描述，我们不禁奇怪，不明白这些非天为什么放着舒舒服服的日子不过，偏要去争斗争又争不过最后死得那样狼狈难看？当然不是有人逼他们去斗，他们自己愿意的。这个“愿意”便是业因果的体现，具体说是果的一种——同行等流果，即喜欢做与前世相同的事情。因为嫉妒好斗的习气非常重，才转生为阿修罗，而成为阿修罗后，仍然还是喜欢嫉妒争斗。福报无论大小，都是这般困在业力中。我们常听人说、自己可能也常说：“如果再给我一次机会，如果一切可以重来，我一定会怎样怎样（或者一定不会怎样怎样）。”其实不必如此发愿，只要我们还没有解脱轮回也不心向解脱的话，一切我们曾经的烦恼都会换汤不换药地一再重来，不用担心；而我们在那时最有可能做的，依然还是按着老习惯行事。

《普贤上师言教》中讲阿修罗与天人作战，溃不成军，“他们的尸体从须弥山上滚下来，落入游戏海中，海水都成为血红色。”按照《楞严经》中所说，血河，正是慢习的显现；诛戮、投掷、擒捉等，则是嗔习和怨习的显现。什么是显现？可以简单理解为长成某种样子。慢心，无影无形，但它像一颗种子埋在地下只是暂时看不见，条件成熟时它就会长出样子来，慢心长成的样子便是“血河灰河、热砂毒海、融铜灌吞”，等等。

观想阿修罗的痛苦，最好和他上天入海的能力、高高在上享尽荣华的福报联系在一起观想。我们有时会觉得自己遭遇苦厄，是因为福报、能力不够，但你看阿修罗的福报、能力比人类可大多了，而他还不是一辈子受妒火中烧、争斗不休之苦，他的福报和能力对他来说是没有意义的，没带来些许安乐，反而是痛苦的因缘。

我们观修善趣痛苦，与观修恶趣痛苦的角度是不同的。观修恶趣痛苦，令我们对恶业生起强烈的畏惧，希望自己以后不要转生到那些去处受苦；而善趣痛苦则告诉我们，福报现前不一定是全然的好事，它也含摄痛苦，因此善趣的福也是不值得欣羡的——你得到那份福的同时，也得到了它的苦。

诸天之苦

随着天人的福报而来的是什么样的痛苦呢？

天道自下而上跨欲、色、无色三界。先看欲界天的痛苦。

这里的天人个个生得标致俊美，洁净芬芳。受用富足，应有尽有，什么都不愁。每天只管梳起美丽的发型，身着柔细焕彩的天衣，在空中来去戏耍。没完没了的好日子，一眼望不到头，可也随之而来一个问题——百无聊赖。

欲界天的天人静定习气并不是很重，他们还是需要一些活动来调剂一下生活的，哪怕是已然非常舒适的生活。但除了有时跟上门寻事的阿修罗打一打仗外，这里好像很难有什么真正的事发生，只好重复舒适安详。人们都说天人的寿命动辄百万千万年，而在他们自己的感觉中却只是一刹那，我不知道这是因为人在快乐时尤其感觉时间过得快，还是因为永远重复的舒适安详容易让人失去时间感，也许二者兼有，但也都说明天人们超长时间的享福，对他们自己来说并没有很大意义——他不觉得有那么久，也不觉得幸福有那么甘美。这是欲界天的第一种苦：散乱苦。百无聊赖和散乱其实是一个意思。

第二种苦是悚栗苦。当天界有福报威势更大的天人出生时，其他相对福薄的天人们便会悚栗不安。即使同在天界，也有福报大小的差别，福报小者得为福报更大的天人服务。比如说，乐化天的天人能自行变化出五欲乐具。喜欢好看的，就变个好看的；喜欢香的，就变个香的；喜欢悦耳的，就变个悦耳的。总之，想怎么享受，自己都能随己心意变出来。而比他们福报更大的他化自在天呢，都不劳自己变，随时随地把乐化天天人的工作成果拿来受用即可，若是不满意他们的变化，也可以看看其他几重天的天人都在享受什么，有看得上眼的，拿来。估计他化自在天每出生一位天子，下面几重天的天人都得皱一皱眉。其他天也都是这样，在高位者的出现势必构成某种威压。

第三种苦是斫裂杀害驱摈苦，就是跟阿修罗打仗时，被刺伤、砍伤、赶来赶去，乃至被杀死。天人的兵器、坐骑、神变、阵仗等都比阿修罗强，但阿修罗也很骁勇善战，天兵天将难免死伤。天人除断头外，身体其他地方受伤，涂抹天界的甘露便能伤口愈合如初。尽管如此，也还是会感受刺伤、砍伤之苦；一旦断头就会死，甘露也救不了。

第四种苦是死堕苦。天人寿命虽长，也有终了时。临终前七天开始出现五种死相：一是身光隐退，本来身体莹洁有光，这时光明消退；二是不乐本座，不喜欢坐在自己的宝座上，怎么着都觉得不舒服不自在；三是花鬘枯萎，头上戴的花凋谢枯萎，或者美好光泽的头发开始发白、掉落；四是天衣垢腻，天人的衣裳本来轻柔洁净，长穿长新，从不会有污垢；五是天身出汗，天人身体轻盈飞举，而水性留滞下堕，汗出是身体变得浊重、将要下堕的征兆。这五种死相现前时，天人自知将死，心里非常痛苦。天子天女见状，远远躲开，从远处撒花祝愿说："愿你死后转生人间，行持善业，再生天界。"说完便转身散去，留下将死的天人孤单面对自己的老死，回想如烟云般消逝的千万年时光，看未来近在眼前的堕落。

看来，对他者的同情心和责任，并不会自然而然地随着富足出现，反而，富足会让人产生痛苦与己无关的错觉，因为缺乏痛苦的经历，便很难理解他者的痛苦，更不用说同情和责任了，不仅人间如此，天界亦然。天子天女们从小享福到大，不知老病为何物，也没有求不得、不欲临、怨憎会、爱别离，只是数不完的好事，一个接一个。但正是这样大的福报，使得他们无法理解临死天人的感受，不要说死亡的痛苦，连变丑变脏也是极度陌生的。所以，他们会表现得漠然，远远祝福了事。佛陀初转法轮时教我们认识痛苦、体会痛苦，这原来不仅是自己解脱的开始，也是慈悲他者的开始。

天人临死感受的痛苦有多大呢？他一直过着舒服极了的生活，在他明迷美丽的天宫里待腻了，就踩片云出来逛，欣赏一下绽放的花、轻柔的风、空气里的芳香，当然还有我们人类想也想不到的许多乐事，几百万年几千万年啊，一直就那么过过来的。他没想过自己会死，好日子会有到头的一天。离死亡最近的一次，还是他家的上一辈天人去世时，他远远地抛花祝福，然后他就赶紧找乐去了。那是很久以前的事了，久到他都忘记天界也有死亡。他以为自己会永远那样漂亮，精力充沛，光彩熠熠，在他面前连日月也隐没。可是当有一天，他发现自己的身光消退了，才惊觉留在天界的日子只剩下七天。

人淫欲淡薄，遂身心明洁，来世才感得莹净的天身。我们说天人的身光，别把那想象成自带发电功能那样，那身光是由欲望少、质碍小而来，换言之，就是“欲望淡薄”的相。欲望以吸揽为性，从淡薄到强烈，便是吸揽的习气由弱到强。吸揽习气微弱，显现在色质上，是明净轻盈。

欲界六天，从下往上，欲望愈淡薄（四天王天、忉利天以拥抱为淫，焰摩天执手为淫，兜率天相视而笑，乐化天熟视，他化自在天暂视，彼此看一眼就可以了），天境愈胜妙，天人愈明净。四天王天尚只能比邻日月，还需借用日月光明，而焰摩天已是日月光明上照不及，天人们自有光明，在虚空中朗然安住。欲界天虽无淫行，仍有淫念，所以仍有男女之别；未离五欲，所以最后仍然会依这个身体而感受老死之苦。

我们很难想象天人一觉醒来突然发现自己老了、沉重了、邋遢了，心里有多震惊。要知道，我们的老是慢慢来的，再无法承受也可以说服自己慢慢适应，而天人的衰变，一夜之间。就在前一天，他还以为自己会长生不老、永远漂亮优越，且这不是他的凭空想象，他的确长生、的确漂亮（不像我们有些人类是自以为年轻、自以为漂亮。见识少，很容易把自己看得严重。以前，佛陀的弟弟难陀觉得自己的妻子是不世美人，对她十分贪恋，不肯持戒修行。佛陀便把他带到天界，让他见识了天女的美貌后，才知妻子的那点美丽不值得留恋），千万年的经验也佐证了他的确信。他的天眼，也许只能看到有限的未来，而他的寿命长过了那个极限；或者他看到了寿终一刻，只是那一刻太过遥远，过着过着他就忘记了。总之，死相现前时，他是大大地吃了一惊，感觉不可能的事发生在自己身上了。然而事情没有到此为止，他还要眼看着自己一步步失去天人的荣耀，身光、宝座、花鬘、天衣、汗出，这应该比把安逸享乐抛在身后更难。曾经和他一起度过无数快乐时光的伙伴们全都转身离去，包括与他相拥、与他执手、与他对笑、凝望、暂视的爱人。

没有人在他快乐一生的终点陪伴变丑变老的他。如果我们遇到这种情况——死亡就在眉睫之前，而身边没有一个人能听我倾诉内心的恐惧、痛苦和忧伤，他们只撂下一句话“一路走好，到那边好好干，干好了再争取回来”就走开了，我们该多心酸、悲愤。

天人这种时候比我们更惨的是，他的天眼能看见自己死后堕落到下界受苦的未来。比如，佛经中记载帝释天五衰相现前时，以神通观察到自己即将托胎于驴腹，自知福尽，甚大忧愁[①]。

我们如果愿意，可以到死都一厢情愿地相信死亡是休息，是舒舒服服躺下来了事（尽管这么想毫无依据，也不太明智，但一定程度上能帮助减少对死的恐惧），而天人没法这样做，他的福报——他的天眼剥夺了他把未来想得好一点从而可以轻松一点上路的机会。《普贤上师言教》中说，天人此时的痛苦已超过地狱的痛苦。想来天人死后转生的去处应该不是很好，否则，从天上堕落到下界是痛苦，却也不至于超过地狱之苦，恐怕只有知道自己要去的是恶趣，此时才会有如此的恐惧、痛苦。前面那个难陀的故事接下去就是这样，难陀满心欢喜持戒求生天界，佛陀于是又带他去地狱看看，他看见地狱某处有一口烧得沸腾的锅，里面却没有受苦的众生，便问是怎么回事。旁边的狱卒回答说：“世尊的弟弟难陀为了获得天人的安乐守持戒律，他转生天界享受安乐，善果穷尽后将转生到这里。”原来，空锅是烧好了等着他去的。难陀一听，非常恐惧，认识到转生天界享福也是暂时的，善果穷尽后还是要堕入恶趣受苦。

色界、无色界天人的苦又是怎样的呢？

色界天，又称梵天，以离欲染而得清净的意思。色界天人不是离淫欲而

---

① 《法句譬喻经》。

已，而是五欲皆离。没有食欲、睡欲了，所以稍感饥饿、困倦时，便以禅悦为食，入于禅定，出定后则精神饱满。色界天人的身体比欲界天人更为明净轻盈，无男女之别，貌如童子，真正的永葆青春。无欲无侣，离爱独行，与五欲无交涉，不过仍有一个化生的美妙身体，所以仍“未尽形累”。而到无色界，连这个明净莹洁的身体也不再显现，身心轻盈到近于无（但并非真正完全无色无物，还有依禅定力而来的色声香味触等微细的色境，只是相较下界的粗重而言，称为“无色”）。

《普贤上师言教》中写道：“色界、无色界虽然没有现行的死亡痛苦，但引业穷尽后将如梦醒般堕入下趣，非常痛苦，如龙树菩萨所说：‘梵天离贪获安乐，后成无间烧火薪，不断感受痛苦矣。’”

七、结语

并不是说，轮回有幸福的一面，有忧烦的一面，而我们选择关注后者。甚至也不是说，在美满和缺憾之间，我们努力寻找一个平衡点，好不偏堕在任何一端。不是这样的。实际上没有两面，没有两端。轮回只有一种可能，就是苦恼缺憾。

在内心未生起对这一点的定解前，当观修轮回痛苦。

虽见轮回痛苦仍贪执，虽畏恶趣险地仍行恶，
我与如我邪道众有情，内心能舍今世祈加持。

2011 年春，希阿荣博堪布从外地返回扎西持林，僧俗二众沿路相迎。

第五章

因果不虚

一、事实的金石声

生活是怎么回事？

我们观修暇满难得，有没有觉得，它也是在讲无常？观修无常，也是讲的苦。观修轮回痛苦，自然就联系到业因果。因此，在开始业因果的观修之前，我们已经一再遇见过它。

其实把“业因果”这一部分放在“轮回痛苦”前面讲，也许是更合理的，因为六道轮回是业因果的显现，按照一般的做法，总是先说原因再说结果。同理，应该先讲无常，由世间人事的转瞬即逝自然引出暇满难得。但我想华智仁波切的排序一定有他的道理。仔细观察，你会发觉从理论研究乃至从讲解的角度而言，的确是先讲无常再讲暇满、先讲因果再讲痛苦更方便、更合理，但从观修和生起体会的角度，却是暇满、无常、痛苦、因果的排序更为有力——它带我们首先去发现生而为人的可贵、人的自由和潜力，以及如何利用这一生去为自他造福。把这一点放在观修的第一步实在很有必要。为什么不是先讲无常？无常不是更显而易见、更遍在的事实吗？是的，无常的观修是非常重要，而且大多数人对无常的认识都严重不足，但在那之前，在我们细看人生的种种事实之前，还有一个更迫切的问题需要想一想，即这个人生，作为人的这一生，相比轮回中其他五道而言，到底优胜在哪里？说暇满难得，不仅是因为人事无常，更是因为这个有修持正法的种种条件的人身难得，而我们却很少意识到这一点，总认为既然生下来就是人，那么后来的一切就都理所应当了，而且，人家怎么过我也怎么过，也不算辜负了这一生。这有点像带着一个如意宝降生，本来它是能满足一切所愿的，而我们却只把它当成普通的宝石，用来交换了有限的衣食。从某种意义上说，物不能尽其用也是一种浪费，尽管不是成心的。问题是我们一开始就不知道它是如意宝，不知道这个人身相比其他生命形态最大的优势在于暇满——精力上、心智上有余裕去进行内在的探索和转化，去寻求烦恼的解脱和认识世界的真相，并且有正确的方法引导，生活方式、各种外部条件也都允许。我们修学佛法的此时此刻，不知是认真活过多少世才拥有的呢。

人生已是脆弱短暂如朝露，其中的暇满时刻更是随时会消失。没有什么是可以一直保有下去的，这应该是人生最大的无奈吧。即使我们已经拥有了可贵的暇满人身，懂得对它善加利用，依然不能期待它会延长停留以回报我们对它的珍惜。修学佛法并不会让我们的生活比别人更多一分恒常坚固。相反，佛法教我们放下对恒常的执著，学习对无常保持敏感，看到生活中的一切，无论好坏，都是无常的。这话说来简单，人人都能懂，但真的去正视无常却完全是另一回事。从感受上来说，无常不只是变化，不只是来来去去永无确定而已，而是不断地失去，且速度快到你无力招架。自己不会永远活在世上，一切都会失去，这样令人沮丧、悲哀的事实，你能正视吗？观修无常，就是在学习这个正视。

然后，不可避免地，痛苦随之而来。观修无常，谁能不同时感到痛苦呢？然而痛苦，我们又知道多少？我们岂止对无常视而不见，连每天身陷其中、根本没法扭过头去假装看不见的痛苦烦忧，也是习惯性拉起一道意图隔绝的幕帘，结果呢就是痛苦烦忧一点没少受，却是白受了，到头来还是不知道苦是怎么回事，从何而来，有无真正能消解的办法。

观想轮回痛苦，自然会牵出对痛苦缘由的探究，也就是我们接下来要讲的业因果。

一说到因果，恐怕一些人会觉得兴趣索然。又来上伦理道德课了，善有善报，恶有恶报，听烦了。然而佛法中讲因果并非出于道德训诫的目的，佛法中所有的教导，包括因果在内，都是为了让我们认识事实。

“业”这个字在梵语里原本是简单指“行为”“行动”的意思，后来它的涵义逐渐扩大，常被用来指过去行为的结果，或是因果业报的整个过程或规律，所以，当我们说“善业”“恶业”时，有时是指某个善或恶的具体行为，即“因”；有时指善行或恶行的果报，即“果”；有时指因果的过程。

我们在此所说的善恶分别指的是，会带来快乐的身语意活动和会带来痛苦的身语意活动，因此它们与人们通常所说道德、价值信念或约定俗成观念等范畴的善恶不完全相同。比如宰杀家禽家畜，我们认为这种杀生的行为会在当下和未来都带来痛苦，所以是恶行，而在很多人眼中，家禽家畜本来就是供人吃的，宰杀它们没有什么过失，也不会对自己未来的苦乐遭遇产生什么影响。

另外，当我们说善恶时，只针对具体的言行或想法，不对人做善恶判断。也就是说，我们认为一个人会有善行恶行、善念恶念，但不因此就是善人、恶人。佛法中讲众生，讲众生因自己造作的业而感受苦乐的果报，善行有善报，恶行有恶报，并由业的力量而显现上到天界下到地狱的六道景象，但不说善人上天、恶人入地。这是因为，拿六道中我们最熟悉的人道来说，每个人的一生都是由大大小小的善念善行、恶念恶行构成的，没有绝对的善人或恶人。人的苦乐经历源自自己的言行动念，贴上善人或恶人的标签其实远不如善加看护身语意来得重要。

暇满难得、无常、轮回痛苦、因果，我们生活中时时刻刻，随手拈来察看，都同时是这四者。它们不仅是同一事物的不同侧面，如果你仔细体会，也许会发现它们就是彼此，像是同一段话用四种语言说出来，每次说的是同一回事。也就是，在开始修皈依、发心、积资净障等内前行之前，我们要好好看看自己的生活是怎么回事，对它的了解将帮助我们生起出离心。

没有偶然

现代人不是完全不相信因果。对显性的、立即就能看出前因后果来的现象，你是承认其因果关系的。只不过你认为这世上还有些事是没来由的，就那么偶然地、随机地发生了。你心想，世界如此多姿多彩、杂乱无章，怎么可能用一套机械的前因后果的说辞就解释得了？这样简单化的做法岂不危险？

部分承认因果，部分归结为随机，这种想法其实是有点自相矛盾的。究竟是什么决定了有的现象有前因后果，有的随机？如果划分背后有其道理，则说明还是因缘产生果；若无道理，纯属偶然，那就等于说一切都是无因的，但你又承认有些事是有因果在起作用的。

佛陀告诉我们，所有现象的产生都有其因缘，即使看上去完全偶然、无序的现象，背后也能找到完整的因果链，只是这个因果背景太过庞杂而深远，一般人没有足够的洞察辨识力去窥其面貌。

佛法中所说因果远不是单线的、简单机械对应的关系，而是无数因因果果前后相续、相互交织、互为缘起的一张遍在的网。任何现象的背后都是因缘的汇聚，即因缘生果。现象的瞬息万变、错综无序，正是由于因果作用，即生成一个现象的无数因缘中有一个变，结果就会随之变，而这些因缘同时也是无数其他现象的因、缘、果，因此它们一直处于变化中。这种层层无尽、无穷含摄的作用关系，当然不是简而化之的一些规律秩序理论所能解释和预设。世间万象不是无序，只是它们的秩序之深广超出了人们的想象，就像马赛克图像，局部而言，很难看出所以然，当视界足够大，才会发现原来每一个方块处在它的位置上都是有意义的，与或远或近的其他所有方块都内在紧密地联系着，共同构成整个画面。

这样的因果道理或说事实给我们什么启发呢？

首先，果由因缘而来，不是平白无故来的。所以若想得到某种结果，就要造作与之相应的因缘；若不想得到某种结果，就要避免造作相应的因缘。这也是“诸恶莫作，众善奉行”背后的逻辑，我们若想远离痛苦、获得安乐，唯一的办法是断恶行善。尽管由于自身的局限，我们很多时候看不到苦乐善恶之间的直接联系，但别忘了前面讲的马赛克图像，看不到联系只是因为视野不够大，并不代表没有联系。

其次，构成结果的无数因缘中任何变化都会带来结果的变化，这意味着由因缘而来的一切都是无常的。“世事无常”说起来容易，但当你喜爱的某个人或物或某种状态不再在那里的时候，你会想到其实这是必然的结果吗？你会告诉自己现在拥有的一切都将失去，都正在失去，凡得来的会失去，凡聚集的会消散吗？

第三，诸行无常意味着不确定性的普遍存在。人们对此的感受，佛法中称为苦。无常是不以人的意志为转移的事实，因此苦也是。实际上，我们通常所理解的快乐、幸福，也因为它的无法持久和需要众多条件而成为失落、伤心或期待的因。期待的另一面是恐惧，二者是一体的，所以期待也是一种“苦”。

第四，现象相互含摄、依存，彼此为条件、为因缘。我们与其他众生、与周围的世界是互为缘起的，因此，如果我们希望自己快乐，那就应该关爱、慈悲其他众生，帮助他们离苦得乐。这样做不仅道德正确，也是更自然、更符合事物真实状况的做法。

讲到这里，你会发觉佛法中的见地是相互联系的，由“因果不虚”开始，我们很自然地讲到无常、苦、慈悲，后面还可以接着一直讲下去。这种自然的联系和互为延伸，正说明佛法的见地并非闭门造车硬想出来并强行安到事物头上的，而是人、事、物本来就有的特征，本来就是一个整体，像是手心和手背，当我们看见手心时，手背也在，只要把手翻过来就能看见，或者顺着手心去找，自然而然会到达手背。

二、如是因如是果[①]

（一）负面的行为

我们过去的所作所为，塑造了现在的自己；而我们现在的所作所为，正塑造着未来的自己。如何塑造的呢？

《普贤上师言教》中“业因果”一章，华智仁波切几乎是迫不及待地开篇就讲应舍弃的恶业——十种负面的行为，之后再讲这些行为会带来什么后果，以及因果的普遍规律。

对于比较喜欢先弄清楚“为什么”的人，可能觉得先讲道理，什么行为导致什么后果，把这个弄清楚更重要，然后再决定要不要照做。但这样可能就错过了“业因果”的一个重点，即在有关因果的问题上，实际行动中的取舍是摆在第一位的。应舍弃的行为就须舍弃，不论你是否明白其背后的道理，因果律并不会因你不懂而失效。道理可以慢慢讲，避免伤害却不容慢慢来。我们也常看到，有人能把因果的道理讲得很好，而落实到当下的身语意上，对善恶的取舍却是既没有觉察也没有行动。

① 本文中关于不同果报的描述，主要参考《大圆满心性休息》和《普贤上师言教》。

应当舍弃的十种负面行为中，有三项为身的恶业：杀生、不与取、邪淫；四项为语的恶业：妄语、两舌、恶口、绮语；三项为意的恶业：贪心、害心、邪见。

杀生

杀生，顾名思义，指杀害众生。

一项完整的杀业具足四个方面：明确的对象、杀害对方的动机、采取了杀害的行为、对方因此行为而丧命。看上去好像很复杂，做起来可以很简单。比如一只蚊子咬了你，你“哎哟”一声随即扬手一巴掌就把它打死了。几秒钟的事，四个因素具足——你知道要杀的对象是蚊子，你想把它打死，举手去打它，它被你打死了，就是一个完整的杀业。

我们身语意的每一个活动都会在阿赖耶识中留下印记，虽然当时的行为、言语、念头会消失，但这个印记就像一粒种子，一旦埋在识田里，便蕴藏着将来开花结果的势。种子发芽结果所必需的阳光、雨露、土壤等条件，称为缘。从播种到结果需要经过多长时间，取决于种子的性质和潜能，同时受气候、环境、土质等影响。有的作物一年一收，有的几个月就成熟了。同样道理，造作了业因之后要多久会显现果报，取决于因的性质和力量。而具足上述四个条件的因，力量就比较大，比不具足四条件的同类行为的果报更严重，感应果报的速度也更快。

在四个条件中，动机和对象又更为关键，对果报的性质和程度影响更大。前文中讲轮回过患，我们知道，同一类的痛苦在程度上会有很大差别，比如，喝水被烫了一下和地狱里熔铜灌口。

如打死蚊子这样小嗔小恼、“小开杀戒”的时刻，普通人平常日子里总有，且不往心里去，觉得有什么，小小一只蚊子而已，再说是它咬我在先。

恐怕最糟糕的就是这个不往心里去，全无警醒，同样的情况再来还是同样的反应。蚊蝇蝼蚁虽小，杀之也是杀害众生，日后因缘成熟时也要因此而承受杀生的果报。

《增一阿含经》中记载：往昔好苦梵志一再奏请琉璃王去讨伐释迦族人，目犍连尊者欲阻止此事，佛陀告知说："你虽具大神通，终究无法将释迦族人置于安全之地。众生有七事不可避免，即生、老、病、死、罪、福、因缘。你如何能阻挡住他们往昔的业呢？"然而，目犍连尊者还是想办法将四五千释迦族人摄入钵内，举到空中。琉璃王的军队攻入迦毗罗卫城，将城中释迦族人屠杀殆尽。退军之后，目犍连尊者对佛陀说："承佛神力，我已护佑四五千人。"佛便令尊者开钵察看。目犍连尊者从空中把钵取下来，打开一看，里面的人已经全部死了。诸比丘问佛因缘，佛陀说，往昔罗阅城有一渔村，时值饥荒，人们就以捕鱼为食。当时有两条大鱼也被杀吃掉，一为现在的琉璃王，一为好苦梵志，小鱼们则是现在的军队，渔村的人们就是现在被他们杀的释迦族。故《大宝积经》云："假使经百劫，所作业不亡，因缘会遇时，果报还自受。"

我们让一个众生遭受性命被剥夺之苦，这种痛苦迟早会返回到我们身上。这和作用反作用力的道理类似。然而不同的是，返回的不是同等的力量，而是放大许许多多倍。一些经典中说，杀死一个众生的果报是被杀五百次。并不是一命换一命就可以了结的，也不是现在我杀你、以后你杀我这么简单，被杀只是讲的这五百世里每一世会怎么死，但在死之前活着的时候，还会感受许多因杀业而来的经历。

每一种恶业、善业都有四种果报，分别是异熟果、等流果、增上果、士用果。我们且以杀生为例来说：

异熟果，指异时而熟，或变异而熟，或异类而熟的果报[1]。如果主要以嗔心而造恶业，则堕入地狱；如果因贪心，则转生饿鬼；如果因痴心，则转为旁生。或者按贪嗔痴的程度来分，贪嗔痴极其粗重并且长期积累恶业的，最终堕入地狱，中等者转生饿鬼，再次者转为旁生。

等流果又分为同行等流果和感受等流果。

同行等流果，指今生喜欢造前世所造之业，行为上有相同之处。比如，前世以杀生为业的人，这一世也喜欢杀生。有些人在孩童时代便喜欢杀小虫子、小动物，见到就要杀，没人教，就是自然而然会那么做，这可能是在感受前世杀生的同行等流果。善业也是这样，有人从小就放生，爱护小动物，很有爱心。人们常说的天赋，想来也是同行等流果的一种表现，天生就喜欢或擅长做某些事。

不仅人如此，其他众生也是这样。我们前面说到，有些地狱里的众生嗔害心很重，心心念念都是要把仇人杀死，永远在打打杀杀中过活。这是前世杀生、恼害的习气使然。转生饿鬼道的主因是贪心，而许多饿鬼也是从生到死四处贪求，永远得不到满足。还有旁生道，有的旁生喜欢杀生，有的喜欢偷东西，都是前世各自所造恶业的等流果。

根据同行等流果的规律，杀生的果报之一是很多世都会喜欢杀生，而每次杀生又会造下新的杀业，启动又一串同行等流果，如此类推，恶性循环下去。其他恶业亦然。善业也是这样，不过是良性循环，一个善业会连环引发之后许多善业。所以我们现在做的每件事，都并非只作用于当下。

感受等流果又包括两种，以杀生而言，即是短命和多病。有些人杀生的果报是在许多世中刚刚出生便死亡，或是胎死腹中。有些人是从小体弱多病，遭受各种各样的疾病折磨。

---

① 《成唯识论述记》卷二："言异熟者，或异时而熟，或变异而熟，或异类而熟。"

前文中我们讲病苦时，讲到面对疾病，要念因果。不是说就不去治病了，是在治病的同时要知道，从近处看，生病的原因可能是环境、体质、生活方式或某个具体的事件，但远因是自己往昔造下的恶业。如果没有恶业，其他条件哪怕都具足，也不会生这个病。当然，如果没有恶业在先，其他条件也不会具足，你不会生活在那个环境里，不会是那样的体质，不会有那种生活方式，也不会发生那件事，如此种种，都会不同。生命中所有事件彼此间的联系千丝万缕，互为缘起，实在不是普通人所能想象。

增上果成熟在外境上。造杀生恶业的人会转生在环境很差或者危险的地方，比如污染、战争、动乱发生之地，因此罹患疾病、致残、致命，或是死于战乱、争斗中。

第四种果报为士用果，即恶业自我喂养、壮大，力量与日俱增，生生世世延续无尽的痛苦，就像一粒种子长成参天大树。前文所说，杀害一条生命将以被杀五百次来偿还，即是这个道理。

杀父、杀母、杀阿罗汉是无间业，临命终时不经过中阴而直接堕入无间地狱。对大多数人来说，这样的恶业很遥远，不要说杀父杀母杀阿罗汉，杀任何一个人都是极其遥远、只要神智正常就不会造的业，但其实未必。比如堕胎，我惊讶地发现这是很多人都经历过的事。原因众多，其中一个普遍的问题是，认为胎儿不算是人，堕胎相当于去除了一块多余的肉或细胞组织。说痛苦，也只是想到母亲在手术过程中感受的痛苦，最多再加上失去子女的心理创伤，而不会从胎儿的角度去想这件事——胎儿也有觉知，堕胎的过程他遭受的是粉身碎骨的痛苦。

一个人面对是否堕胎的抉择，要考虑的因素很多，的确会是一个非常艰难的决定。但如果是一名佛教徒，面临这样的问题，还是要从因果的角度去考虑并依此做出选择。孩子无论怎样是一条生命，堕胎和杀人一样，都是造下严重的杀生恶业。如果父母知道胎儿有觉知，能感受痛苦，应该极少有人会把亲生孩子置于死亡的恐惧和痛苦中吧。而且，孩子是因为特殊的、紧密的因缘才会到你家来投胎的，没等出世便被杀死，他在承受死亡之苦外，还会生起强烈的怨恨。杀死一个和自己联系如此紧密的人，无论在今生来世身心各方面都意味着持续不散的折磨。

完整的杀业需要具足四个条件，但这不意味不具足四个条件的就不是杀业。一些人觉得自己没有亲自动手去杀，就没造杀生的恶业。实际上，点杀也是杀生。你跟饭店或市场里的人说，你要买某个动物，让他们帮你去杀，这也是你的杀业。

此外，如华智仁波切所说："无论是高官强势之人，还是卑微软弱之人，谁都在脚下杀死了不计其数的细微含生，没有不造这种恶业的。"就算不是故意去杀，像走路时无意中踩死蝼蚁等小含生，也是在造恶业。《地藏经》云："南阎浮提众生，举心动念，无不是业，无不是罪。"

不与取

不与取分为三种：权威不与取，指凭借权势巧取豪夺；盗窃不与取；欺诳不与取，指通过谎话、短斤少两、欺瞒等手段获取对方财物，现在所讲的商家缺乏诚信，假冒伪劣，夸大其辞之类，即属于这种。

不与取的感受等流果首先是受用贫乏。不仅是贫穷，吃穿用度差，即使有钱，也还是吃不到好的，穿不到好的，生活起居很不舒适。这是就人道而言。如果在其他道中，比如饿鬼道，受用是贫乏到极点，不是差不差、舒不舒适的问题，是干脆要什么没什么。

其次是好不容易有点钱，也很快会被偷被抢，不得不和冤家仇人分享财产。那些强盗、小偷，很少能留住钱财的，到头来大都是贫穷到死。还有些人靠不与取得来钱财，却无权享用；有的是不去享用，守财奴一样守着，最后都交给了冤亲债主；或者因为吝啬之心，越富裕越自觉贫穷，说话办事、对人对己，和没有钱一样。

不与取的增上果是转生到庄稼常遭干旱、冰雹，树木不结果，经常发生饥荒的地方。

邪淫

属于邪淫的行为很多，比如：与他人之妻或妓女或未成年人行不净行，自出精液，在斋戒日、生病期间、妊娠期间、三宝所依存在处等行不净行，如此种种。这是针对男性而言。对女性，反之亦然。

邪淫的感受等流果是，配偶相貌丑陋、懈怠懒惰，或夫妻感情不和，犹如仇人相见。现在很多夫妻之间经常发生矛盾，互相怨恨争吵，这不是简单的性格不好、无法相处的问题，也是各自往昔邪淫的等流果导致的。

增上果是转生于粪坑、污泥等当中。还记得前文中说过的尸粪泥地狱吧？并不存在一个固有的尸粪泥地狱，而是邪淫等恶业的果报显现出来，我们所觉知到的就是这么一幅景象。旁生道中，很多动物是生活在粪坑、污泥、腐烂的东西里的，还有些小虫长在人的大肠里，与屎尿为伴。在人道，发生身陷粪池、污秽加身等情况，或者生活在肮脏、恶臭的地方，可能便是往昔邪淫的果报。

妄语

妄语包括一般妄语、大妄语、上人法妄语。

一般妄语，就是为了欺骗他人而说的各种谎话。

大妄语，比如说没有因果、行善无功德、造恶无罪过、清净刹土无安乐、恶趣无痛苦、佛陀无功德等，是为大妄语。

上人法妄语，自己没有功德而说有功德。比如，没有登地说登地了，没有神通说有神通，诸如此类，为上人法妄语。

圣者总是刻意隐藏自己的功德，表面看上去如普通人一般，甚至不如。华智仁波切常常外出流浪，衣衫褴褛，沿途化缘。很多人把他当成乞丐，对他蔑视辱骂。而骗子呢却总炫耀自己如何了不起，如何神通广大，没有的事也吹嘘得跟真的一样。而且他们很善于跟人打交道，善于投其所好和自我推销。不幸的是，人们往往喜欢看表面。华智仁波切说："如今骗子和圣者相比，是骗子更加得势、更受人尊崇的时代。"仁波切所处的十九世纪已然是这种状况，如今两百年过去，不知他老人家看到现在的情形会作何感叹。

妄语的感受等流果是，经常遭到别人的诽谤或被他人欺骗。如果自己没有过失而遭受诋毁，即是往昔妄语的果报。

增上果是转生于财富不稳固的环境中，并经常感受恐怖、畏惧，违缘重重。骗人往往是为了获得钱财，所以妄语和不与取的果报常一起显现。行骗所得留不住，骗再多的钱，转眼又两手空空，且总是担惊受怕，东躲西藏。

两舌

所谓"两舌"，即挑拨离间。

感受等流果是眷属仆从之间互不和睦，或者仆佣对主人进行反驳。你若是领导，下属间不团结，闹矛盾，或者你的意见得不到执行，你说什么，下属常常以各种理由反驳，出现这类情况，可能就是两舌的等流果。

世间做人处事的智慧也讲做人尤其做领导要平和持重、惜言如金，切忌当众尤其当着下属面说三道四、搬弄是非，那样的话慢慢就会失去属下的敬重和服从。

两舌又分为公开离间语和暗中离间语，其中公开离间语指的就是，具有某种权威的人在两个人都在场时，当面说离间语使之不和。比如说："某某同事说你不好，现在看起来你俩关系不错，大家都是同事嘛，和为贵。"当领导的这么一说，这俩属下关系好不了。人情世故的许多道理之所以能世代流传，也是因为它道出了因果的一些规律。

现在很多家庭请保姆、小时工，但听说好的保姆、小时工非常难找，像以前那样，一位保姆在一家工作几十年、照顾几代人的情况很少见了。这当然和整个时代、社会背景的变化密切相关，但雇主个人的德行欠缺也是在起作用的。现在仍然有人找到踏实勤快、相处融洽的帮工。这不是运气的问题。要说运气，为什么他有那样的运气而你没有？从佛法的角度看，从来没有什么事是偶然发生的，背后一定有其缘由。

恶语

恶语，即说难听的话。比如骂人，利用别人的生理缺陷或缺点来说笑、取外号，说人过失，污言秽语，等等。此外，虽然态度平和、语言平常，但说话是为了让对方伤心，或者故意激怒、挑衅，这种语言也属于恶语。还有就是在上师、善知识面前说一些不好听的话，也有很大的过失。

恶语的感受等流果是经常听到不悦耳的话，自己说话也容易引发争吵。的确是这样，一些人说话，无论他说什么，怎么说，总让人听着不舒服、生烦恼，总想给他顶回去不可。

华智仁波切说，在所有恶业当中，恶语的罪业是相对而言较重的。为什么呢？

首先，恶语会引起对方的嗔心，而嗔心的破坏性极大。《入行论》云：一千大劫里布施、持戒的善根，若没有三殊胜摄持的话，一念嗔心起即销毁殆尽。所以，从故意激发对方生起嗔心而使其自毁善根的角度，恶语的确罪过极大。

就算是辩经，若生起嗔恨心，也有很大的过失。佛陀在世时，曾有一老一少两位比丘辩经。年轻比丘说了一些不好听的话，老比丘非常愤怒，回到住处不久就气死了，并原地转生为一条毒蛇。佛陀让阿难尊者去劝那蛇说："你曾于我教法中出家，本可获得解脱，因你生起大嗔恨心，如今转生为毒蛇，你应向嗔恨的对象忏悔。若继续嗔恨，将堕入地狱之中。"阿难尊者于是同年轻比丘一起，去到有蛇的房子外，一五一十转告了世尊的话。可那毒蛇吐着毒气，不肯出来。佛陀又命目犍连尊者去劝，还是不肯出来。最后，佛陀亲自去，对嗔心的过患做了许多开示，那条蛇才出来并在佛陀面前失声痛哭。佛陀说："你造恶业时理应啼哭（但那时却未流泪），如今恶果成熟已转为旁生，哭又有何用？快向这位比丘忏悔！这位比丘，你辩论时激怒对方，无疑也应顶礼忏悔。"于是，年轻比丘和毒蛇互相顶礼忏悔。在场众人惊叹不已，更加对佛陀生起信心，对因果生起诚信。

其次，对某些对境（如上师三宝）仅说一句恶语，也将导致多生累世不能从恶趣中解脱的恶果。乔美仁波切在《极乐愿文》中说，对一位菩萨进行诽谤，恶语中伤，比杀害三界所有众生的罪过还重[①]。

佛经里有这样的故事：婆罗门迦毗罗称呼迦叶佛的比丘们"马头""牛头"，并恶言相向，他死后转生为一条长了十八个头的鲸鱼，一劫中不得解脱，此果报穷尽后，又堕入地狱。还有一位比丘看见别的比丘跳过水沟，随口便说道："你好像猴子一样。"结果，他在五百世中连续转生为猴子。

---

① 《极乐愿文》："诽谤诸菩萨之罪，较杀三界有情重，发露忏悔无义罪。"

当然这不是说你骂一个普通人就没问题。伤人至深，莫若言语。而且我们不知道一个看上去普通的人，他是不是一位菩萨，一位圣者。

以前，华智仁波切和他的上师如来芽尊者、师兄成利沃日被请到一户人家为亡者做超度。这家人并不认识几位尊者，只是因为急着找念超度的人，而又正好路遇他们三位，见他们穿着僧衣，便请去家中。当这家一位年轻姑娘看见在灶前做食子的华智仁波切时，心想："我们家真是可怜，竟然叫来这些乞丐做超度。"于是狠狠地踢了他一脚，生气地说："滚出去。"

多数时候，我们会认错圣者和凡夫，因为我们没有能力欣赏真正优秀的品质。

关于这一点，学佛的人尤其要注意。你看现在批评、诽谤出家人乃至三宝的，很多是学佛圈子里的人。不是说圈外人口业护得好，是他们对佛教圈子里的事（诸如这位菩萨如何，那位大德如何，这部经怎样）不如学佛的人感兴趣，因此他们倒不大能以三宝为对境造口业。恰是学佛的一些人喜欢评论，说某位上师、出家人不如法，某部经是伪经，诸如此类。

若非针对个别人，而是对全体出家众进行诋毁，罪过则更大。往昔，目犍连尊者游历地狱时，看到一个身形是人、身高数由旬①的众生，舌长一由旬，上面有许多犁在耕耘。尊者用神通观察这是什么业力所致，结果只能看到他许多世中不断转生于地狱，却无法知晓最初是什么因，于是便去请问世尊。世尊说："那是由于他对迦叶佛的僧众说'你们这些破戒者、戒律不清净者……'诽谤全体僧众的结果。今后多佛出世，他仍不得解脱。"

第三，相对于其他恶业，如杀、盗、淫，恶语是最容易的，张张嘴就行了。和你有关系的、没关系的，只要你想，你就能骂到。尤其现在网络发达，骂人不仅是自己听，也可以让许多人都听到，并和你一起骂或对骂。你

① 由旬：古印度长度单位。五尸为一弓，五百弓为一俱卢舍，八俱卢舍为一由旬，约二十六市里。

不仅是自己造恶业，还拉上众人一起。网络是虚拟的，但因果不虚。

《大方便佛报恩经》云："佛告阿难，人生世间，祸从口生，当护于口，甚于猛火，猛火炽然，能烧一世，恶口炽然，烧无数世，猛火炽然，烧世间财，恶口炽然，烧七圣财，是故阿难，一切众生，祸从口出，口舌者，凿身之斧，灭身之祸。"

法王如意宝以前在喇荣五明佛学院讲授《百业经》时，非常强调大家要善护口业。他说，即使没有恶意，也不能拿别人的缺陷开玩笑、取外号等，更不用说别的更严重的恶语了，对旁生也不能恶言相向。

我小时候在家乡跟随才旺晋美堪布学习佛法。堪布是我们那里有名的学者和修行者，广闻博学，辩才无碍，但我却从未见他与人辩论。他在课堂上给我们讲起过一段往事：当年他在熙日森学习时，从拉萨哲蚌寺来了一位格西，跟他们一处听法。这位格西口才很好，喜欢辩论。有一次，上师格日堪布讲中观，格西在下面边听边摇头，似乎不以为然，态度不是很恭敬。才旺晋美堪布见状，下课便找到格西，要跟他辩经。格西辩到中途出错，一下被堪布抓住把柄。堪布得意地说："世亲菩萨和他学派的所有后来者都没这么说过，你这个黑皮真是信口开河！"这位格西皮肤比较黑，堪布情急之下口误，拿他的这个特点骂了他。才旺晋美堪布后来对此事非常懊悔，他说自己缘佛法造了恶业，罪过很大，下决心从此不再辩经，以免不小心再造恶语之业。

关于辩经的问题，法王如意宝曾在一次授课中这样开示道：

作为密乘弟子，还要特别加以注意的是，不论我们修学内道的哪一个宗派，都应当坚持不懈、不改初衷。例如我们现在修学宁玛巴教法，这表明自己与宁玛巴具有殊胜的因缘，或许多世均是此宗弟子，所以不可轻易放弃。需要注意的是，我们虽然主要修持本派教法（即宁玛巴），但对其他教派也应平等对待，并且尽己所能去加以了解。如果在没有理解他宗观点的前提下，就随意批驳和指责，所造的罪业将是不可思议的。对此，我本人也十分担忧。大家知道，我平生最大的愿望就是往生西方极乐世界。就一般情况而言，众生往生净土存在两大障碍：其一是五无间罪，其二是舍法罪。第一条我坚信自己不曾违犯，但有时我会担心自己会不会违越第二条。因为在护持自宗观点的同时，言辞稍有不慎，就可能产生诽谤他宗的过失。因而，为往生极乐世界，我必须经常猛烈忏悔。这方面，大家也应该小心谨慎，尤其在辩论的时候更要注意。人在辩论过程中往往容易情绪激动，控制不住情绪时便开始指责他人；即便心境平和，也容易言辞欠妥，冲撞对方。这种事情一旦发生，一定要加以忏悔，并且发愿要坚决杜绝此类情况再次发生。

当然，如果在没有生起嗔恨心，也不以恶念诽谤他宗的情况下，就某些观点与人辩论，则具有很大功德，因为讲（讲经说法）、辩（辩论）、著（著述造论）本来就是智者的三大事业。现在有一部分人并不赞同僧人们的辩论风气。其实持这种观点的人，并不理解辩论的目的和重要性。麦彭仁波切在赞扬宁玛派的愿词中曾经指出，我们宁玛巴辩论的传统异常殊胜，所以修学宁玛教法必须学习自宗的辩论风格以及造论方法。麦彭仁波切同时指出，只会增长分别心与妄念的争论则毫无意义。

绮语

绮语，指能引生贪心、嗔心的话语。这个范围大到没法举例。大家想想自己每天说的话（现在不仅是嘴里说的话，还包括手机、网络上的各种短信、发言），如果没有正知正念，恐怕多数要被归入这一类。

绮语的感受等流果是，说出话来没力量，笨嘴笨舌，在人前发言畏首畏尾，没气势，无辩才。或者，说实话别人也不信，认为你在撒谎。

南瞻部洲是业力之地，相较于其他几大部洲，果报成熟得更快。前半生造业，有一些后半生就会成熟果报。观察一下自己，如果有前面说的这些特征，比如不敢当众发言、言语无力等，可能就是绮语的果报。当然，现代人会说这和个人的性格、经历等有关，但性格、经历也是因果业报的体现。为什么是这种性格、经历，都是有其前因后果的。

说到果报，你可能会想都是前世或更早前造的业，言下之意就是现在这样子怪不得现在的我。但我们别忘了同行等流果，就是说，今世喜欢造前世所造的业。你前世爱绮语，估计这一世还会有这种爱好、倾向，喜欢家长里短、人我是非，尽说些无意义、引人贪嗔的话，真要你正经说话，说不出来。所以，我们既要明白三世因果的道理，又要努力在现在这一副身心上去解决问题，不要一说因果业报就是原因找前世，果报看来世，今世就这样吧，还是我行我素。

贪心

贪心，无须多解释，贪求之心。前文中我们讲到人的求不得苦越来越炽盛，这也从侧面反映出人的贪心越来越重。求不得苦说到底还是贪心作怪，什么好的都想要，都要为我所有。而贪心的感受等流果是许多事都不能称心如意，想要的得不到，不想的倒来了。这不就是求不得和不欲临吗？

人们现在常说的“缺乏安全感、满足感”，或者很容易便有挫败感，某种角度看，也是贪心的果报。

害心

害心，就是恼害之心，希望别人受损害、倒霉、不安乐，见别人受苦便幸灾乐祸。

其等流果是经常感受恐怖、畏惧或受到损害。

邪见

邪见是相对于佛法正见而言的。像因果、苦、空、无常、无我等见解是正见。正，是因为它与事实相符。否定这些见解的为邪见。邪，指偏离事实。

邪见主要包括两大类：常见和断见。常见是认为存在一个固有、常一、具无上权威、能创造和主宰世界的神。断见是认为万事万物自然而有，不承认前后世，认为只有这一世，人死如灯灭，不承认因果不虚及解脱等见解。

我们自称佛弟子，但真正使我们成为佛陀追随者的，不是一张皈依证或一身衣服，而是正见和对正见的修持，因此邪见的过患是直接与皈依戒相违，使我们偏离趋向真理的解脱正道。

（二）正面的行为

十善业指的是断除十种恶业并采取对治的行为，比如：不杀生，并放生、护生；不偷盗，并行持布施；不妄语，并说诚实语；不两舌，并化解怨恨；不起贪心，而修持舍心；不起害心，而修饶益心；不生邪见，而依正见，等等。

十善业的异熟果是转生于相应的三善趣中。同行等流果是生生世世喜欢行善，善根不断增长。感受等流果是长寿少病（不杀生），受用丰足，无有盗敌（断除不与取），婚姻美满（不邪淫），众人称赞且仁慈（不妄语），眷属仆从敬爱（不两舌），常听悦耳之言（不恶语），言语有力（不绮语），如愿以偿（不贪心），远离损恼（不害心），心生善妙之见（不邪见）。增上果是外境悦意美好。士用果是善根福德持续增上。

虽然了解到善恶果报的一般规律，我们却很难立刻就做到彻底地断恶行善，所以佛陀开许我们根据自己的具体情况，能做到什么就做什么，关键是现在就开始去做。

佛陀时代有一位屠夫，白天杀生，晚上受持不杀生戒，死后堕入孤独地狱中，白天在炽燃的铁屋里受苦，晚上则在天宫享乐。这是传统上讲解因果不虚时都会提到的一则故事，从中我们看到佛法的圆融、佛陀的慈悲，以及屠夫的向善。作为业际颠倒者，屠夫的谋生方式直接与佛法倡导的慈悲相违，而佛陀并没有放弃他，如果为了谋生他不能改行的话，他仍然被鼓励找到某种适合的方式坚持修行佛法。可见，职业、生活方式等并不能阻碍一个真正想修持佛法的人。只要我们努力去做，哪怕很小的行为习惯的改变，也会给生命带来改观。

此外我们还注意到，这位屠夫在晚上不是单纯的不杀生，而是受持了不杀生戒。虽然我们也可以只在自己心里想：永远不杀生，或者某时某地不杀生，或者不杀某某众生等，这也是善业，但如果能在善知识、三宝所依等面前承诺发誓，功德则会特别大。比如，一般人只要神志清醒，都不会去杀人，但这时的“不杀人”只代表不造恶业，却不能成为一种善业；若是受持了不杀人戒，那么只要不杀人，你就在积累功德，哪怕走路、睡觉的时候。所以，按照藏族地区的传统，为生计家庭所累的在家人，很多会立誓在每年的神变月或萨迦月，或每月的十五日和三十日，或某些特定的时间里不杀生或不造其他恶业。

三、无欺因果

鹰在空中飞翔

业的规律是未造不遇，已造不坏失。就是说，自己没有造过的业，不会成熟在自己身上；造过的业，不论相隔多久，因缘具足时便会在自己身上成熟。《功德藏》中有一个比喻：金翅鸟在高空飞翔时，地上看不到它的影子，但它俯冲下来时，黑乎乎的身影便覆盖住地面。

简单地说，业的成熟有四种情况：一种是今生造业，今生受报；一种是极大的善业和极大的恶业，下一世一定会报应；第三种是肯定会报应，但也许是几世之后，也许更长时间；第四种是不定业，有的本身即是不定业，有的则由定业转变为不定业——当业因在逐步成熟的过程中遇到强大的对治力，果报就有可能被削弱乃至消除。

定业的果报有疾有迟，有的很快就受报，有的是这一世报，有的是下一世或很多世以后报。有时候我们会看见好人遭恶报、恶人得好报的情况，这是因为他以前造的恶业或善业先成熟了，所以现在虽然行善，仍然要先感受已成熟的恶报；现在虽然造恶，仍会先感受已成熟的善报。

《杂譬喻经》中记载着这样一个故事：

佛陀在世时，一位屠夫去见阿阇世王，并请国王答应他一个请求。王问他有何愿望，他说："国王您每遇节日需要屠杀畜生时，请全部赐给我包办。"王说："杀生的事，很少人乐意替别人做，为什么你却那么喜欢做？"屠夫答道："我往世曾做贫穷人，幸好靠杀羊得以度日，又因杀羊之故，死后生到四天王天，享受天福。天上寿尽，又出生为人，还是从事杀羊的职业，死后又生天上。就这样六世出生为人，都从事屠羊的工作，使我每次死后都生到天上，享受天上无量的快乐，前后往返天上人间已有六回。屠羊既然有这么大的好处，因此向国王提出请求。"王问："就算真如你所说，但你是怎么知道的呢？"屠夫答："因为我具有能知宿命的能力，可以知道往世的事。"国王不相信，认为像屠夫这样毫无修行的人不可能知道宿命，于是便去向佛陀请教。

佛陀说："屠夫所说全都真实，并非说谎。他往世曾遇到一位辟支佛，那时很欢喜、恭敬，很专心地瞻仰辟支佛庄严的容貌，善心随生。由于这一功德，使他得以六回生天享福，出生为人又能知宿命。因为敬佛的功德，造作于前，福报先成熟，才能六次往返天上人间。杀生的罪业应受恶报，但机缘尚未成熟，所以不见他受报。等此生命终，福报享尽，他将堕地狱接受屠羊的罪报。地狱的罪报受完，接着无数次出生为羊，一一偿还命债。这位屠夫，知宿命的能力很浅，只知过去六世杀羊生天的事，再早些的第七世的事，他便无法得知，于是误认为屠羊是使他生天享福的原因。"

可见，我们今生的遭遇不全是今生造作的因果，有一些是过去世的因在今生成熟的果，今生的因所产生的果也有一些要到未来世才显现。

有人学佛后，工作、生活等并没有变得顺利起来，还是磕磕绊绊、挫折不断，因此很困惑：为什么佛菩萨没有保佑自己？为什么修持佛法没有带来快乐？学佛后，恶业并不会在一夜之间被摧毁，过去的恶业还会继续。如果我们通过修持佛法断恶行善，那么很多缘起会改变，尚未成熟的恶业可能被削弱，但已经成熟的恶业，事到临头很难改变。

尤其对一些特别精进的修行者来说，由于他们的精进或者发愿，过去某些恶业会提前成熟，或者说，本该在后世以更惨烈的方式体现的果报，在这一世投生为人尚有取舍的自由时成熟，以后就不再受此一报了。《金刚经》云："善男子善女人，受持读诵此经，若为人轻贱，是人先世罪业应堕恶道，以今世人轻贱故，先世罪业则为消灭，当得阿耨多罗三藐三菩提。"意思是说，以持诵《金刚经》的功德，消灭了后世堕恶道的罪业，而以现在被人轻贱这样相对轻微的果报代之。所以，有的修行者会在逆境、厄难现前时，提醒自己这是恶业被扫除的征象，并把逆境转变为修道的助缘。

定业可以转化，这澄清了人们的一个误解，即认为凡事命中注定，无法改变。一般人，若不知断恶行善、忏悔罪障，他的命确实可以说是注定的。人的言行、思维都有自己的规律、模式，在各个层面上，人都在自觉不自觉地重复自己的固定模式。为什么会这样？前文讲等流果，比如说过去世以杀生为业的人堕入恶趣感受完恶趣的果报后，再次获得人身时仍然会喜欢杀生，且因为往昔的杀业，这一世短命多病，生活环境恶劣危险。造偷盗恶业的人，来世还是喜欢偷盗，并因为盗业而感受贫穷、不得满足的果报。其他业亦然。由此可知，一个人的性情、爱好、禀赋、经历以及所言所行所想，都不是没有缘由、忽然发生的，而是往昔造作的业因成熟后显现的各种果报。若现在的身语意活动一如既往重复旧的习惯，那么目前尚未成熟的业也将在未来如期成熟。

我们既不承认有固定的无法改变的宿命，也不认为学佛后恶业便自动消失。一切要看我们现在的所作所为。

“事情本身的意义”

有人说，你们这些佛教徒，永远在计较个人得失，因为一件事将来会报应到自己头上，才去做或不去做，难道就不能只考虑事情本身的意义，如果值得做就去做，不值得就不去做，不管它会对自己造成什么影响？这话听上去好像有道理，其实意思很模糊。事情本身的意义由谁来定义呢？同一个行为，相对于不同人、不同群体、不同时代，会有很不同的意义，到底哪个意义更靠近事实，哪个属于偏见，又以谁为准呢？

比如杀生，有些人认为杀人也是理所当然，有些人认为杀人不可而杀动物没关系，有人认为某些人、某些动物该杀，至于“某些”是哪些，就要看说这话的人是站在谁的立场上了，于是各种傲慢、偏见、价值、伦理、立场等应运而生且混战一团。

对一个佛教徒而言，事实始终是他最关心的。杀生的事实，抛开其他不论，对被杀者和杀者都是痛苦——生命被剥夺的痛苦和杀业感召的痛苦。当我们说避免造恶业感苦果，并不只是在说自己将来不想受苦的问题，众生相依共存，我不杀生也意味着其他众生免受被杀之苦。

杀生的另一个事实是，杀业的连环作用、自我繁殖。我们现在的杀生，焉知不是往昔造下杀业的等流果，而现在的杀生又会感应更多等流果，这一条条前因后果的索链将我们死死困在痛苦的轮回中。不杀一条生命，便切断开一条索链。不杀两条生命，便断开了两条索链。而且，一链断开不只是一命得救，是这条连环之索上无数生命得救。解脱轮回的束缚，减少伤害、痛苦，就是从这样一步步做起的。

当然，出于对“事情本身的意义”的考虑而决定去造一个恶业，这种情况在佛教中也是有的。比如，释迦牟尼佛往昔转生为大悲商主时，一日与五百商人同船，遭遇名为持短矛黑人的强盗的袭击。强盗要杀死所有商人，大悲商主知道后，心想：这五百商人都是不退转菩萨，持短矛黑人如果杀害他们，将会在地狱住无量劫感受痛苦；如果我把他杀了，我将堕入地狱，而他不会。想到这里，大悲商主便以非凡的勇气杀死了强盗。表面上看，大悲商主是造了杀生的恶业，但他抱着“宁愿我下地狱也要努力避免其他人受苦”的清净发心，保护了五百商人的生命，并究竟把持短矛黑人从地狱的痛苦中解救出来，所以非但没有因此堕入恶趣，反而圆满了七万劫的资粮。①

同样的还有星宿婆罗门的儿子，他在森林里修行多年，持梵净行。一次，他到城中化缘时，一位婆罗门女对他生起贪心，相思成疾，眼看性命不保，星宿婆罗门子对她生起大悲心，与她结为夫妻，以此业圆满了四万劫的资粮。②

这两个故事中，大悲商主和星宿婆罗门子都是以清净的发心，以自己今生来世的痛苦去交换他人的痛苦，看似造下杀生、邪淫的恶业，却是善业，成为助益修道的资粮。需要注意的是，只有在真正大悲心的摄持下，不夹杂任何私欲，才会是这样，否则，怀着嗔恨心和贪心，为满足自己的私欲而做，就变成看上去是造恶业，实际也是造恶业了。

曾有一位男居士交了很多女朋友，有一天他和我说：“师父啊，又有一个女孩子喜欢我，要跟我好，你说我该不该答应她？不答应吧，我怕她痛苦。如果是对弘法利生有帮助，我是不是该答应她？”星宿婆罗门子的故事不幸成为很多人的借口。问题是，你是否也有星宿婆罗门子一样的清净发心呢？

你看大悲商主杀死持短矛黑人前，经文中记载，他详细观察思维了七天，反复考量。“我于今时有何方便，令此恶人不造杀业免地狱报，得诸商人各全其命，于一日中如是思惟，求善方便而未能得，乃至七日审谛思惟亦

① 见《佛说大方广善巧方便经》卷第四。此公案在《大宝积经》中亦有记载。

② 见《佛说大方广善巧方便经》卷第一。此公案在《大宝积经》中亦有记载。

不能得，过七日已即作是念，我今无复方便可得，但当于彼兴杀心者先与断命，彼断命故不造杀业免地狱报，又令余众得全其命”。之后取其性命时，大悲商主也是做好准备要因此下地狱的，他没想过自己可以不承担杀生的后果。

星宿婆罗门子宿世修持梵净行，有四十二亿年之久。女色之于他，不是生贪反是生厌的对境。当女子纠缠他时，他坚定地走出了七步，因看到女子的确会由此丧命，才留下来。经文中记载，十二年后他又恢复了梵行。“于十二年中共为夫妇，彼摩拏嚩迦，过是十二年已，又复精进修持梵行，从是殁已生梵天界”。

而你若未断嗔心、贪欲，且从一开始就没想要对自己的行为负责，做什么都想象成是在“弘法利生”，那么将来会怎样，自己难道从没怀疑过吗?

这也是为什么我们不鼓励抛开避免痛苦而谈“事情本身的意义”的一个原因。为自己所做的事赋予正义、公平乃至弘法利生等意义是容易的，但我们真正需要做的是避免制造痛苦。

别把因果当成借口

业因果的教法打开了我们的眼界，使我们能从新的角度去看待很多事情，同时也更理解了看护身语意的必要。谨慎取舍因果不是简单的做或不做某些事的问题，我们还要提醒自己藉此学习怀着善意和有节制地生活。我总觉得善意和节制是很重要的，却也是许多学佛者缺少的。我们把太多东西变成了走形式，虽然你能走形式也已经很不错了，但如果可能，还是应该在保留形式的同时努力实现内在的转变。

比如，在不杀生、放生时，努力培养对那些动物所感受的痛苦的敏感。因为不想制造伤害，不想让其他众生感受痛苦，所以戒杀、放生、护生、茹素。因为不想伤害，所以不欺骗、不两舌、不恶语。总之，照顾其他人或者其他众生的感受，尽量减少他们的痛苦，是我们最主要的一个动机。

曾有一位女士和我说起她的经历。她丈夫是佛教徒，而她不是。丈夫总想说服她皈依佛教，而她一直很犹豫。她看了不少讲解佛法的书，也认同佛法的许多道理，但看看身边的丈夫，学佛多年，也打坐，也放生，各种佛教活动都很积极参加，而对她和家人却不怎么关心。有一次她病得很厉害，卧床不起，丈夫却一点不尽照顾的责任，反倒跟她讲了一通大道理，说她生病是她自己的业报，因果自负，别人没法帮的，如果去帮助她，反而妨碍了她消业。这位女士非常不解，如何字面上慈悲为怀的佛教落实到生活里竟如此寡义无情。

这位丈夫的行为是我们应当引以为戒的。业因果不能成为不帮助别人的借口。其实，真正懂因果道理的话，会知道我们的帮助也是一种缘起，会影响对方的业。如果我们的发心足够清净有力，那这个影响可能会非常之大，可以帮助他人减轻痛苦。

以前喇荣五明佛学院的山谷里有一些流浪狗，每当有人打狗时，法王如意宝都会在课堂上或在高音喇叭里痛苦地连声说：“不要打，不要打！”仿佛棍棒是打在他身上而不是那些狗身上。法王如意宝说，人们这样打那些动物，和打他、害他是一样的，动物们本来已经过得很凄惨，还要被人追打，所以他发愿代受它们被打的痛苦。

《普贤上师言教》中记载了类似的故事：

喇嘛香巴南觉（阿底峡尊者的一位上师）在讲法时，有人用石头打狗，上师喊着“痛啊痛啊”便栽倒在法座上。在场其他人看到那条狗安然无恙，以为上师是假装的。喇嘛香巴南觉了知他们的想法，便将背部展示给众人看，在那条狗遭受击打的同样部位高高肿起，被打的痕迹清晰可见。众人这才相信上师真正是代受了狗遭石击的痛苦。

四、结语

弟子们曾问米拉日巴尊者："上师您的行为超越凡俗，请问上师仁波切您是金刚持还是哪位佛菩萨的化身？"

米拉日巴尊者回答道："你们认为我是金刚持或某位佛菩萨的化身，说明你们对我的一种信心，但对于正法来说，再没有比这更严重的邪见了。我最初依靠咒力降冰雹，造了那样严重的罪业，当时想肯定只有堕地狱了，因此全心精进修持正法，依靠密宗甚深的方便要诀，在相续中生起了殊胜的功德。你们因为对因果生不起虔信，才对正法不能如此精进。如果你们能从内心对因果生起坚信，像我那样精进，所有的凡夫也都能做到，那么你们相续中也会生起同样的功德，那时也可以称为是金刚持或佛菩萨的化身了。"

如尊者所说，不能精进修持佛法，是因为我们对因果没有虔诚的信心。的确，我们只能看到无尽因果链条的零星碎片，太多时候我们都无法理解事情真正的前因后果，只有佛陀能完全了知任何一件事的因果的全部面向。尽管如此，如果我们能对因果生起无伪的信心，那将极大地激励我们精进修行。

虽知因果差别然信弱，虽闻众多正法然未修，
我与如我恶行众有情，自心与法相应祈加持。

法王如意宝与妹妹阿里美珠空行母、外甥女门措上师在德格新路海

第六章 安乐可期

佛陀当年看到生老病死的痛苦景象后，毅然决定舍弃身为王储的尊贵生活和挚爱的亲人，去到森林里苦修求道。是什么给了他那样大的触动，使他放下世俗的荣耀和亲情？他苦苦找寻的又是什么？

在他走出宫门，目睹现实人生的种种惨状之前，生活对他来说充满自信和自由。他拥有世人向往的一切，地位、权势、财富、学识、才智、俊美的外表、美满的家庭，想要什么都能实现，痛苦烦忧从来与他无交涉。然而，当他看到人生的真相后，他从未质疑过的那份自信和自由开始崩塌。

如果一切都抵御不了生老病死诸苦的侵蚀，那么之前的尊贵、荣耀、美满等等，又是为了什么？生而为人的自由、美好，他是饱尝过的，他不相信那些能力、那种开阔，都是无目的的。他来到这个世界，一定有更大的意义，而不仅仅是为了来编织美梦和受苦。

其实，我们每个人都是这样。被生到这个世界上来，一定有更大的意义，而不仅仅是为了身不由己地在忧患苦恼中流转。这个意义就是像佛陀示现的那样，走出用成功、快乐等理想搭建起来的美丽而脆弱的迷宫，去寻找和实现真正的自由安乐。

佛法能带给我们自由安乐吗？当然可以。只要我们按照佛陀开示的法道去修持，就能逐渐远离烦恼、痛苦的束缚，不再身不由己，而是自己能做自己的主。身心自在，即为安乐，有时我们也称之为解脱。

小士道行者了解到恶趣的痛苦，为了修成善趣人天果位而持守戒律，远离十不善，奉行十善业，上供三宝，下济贫乞，修习四禅四无色定，如此得在轮回中暂时离恶趣痛苦，得人天安乐。虽然这也是一种离苦得乐，却不是严格意义上的解脱。

佛法中所讲的解脱，是指脱离如海般深广的轮回痛苦，获得声闻、缘觉、圆满菩提的任一果位。

具体如何修持？在出离心的摄持下，持守戒律，断恶行善，由戒得定，由定生慧，最终证悟人无我和部分法无我，从而得以解脱轮回枷锁。是为中士道。

大士道行人以菩提心勤积福慧二资，经由远道因相乘、近道金刚乘，证无上觉，普利群生。

金刚乘内又有远道外三续——事续、行续、瑜伽续，近道内续生起次第、圆满次第，捷径光明大圆满。尤其是修光明大圆满法，具缘者在数年数月之内就能证得虹身果位。今生得遇此法，要下决心由此证得无上菩提。

我们现在修习前行，正是在为修大圆满法做准备。从暇满难得开始，以三殊胜摄持，一步步观修无常、苦、因果之理，使自己不断趋近事实，内心与正法相应。然后从一切圣道之基石——皈依开始，至圣道正行完全圆满，其间每一修法都有各自的功德，都是解脱之因。

众多高僧智者所摄持，依照上师言教而修行，

解脱胜道无误示于众，无等上师足下祈加持。

2014 年扎西持林萨嘎月极乐法会上，希阿荣博堪布为信众灌顶加持。

第七章
依止上师

一、甄别上师

“四种厌离”之后

我们终于来到最后一章，但也很可能是最重要的一章——上师。说最重要，不仅因为上师对我们的修行和解脱至关重要，也是因为在有关上师的问题上，修学者，尤其是现代的修学者最容易犯错，以至于在修行路上给自己制造出几乎无法解决的困境。那么，如此重要的问题为什么不在一开始就提出？华智仁波切在《普贤上师言教》中，以及其他很多上师在讲解前行时，都把“上师”这一部分放在暇满难得、寿命无常、轮回痛苦、因果不虚这四种厌离法之后，我认为这是有深意的，一个细心的学生应该会从这样的前后排序上得到一些启发。

首先，你会明白你需要有出离的愿望，才谈得上真正开始跟上师学法。上师是为我们传授解脱之道的人，这一点务必要再三提醒自己，我们与上师之间最紧密的连接是解脱，而不是其他。如果我们对世间追名逐利、情仇爱恨的循环仍然恨不能身陷其中更深一些，根本不想出离，所谓“学佛”“修行”不过是为把现有的生活打造得更美好坚固，更多一层保障而已，这样的诉求又何必惊动一位传授解脱之道的上师呢？很多世间法的老师也都能帮上忙，而且能给出更具体实用、立竿见影的解决办法。

只有自己开始对当下的生活有所怀疑，开始问为什么这样过，对生命在日复一日的劳碌奔波焦虑烦忧中流逝开始感到有些悲伤，你想要寻找出离之路，这时，上师才变得无比重要和珍贵。不是说，在这之前你不可以有上师。你当然可以有上师，任何时候你都可以有上师，而且你可能还会一再说“上师对我很重要、最重要”之类的话，但如果你完全没有出离心，这种话就只是嘴上说说而已，有太多的东西都是你损失不起的，而一位教你如何出离轮回的上师，他的位置总是可以往后排的。当你萌生出离心时，你会逐渐意识到自己懂的、会的大部分是用来加深轮回的，而想撼动无始以来熏习坚固、牢不可破的轮回习气，只有跟着上师从头开始学。这个时候你才真正体会到为什么说上师重要，因为你完全指望他、依靠他来教你如何出离。

不要把上师看成一个全能的神（或者说服务员），随请随到帮你解决生活中所有难题。可能他的确什么都会，但他不会在你面前展露出来，即使展露出来，也是以你察觉不到的方式。佛法中非常高深的见地和修法，就是当你的心安静、敏锐、开放到相当程度时，你的确会察觉到上师三宝无处不在。但在那之前，在你的内心还满是浮躁驰求的时候，不要期待上师总能满你的愿。如果我们希望自己能遇到一位好上师，最保险的办法就是先让自己成为真正求解脱的人以配得上这么一位好上师。

一定程度的出离心也能让我们不那么容易遇上错误的上师。所谓错误，是指不具备资格和功德，没有能力引导他人解脱。在如今这样一个时代，鱼龙混杂的现象比以往更加严重，如何辨别上师成为一件非常重要的事，你不能只靠“眼缘”或某些听上去很玄的“感应”。实际上关于合格上师的标准，许多经论里都有明确讲述，我们后面也会讲到，但无论如何，自己有出离心，目的就会比较单纯，你只是为了解脱轮回而学佛，所以你判断一位“上师”时，关注的也主要是他的言传身教是否能帮你树立正见、减少烦恼，你不会太容易被外在华而不实的东西吸引，至少给你足够时间，你还是能看到那些东西与解脱的偏离。

这个时间当然越短越好，因此一定的出离心之外，我们还需要有一些佛法的见地，才能据此判断一个人，听其言、观其行，看是否符合佛法，然后我们再决定要不要跟随他学。而观修四种厌离不仅是培养厌离轮回、寻求解脱之心，也是实实在在建立佛法基本见地的过程。暇满、无常、苦、因果，这些见地若能深植于心，就好比是穿上了护身的铠甲，可以帮我们抵御不正确见行的侵蚀，不论这些见行出自何方。

有必要澄清的四个概念

我们常常听到这样的故事，过去和现在很多修行人第一次见到自己的根本上师时，都会异常激动，痛哭流涕，出现种种难以解释的内心感受。当然每个人的福报不同，与自己上师的因缘不同，有些人确实在因缘成熟时显现上不经过多少观察便认定上师，从此跟随上师修行获得解脱，但是就我们现在的情况而言，还是不要完全依靠感性，把能满足我们此时此刻情感需求的、正好又被我们遇上的任何一个人，急于认作上师，因为我们一旦接受一个人做我们的上师，就不只是以他为老师，闻思修有不懂的地方去请教他，不仅是这样，我们还要以这位上师为道，以他为我们的修持之道。事关重大而我们的感情又是如此多变无法依靠，所以还是尽量给自己一些余地和时间，用足够理性的态度认真去衡量、判断，看一个人是否真正具有功德，并有成为上师的资格。

在讲具德上师的标准之前，有几个概念需要先澄清一下：一是我们在这里所讲务必再三甄别、一旦认定便以其为修持之道的上师，指的是为自己传授密法的根本上师，包括三种：给自己灌顶的上师、为自己讲解续部教言的上师、向自己传授密乘修法要诀的上师。也就是说，一位上师若没有给你或灌顶或讲续部或传密法诀窍，即使他本人具有做这三件事的资格，并且也为其他人做过这三件事，他仍然不是你的根本上师。只有这三件事之一真正发生在你们之间，根本上师和弟子的对应关系才确立。

我们之所以这样仔细区分，是因为根本上师和弟子与普通上师和弟子之间守持的誓言是不同的。弟子对待上师的行为要求有很大不同，而破誓言的后果也相应有很大不同。我发现有一些人根本分不清谁是自己的根本上师而谁不是。他可能只是听了一位上师关于显宗教法（比如中观）的开示，或者向一位上师求了诸如释迦佛修法这样属于显宗法的传承，就以为这位是自己的根本上师了。不过，这种误解倒不成什么问题，如果能以对待根本上师的要求对待所有善知识，当然是很好。成问题的是另一种误解，就是向一位上师求了灌顶或密法诀窍之后，却不知道自己从此需要严守密乘戒，反而把根本上师视为普通朋友一样，高兴时就去亲近他，不高兴不满意了可以随时跟他翻脸断交。根据密乘根本戒，你把根本上师看成传讲佛法的凡夫老师而非证得金刚持果位的圣者，都是成问题的，何况比这更糟的见解和行为呢。

因此，为了不把自己推入违犯密乘戒这样危险而无法回旋的境地，我们在认定根本上师之前要非常认真仔细地观察、判断，比做其他任何事都更谨慎。别怕耽误时间，你可以在观察期间多听多看这位上师的开示，多了解他的行为，看看他讲的是不是有道理，他做的是否和讲的一样好，还有更重要的，是他的教导是否真对你有帮助，一段时间下来使你在佛法的闻思修上确有进步，模糊的理解得到了澄清，不知如何去做的知道怎么下手了，以前纠缠一堆的专有名词开始在你的修行地图上找到各自的位置。如果了解越全面，信心越大，你就可以比较放心地去求密法了，你与根本上师的关系因为有理性观察而来的信心作为基础，也就更容易保持清净稳固。对密法修行者而言，没有什么比这更能保证修行路上的迅猛进步了。

我常听人说这位上师和自己有缘、那位上师和自己有缘。什么叫“有缘”？不是他肯迎合你，让你觉得自己“很有善根”“很有智慧”“世间出世间都很有福报”，总之从没自我感觉如此良好，就叫有缘。或者，新奇的言论和行为更容易吸引你的注意，这是一个崇尚创新的时代不是吗？的确有一些非常有智慧的了不起的上师，针对弟子的具体情况，以比较特别的方式诠释佛法、应机调教，但不要忘记，他们这样做是以其对佛法深刻的了解和自身的修证作为前提的。如果没有那样的了解和修证，外在行为的“不走寻常路”可能给弟子和旁观者带来的困惑会远大于灵感。然而问题是，作为初学者，没有神通的普通人，如何判断一位上师的修证达到了何种程度？我们怎知他的行为后面是否有真正的学问或修证作为保障？老实说，我们没有太多的依据可供做出判断。证书、头衔、名气等会有一些帮助，但恐怕最可靠的办法还是得回到自己的修行上来。如果一位上师的教导让你在修行上持续、稳定地进步，那么他就很可能是你在寻找的与你“有缘”的上师。如何判断有进步呢？以前的祖师们说，很简单，就是看你对三宝的信心、对众生的悲心、对因果的正知正见有没有增强。这当然需要时间和耐心，修行上的进步往往缓慢，不大可能有那么多令人激动泪流满面的顿悟时刻，你得管住自己追求简单答案和速成效果的老习惯。

另一个需要澄清的概念是信心。当我们说对上师有信心的时候，我们究竟在说什么？相信他能帮我们解决所有问题？相信他能承诺我们今生的顺利、来世的解脱？还是说，像我们有时在生活中会做的那样，全然信任一个人，不问为什么，就是相信他说的做的都对都好？也许，对上师的信心，这些都包括，但还不够，我们还确信上师的所言所行无不代表纯正的佛法，无不是在启发我们发现、对治烦恼，趋近万事万物的实相。是的，是确信，不只是相信。相信是你愿意那么想，确信是你知道事情本来就是那样，这其中的差距来自你对佛法了解的多少，不仅是理论上的了解，还有真修实证。

你会在上师身上一再见到佛法的样子，他身上反映着他所教导的一切，端看你有没有那个鉴赏力在他或许如凡夫般的示现中辨别出来。他的一言一行，你能透过表面看到它们背后的佛法的逻辑，并能逐渐地欣赏佛法在现实人生中原来有如此丰富的诠释。

于是修行对你来说，开始变得生动而直接，书本上的知识活起来，从文字、理论、抽象思维变成具体的行为、生活方式。你不知道怎样实践布施、持戒、忍辱吗？看看上师在做什么，然后你模仿他就好了。你不知道什么是空性智慧吗？看看上师是如何待人接物、处理问题的。或者，你原先没有学过相关的法理，但模仿上师，你自然就在布施、持戒、忍辱、福慧双修了。这两条路最后汇聚到一点，就是内在的转化——内心变得清净调柔，佛法浸润到你的言行思维中，而不是浮于表面。

信心成为你与上师之间默契的互动。你需要不断加深对佛法的理解和掌握，才有足够的能力回应。所以，对上师的信心不意味放弃对自己的责任，相反，你得更精进地修学才能跟上他。不妨留心观察一下，当你修行不太精进的时候，你对上师的信心也会相应减弱。精进和信心之间是有这样的正比关系的。如果自己完全不修行，“反正我对上师有信心，都交给上师了”，可能恰恰说明你对上师没有信心，你只是把不想做的事甩给他，自己去做“更重要”的事而已。的确有不少人是这样，对上师的信心主要体现在把解脱的责任全部推到上师身上，觉得上师就是那个最后会像扔石头一样把自己扔到解脱之地的人。但真能这样吗？如果是，想来南瞻部洲应该早就没有未解脱的众生了，上师们会不遗余力把我们扔过去的，毕竟比起教我们解脱之道来，“扔”容易多了。

对上师的信心，不论它开始是什么样，每个人的情况不同，但终究会走到同一条路上来，就是诚心、专注地跟随上师修学佛法。你在修行上重复、确定、越来越清晰的种种体验，将会不断巩固你的虔诚和专注。到这时，你对上师的信心、恭敬更多是来自感激和对体认、安住于自性的渴望，因为你越来越清楚地看到了上师与自性的关系。

这引出来又一个需要澄清的概念：以上师为修持之道。密乘的上师不是单纯教授佛法义理给你的人，他还是你修行的道路。什么意思呢？比方说，你主要的修法方式是持名念佛，那么佛号就是你的道路，你藉由持诵佛号的方式来证悟、解脱。以上师为修持之道，就是以随学上师的方式来证悟、解脱。普通的老师，他教授的和他本人是分开的。你作为学生，需要把他教给你的知识或技能吃透、内化，但你不必成为跟他一样的人。而根本上师呢，你要努力成为他。不是说你要改变自己的身份，成为他那样的上师、堪布或活佛（这个估计比较难，也没必要），是你内心的境界越来越趋近他。你要像他那样修行，那样证悟，有他那样的智慧和慈悲，那样处理问题，那样对待众生，像一道静静的大河滋润、涵养流域内所有生命。上师身上那些特质，你希望自己将来也同样拥有。

那么，一位具德上师究竟会具有怎样的特质呢？

具德上师的标准

其实，很难说有什么硬性的标准。人又不是物件，没法用多精准的规格去衡量。但也不是完全没有标准，寻找上师全靠碰运气。这么说吧，除非你和一位上师有非常特殊的因缘，即使他示现猎人、乞丐、酒鬼的形象，或者他的所作所为大大背离常人眼中佛弟子的样子，你也能一眼认出他是圣者，是你生生世世的上师，否则你还是需要一些标准作为参考，来帮助你做判断的。如果这样的标准全无必要，无垢光尊者、华智仁波切等祖师大德也不会在他们的著作中那样不厌其烦一条一条列出来了。这些标准不一定能帮我们找到那位“对”的上师，但至少可以过滤掉一些“不对”的。不用太担心自己会因此错过根本上师，就像我们前面说的，如果我们自己是足够好的学生，就不会那么容易错过好老师。而如果因为太心急，错认上师，自己将会陷入难以走出的困境。

现在很多人只是听说什么地方有灌顶就马上赶过去参加，也不问灌什么顶，也不问灌顶的是哪位上师，或者知道是谁，但仅限于久仰大名，再多一点就不知。这一方面说明大家很愿意学习密法，因为不经过灌顶就没有学密法的资格；另一方面也说明大家对灌顶存在误解。也许在有些人心里，灌顶只是相当于一种入会仪式，经过这个仪式后，便成为“密法俱乐部”的会员，可以看只对会员开放的书籍和参加会员内部活动。而对另一些人来说，情况可能更简单，灌顶只是喝一些水，吃一些东西，看一场浸入式表演，然后高高兴兴回家去。然而，他们不知道，灌顶的一个非常重要的意义在于受戒，接受灌顶就是受密乘戒。受戒之后一旦违犯，后果将是相当严重的。我很怀疑，人们知道这一点后还会对灌顶趋之若鹜，毕竟持守戒律是不容易做到的。

关于守戒、破戒的问题，有人会说：破戒的前提是得到了戒体，若一开始就没有得戒，后面也就无所谓破戒。如果上师没有灌顶的资格，或者弟子没有希求灌顶的心，那么灌顶可能就不会发生。即使弟子从头到尾一直在现场，他也不会得到戒体，因此与上师的关系也就不受密乘戒的束缚。这种说法有一定道理，然而我们仍然无法据此判断自己是否需要守持与上师之间的三昧耶戒（密乘戒）。为什么呢?

首先，上师有没有灌顶的资格，我们是很难仅从表面判断的。可能所有人都认为有资格的人，实际上并没有资格，而大家都认为没资格的人，可能有资格。

其次，弟子有没有希求灌顶的心，也不是那么容易就说得清的。我们惯于散乱，常常不能清楚了知自己的念头。

再次，即使弟子在灌顶过程中，心里始终有清晰的想法“我不要得到这个灌顶”，这样可能的确不会得到灌顶，但只要你人在现场，不论你愿不愿听，听不听得懂，口传都是得到了的。而口传的内容往往涉及续部教言或密法修行窍诀，这么一来，上师会不会就成为给你传密续的上师了呢（即便他不是给你灌顶的上师）？这个问题，大家一定要好好地想一想。因果深奥难测，务必谨慎对待。

以前，法王如意宝常对弟子们说：“我在世时，你们聚在一起比较容易，趁这个机会相互求一求显宗论典比如五部大论及其注释等的传承，是很好的。等我不在了，你们也不容易常相聚。有些传承比较稀有，以后你们在别处不一定能再遇到持有这些传承的人。求了显宗法的传承后，你们之间的关系也不需因此高过金刚道友之间的信心和恭敬。但如果是进一步求续部尤其是大圆满法的传承，相互间的关系就超过了金刚道友间的信心和恭敬了。”可见，对授予自己续部传承的人，是需要以特别的敬信待之的。

不论你去参加灌顶是碍于情面，人家发来邀请，不好意思不去，去了也主要是在敷衍，还是为了陪朋友参加，自己也顺便看看热闹，还是各种各样其他情况，都不要轻易断定自己没得到灌顶因而不用在意密乘戒的问题。

而且，以敷衍、凑热闹、玩一玩的心态去参加法会，听受佛法，你真的觉得这样好吗？会不会对佛法太不珍惜，太不恭敬了呢？诸佛菩萨往昔修行时，往往为了求一句法而历尽艰辛、舍身忘死。佛陀说法时，心开意解、获得法益的不仅是弟子们，连无意中飞到现场来的小鸟也受益匪浅，因为听闻佛法的功德而转生三十三天。佛法如此珍贵，能有闻法的机会是多么难得，我们最好还是不要随顺自己的无知和轻慢，而应该生起对佛法的珍惜之心。

密乘戒的具体内容根据灌顶的不同而各有不同，但都包括与上师有关的根本戒，即不得轻视根本上师，视其为凡夫，违背其教言。然而许多人灌顶之后并没有重视这条戒律，反而开始观察、评判给自己灌过顶的上师，觉得他这样不如理，那样不如法，然后决定舍他而去，也劝别人远离这位上师。这显然是有违密乘戒的。

观察上师是否合格，只能是发生在灌顶、传授密续或传窍诀之前，一旦已经成为自己的根本上师，就不能再去做那样的评判，而只能把上师的一切言行看作殊胜、善妙的示现和引导。这是密法很独特的地方，背后有极深刻的道理。

正因为对弟子来说，与根本上师的关系是没有退路的，处理不好，便会涉及密乘戒的问题，而不是换一位上师重新开始那么简单，所以历代祖师大德才一再强调要事先检视上师。莲师说："不察上师如饮毒。"等毒药下肚，毒性发作了，你再后悔、再抱怨不公平也没办法。以根本上师为对境破密乘戒会有什么后果，不是人为规定的。若是，你可以去据理力争、讨价还价，说"这样不公平"，要求改变结果。但它是法尔规律，佛陀看到如是因有如是果，便告诉了大家。他只是陈述事实，而没有制定规则。就像大人告诉孩子火会烫手，不是他规定这样或者他想让孩子被烫伤，其实他说不说，火都会烫手，而他说了，是为了保护孩子。孩子若不听，偏要伸手去试，结果烫伤了，他没法怪罪别人，更重要的是，他得自己承受烫伤的痛苦，没人能代替。

事先观察，一方面是为了解一个人是否真正具有功德，真正有能力引导我们修行乃至解脱，一方面我们也是藉此对照自心，反复确认自己的印象和了解是否与事实相符，不要等到灌顶后才发现很多事原来只是自己的想象，然后很失望，不由自主生起怨恨，甚至开始怀疑佛法。要知道，这样做影响不到别人，只会伤害到自己。

那么，应该从哪些方面来观察呢？华智仁波切是这样说的：

如今处于五浊恶世，虽然圆满具足众多续部宝典中所讲的一切法相的上师极为难得，但是对于人们所依止的上师，必须具备以下这些功德：未违犯外别解脱戒、内菩萨戒、密乘三昧耶戒——相续清净；通晓经续论典——广闻博学；对无边的众生如母对独子般慈爱——具大悲心；精通外三藏、内密四续部的仪轨——通达显密；依靠修持实义于自相续中现前殊胜的断证功德——现前断证；以布施、爱语、同行、共事四摄事摄受具善缘的弟子——圆满四摄。

老实说，一个人是否戒律清净，是否具有大悲心，是否通达显密，是否有所证悟，等等，没有现成的证书可资证明，你只能从旁观察。如果时间足够长，你可以看出来。所以华智仁波切也说，最好能花三五年的时间来观察一个有可能成为你根本上师的人。

比如说，关于戒律，大概除了发生他被自己的上师扫地出门这样的大事外，你很难判断一个人是否破戒，尤其是菩萨戒和三昧耶戒。那么，该如何观察呢？初学者虽说佛法知识有限，却仍然可以运用常识，在根本上师和弟子的关系建立前，你应该并被鼓励多运用常识来观察和判断。

先确定他是个好人

我的上师法王如意宝以前总是强调，贤善的人格是学佛的基础，没有这个基础，学问、苦行都如空中楼阁，远看像那么回事，实际一点儿不牢靠，真正要用的时候，用不了。

什么时候要用呢？烦恼起来时，困境现前时，死亡降临时。话说回来，我们学佛不就是为了在这些时候派上用场吗？

无著菩萨摄受弟子前，也是首先看他的人品如何，人格低下的，不论多聪明能干，一律拒于门外，让回去先学会做人再来求佛法。不是上师不慈悲，是做人还没学会，遑论学佛。麦彭仁波切专门撰著了《二规教言论》，细细宣说人格对于修学佛法的重要性。世法即是佛法根。没有贤善的人格，是无法通达佛法并由此证悟的，如同没有树根怎能有树干？

贤善的人格可以归结到善良正直上。善良的人，首先是没有害心，总会尽量避免给其他众生造成痛苦，如果有必要的话，他会主动承受伤痛、失败，去成全他人。如朗日塘巴尊者在《修心八颂》里说的："亏损失败我取受，愿将胜利奉献他。"正直，则是行事端正，不谄曲，不会言行不一、当面一套背后一套。

上师收弟子，首要看人品。弟子选择上师呢，本来是不需要专门看这个的，因为贤善人格可说是为人师表最基本的条件，人品成问题根本不配做上师，也就不会进入到弟子们考量选择的范围里，你不大可能路上随便抓一个人来观察他能不能做你的根本上师不是吗？然而，现在的情况变得有点复杂，选择上师有时也不得不把人格的贤劣作为考察内容。

以前的人基本上是生活在熟人社会，彼此间要不是知根知底，也总能找到了解情况的亲戚的亲戚、朋友的朋友，几番打听，一个人到底怎么样，大致也就能搞清楚。再不济，大家拥有同样的文化背景、生活环境、心理习俗，很多事情一眼或几眼也就能瞧明白，要装模作样骗人没那么容易的。

我记得小时候，我的上师哥宁活佛、多吉秋炯仁波切、慈诚加参堪布、特诺堪布、才旺晋美堪布等，都是在当地几十年教化民众、为人熟知且受到尊敬的上师，他们的人格和佛法造诣，可以说经受住了长期而严格的民意考验。当地人也许嘴上不会明说谁不好，但会用行动证明——他们心里认定的好上师，他们会去向他求密法。就看这一点，你差不多就可以确定自己能不能请一位上师做自己的根本上师。

后来，我听说了法王如意宝的功德，心里对他老人家生起了无伪的信心，下定决心要去依止。可能是因为我和法王如意宝之间有着特别深厚的因缘，仅仅听到他老人家的尊名，便如华智仁波切所说"周身汗毛竖立，激动万分，生起无比信心，心情骤然改变，这说明他是自己生生世世的上师，不需要观察也应依止”。不仅对我个人来说如此，对其他人来说，法王如意宝也是无须多方观察就可以依止的，因为他的功德有目共睹，他的声名远播完全靠的是口口相传，那么多人（而且是长期地认真地修学佛法的人，他们甄别上师的眼光锐利而“专业”）发自内心的赞叹、颂扬、依止，这可做不了假。

以前我们选择上师，不大可能会像现在这样，很多时候几乎是在对其背景、人品、学问、修证等完全搞不清的情况下去做选择。不要说一个人是不是好上师，你连他是不是个好人都不知道。了解的途径非常有限，宣传手册或网页上想必都是好话，你很难考证是否属实。你也没碰巧认识了解他真实情况的人。这些年来我们不时看到，一些当地谁都知道是一点佛法也不懂、更不要说有修证功德的人，竟然大模大样做起“著名上师”来，广收弟子，广弘“密法”。

华智仁波切在《普贤上师言教》中称这种人为“如疯狂向导之上师”。他说：

未曾依止过智者上师，也没有精进修学经续，孤陋寡闻；相续中烦恼粗重，无有正知正念，违犯戒律破誓言；相续比凡夫还低劣，而行为却如大成就者一样，所作所为高如虚空；嗔恨和嫉妒心粗重，断掉了慈悲心的吊索，这便是所谓的如疯狂向导之上师，将弟子引入邪道。

“未曾依止过智者上师，也没有精进修学经续”，意味着没有师承。他们或自创或靠道听途说拼凑成某种“密法”，然后教给那些可怜而虔诚的求法者，真真可叹！

这种比较极端的情况，我希望是暂时的。随着人们对佛法尤其密法的了解增加，他们会逐渐发现破绽。当然不是所有人都能看出问题，但会有越来越多人看出问题来。他们不会永远满足于只是被“上师”摸摸头“加持”一下，被教以流传已久、人人耳熟能详的世间格言，以及观看各种仪式表演

（有很多连基本的佛法仪轨都算不上，只是东拼西凑、夹杂民间舞蹈、歌谣和个人奇想的综合表演，或者连这都不是，仅仅是一些让人啼笑皆非的出格言行展示）。你迟早要开口讲真正的佛法，要引导闻思修，要知道学生修行上的问题出在哪里并予以纠正，而这些是假装做上师的人做不到的。他不懂佛法，所以他没法给学生讲解佛法，即使讲，也会明显地漏洞百出。当然还有一些人，佛法讲得很好，但内心没有实证功德，出离心、菩提心都欠缺。其实，一个人是否受过教育，言谈举止上是会流露出来的；而修行者身上那种特别的心思清醒安定的气质，长期浸润在佛法里才能熏陶出来，没有修行的人怎么装也装不像。也许他们根本就意识不到这一点，以为架势摆到了，别的也就到了。华智仁波切说，这种所谓上师的嗔恨心和嫉妒心粗重，而这两种烦恼很难掩饰。所以，识别“如疯狂向导之上师”并不是很难。

对于求法者，成功避开这种上师，只是寻师路上走完第一步，后面还有很多要特别注意的地方。作为堪受弟子依止的上师，仅仅有基本的闻思修、人品不坏、不刻意欺骗是不够的，还需要有其他的功德，诸如相续清净、有大悲心、通达显密、现前断证等等。华智仁波切反复强调做上师者应有的功德，说明当时在藏地很多人会忽略这个问题，在选择上师时不够谨慎、明智。一件事，如果大家自然而然做得很好，是不必拿出来反复说的。想想看，在十九世纪的藏地，人们都需要被反复提醒检视上师是否具有德相，何况是我们现在这个习惯于表面化、娱乐化、追求速成效果的时代？

他会用因果保护你

我们回到华智仁波切所说具德上师的标准，如何观察这些标准呢？

比方说戒律。一个人守持什么戒律，旁人并不清楚，但一般来说，日常行为的自律与否，是能在一定程度上反映持戒的精严与否的。如果日常的言行举动、待人接物上，他也没有表现出太大的自制力，很难想象他能细致地对待自己守持的戒律。简言之，别解脱戒的核心是不伤害，菩萨戒的核心是爱护帮助众生，三昧耶戒则是清净观，这些都需要对身语意保持觉察，有正知正念才能护持。

《普贤上师言教》中讲过扎堪婆罗门的故事：扎堪婆罗门观察自心，生起一次不善的分别念，就放一颗黑石子，生起善分别念就放一颗白石子。最初，全部是黑石子，精勤对治、取舍善恶后，慢慢变成黑白各半，最后全部都是白石子。由此可以看出，好的修行人是怎样谨慎防护身语意的。

开辟藏传佛教中弘期的阿底峡尊者曾说："我入了别解脱门后，细微的过患也未染上。入了菩萨乘，对于菩提心的学处（菩萨戒），出现过一两次过失。入了密宗金刚乘，虽然犯过很多过患，但全都立即忏悔，从来没有不忏悔而让罪业过夜的。"他在行路途中也是一样，出现恶分别念，马上便取出一个木制曼荼罗，立即做忏悔。

祖师大德的示现告诉我们，戒律的守持并不空洞、玄妙，是落实在日常言行的谨慎取舍上的，点点滴滴，琐琐碎碎，也许在旁人看来简直小学生做功课般初级而笨拙，可那有什么关系呢？连阿底峡尊者那么伟大的成就者都是那样做的，我们还需要装得比他更高明、更自在吗？

本来这些我们只能拿来要求、鞭策自己，不能用来要求和批评别人，但在考察、选择上师这件事上可以破例一次，我们可以对对方要求高一些，毕竟自己以后要向他学法，修行路上一直都要依靠他，如果他方方面面只是达到及格线水平，那究竟向他学什么呢？一位上师，哪怕没有很大的学问、很高的修证，至少也应该让学生知道修行要从最基本的谨言慎行、取舍因果做起，并示范如何去做。

你可能会想："不不不，这位上师是大成就者，他已经不执著这些细枝末节了，不能用对凡夫的要求去要求他。"好吧，他是大成就者，普通人的确没办法想象他的高深境界，不过好在他还不是你的根本上师，并且将来你有可能请他做根本上师，那么最好还是现在冒昧揣测一下他的密意吧。不过，这里有一点要特别注意：如果你并不想请他做根本上师，就不必去揣测。他说什么做什么，其实跟你都没有太大关系，敬而远之就好，不必多想，不必议论。

一位大成就者，不论他的行为看上去多么令人费解，他对佛法的开示一定不会偏离正见，他也不会要求弟子学他的行为。比方说，他自己抽烟、喝酒，但他不会要求所有的弟子也抽烟、喝酒；他一开口，讲的是纯正的佛法，而不会是前言不搭后语醉汉的胡话。

《圆觉经》云："末世众生，将发大心，求善知识欲修行者，当求一切正知见人，心不住相，不著声闻缘觉境界，虽现尘劳，心恒清净，示有诸过，赞叹梵行，不令众生，入不律仪，求如是人，即得成就阿耨多罗三藐三菩提。"末法时期的善知识可能示现尘劳之身，入世做很多事情，但他内心恒常清净，有正知见，赞叹远离贪欲的梵行，不会教众生做违犯律仪之事。

你说："不对呀，帝洛巴尊者不是曾让他的弟子那诺巴去偷东西吗？"的确。可那是帝洛巴和那诺巴呀，两位都是不世出的大成就者。若是一个普通人，帝洛巴尊者不会那样做，因为普通人承受不了那样做的后果。那诺巴尊者当时已是名满全印度的顶尖学者，这样的声名、地位，他说放下就放下了，自己跑去一个乞丐面前求教，受尽百般捉弄和侮辱，愣是没有一点怨言，仍然毕恭毕敬，依教奉行，说让偷东西就偷东西，说让跳楼就跳楼，被人打得死去活来，跳楼摔得七零八落，对上师不生半点邪见。因为他能做到这样，帝洛巴祖师才肯变着花样调教他，大大小小让他受了二十四种苦行，好帮他尽快清净业障，圆满资粮。比如说，叫他去偷东西，目的是为了让他挨打。还记得目犍连尊者的故事吗？他在佛陀弟子中神通第一，曾经把释迦族人装进一个钵里举到半空中，三界所有众生合起伙来也动不了他一根毫毛的，但由于往昔业力成熟，他被外道殴打时，连神通二字也想不起来，更别说示现神通了，结果一味低头受打，终被活活打死。可见，业力成熟时，任什么也挡不住果报显现。那诺巴尊者挨的这些打，想必也是他的业力现前，只不过上师帝洛巴制造了一个缘起，让他的恶业提前成熟了，使他通过挨打受苦，耗尽了这个恶业。同时，因为是宁舍生命不违上师教言，也积累了巨大的资粮。挨打后，帝洛巴尊者为他作加持，使他伤痕累累的身体恢复如初。

帝洛巴和那诺巴是历史上最著名的师徒之一，他们精彩纷呈的故事，给后世一代又一代修行者以启发和激励。同样的还有玛尔巴和米拉日巴这对师徒。其实上师那诺巴和弟子玛尔巴之间、上师钦哲益西多杰和弟子华智仁波切之间也是这样的。上师们都是用看似粗暴、为所欲为、不近人情的方式在调教弟子，但我们要知道，那是一代祖师在培养下一代祖师，特殊的做法仅针对特别的弟子。对其他人，上师们不会那样做，不是偏心，是因材施教，也是为了保护根器不够的弟子，不让他们生邪见恶念退失信心。你看，玛尔巴大译师对米拉日巴那样挑剔，一点儿法也不传给他，只叫他做苦役，动辄打骂，好像脾气很坏的样子，但他对其他弟子却慈爱有加，而且后来他对米拉日巴多疼爱。在尊者的传记里，我们看到师母安慰受尽委屈的米拉日巴说：你别怪上师为难你，他不是真的不想传法给你，平时就是一条狗走过他面前，他都要为它讲几句法，让它结上法缘。这说明，玛尔巴译师的“坏脾气”并不是真正坏脾气，而是为了磨砺米拉日巴尊者的暂时示现。上师玛尔巴的这个方式只针对弟子米拉日巴。

如果一位上师不问弟子的根器和时机，日常化地表现出暴躁、刻薄、贪婪、无节制的样子，让人痛苦、迷惑，或者让弟子做违背律仪的事，那么求法者就要格外谨慎判断了。

在信息闭塞的古代，上师们都非常小心保护众生的善根，不会故意在众人前言行失当。即便示现不拘小节的形象，也会严厉警告：“学我者，入地狱如箭。”何况现在资讯这样发达，一言一行可能影响的都远不止身边那几个人，真正的具德上师一定是更加谨慎。

我们在观察时，最好不要以过去的祖师针对个别特殊因缘弟子的言行，来比对衡量现在通过公共信息平台面对大众的上师的言行，以为既然历史上祖师大德有过这样的先例，那么现在某位上师同样地做，正表示了他的高明和慈悲。

而且，我们也应注意到：上师帝洛巴让弟子挨打、跳楼，用竹签插手插脚，受尽苦楚，但每次事后都能做加持让他恢复如初。他生吃活鱼，也是因为他具有超度它们的能力，为使这些不知取舍的恶趣众生与他结上缘而享用鱼肉，之后将其神识引到清净刹土。也就是说，具德上师示现超乎寻常的行为时，往往也会展现超乎寻常的神通。以前，藏地著名的大成就者钦哲益西多杰显现上行为不羁，你若看他的传记，简直要被惊呆无数回，但他也示现了不得的神通，让人信服他所作所为确是大成就者不可思议的示现，并知道自己作为普通人在行为上是不可以学他的。

说到这里，我想起来我家乡附近的容巴岔地方一位瑜伽士的故事。这位瑜伽士名叫秋阳多杰，看上去很平凡的在家人，平时喜欢喝酒，大家并不认为他是多好的修行人。有一次，他好像喝醉了，手里拿着枪跟一群酒友说：“你们谁有胆子让我打一枪？”有一个人喝得和他一样醉，站出来拍着胸脯说道：“朝我来！”结果他真的朝这个人开了一枪。大家都吓坏了，聚过来看时，却发现那个被打的人一点事也没有，只是胸前子弹射入的地方起了个小小的水泡。再看秋阳多杰，只见他慢慢从嘴里吐出一颗子弹，举着交给那个挨枪打的朋友说：“这个留给你做个纪念！”当地人这才相信他是真有本事的瑜伽士。不过，他一直也没有正式摄受弟子当起“上师”来，还是我行我素过着普通在家人的生活，有时会应邀去给亡者做超度。有一次，几个朋友在帐篷里喝茶聊天，他骑马从旁经过，探头进来说：“你们等等我，我去某某村一趟，念个颇瓦法马上回来。”朋友们一听，心想那个村离这里有十几里路，来回三十多里，还要念超度，肯定快不了。谁知一转眼工夫，他就回来了。也就是到村口打了个转的样子。大家就问：“怎么没去成？”他说：“去了，念完回来了。”接着，笑眯眯地和大家喝茶聊天。有好事者便跑去问那户做超度的人家，人家说：“秋阳多杰来念过颇瓦法，念了很久，刚离开。”从时间上计算，差不多就是他和大家一起喝茶的同时，也有另一个他正在那户人家念超度。

从前印度八十四位大成就者的外在行为也是千奇百怪，但他们大都示现普通人身份，没人知道他们是修持佛法的大成就者，因此也就不会因为不能理解、接受他们的行为而对佛法产生误解甚至进行毁谤。这与现在一些人借佛法之名，顶着各种堂皇的头衔，到处展示令人误解和困惑的言行不同。

法王如意宝晚年经常在课堂上严厉批评那些冒充大成就者、活佛的人，他再三说：佛法终将毁在你们手里！我听说，阿琼仁波切最主要的弟子之一门色仁波切曾这样质问如雨后春笋般冒出来的众多假成就者、假上师，他说：“难道邬金刹土现在处于饥馑劫，莲师把你们派回来化缘来了？”

一个人是否具有大悲心，可以从他是否把利他排在第一位看出来。利他首要的是不伤害。如果一个行为有可能令很多人困惑或对佛法产生误解，不论这个行为本身反映了多么高深的见地，他都会尽量避免做。即使出于某种特别的原因去做，也会努力传达出清晰的信息。当然我指的不是那些到处挑毛病、以批评指责为乐的人，即使佛陀现前，他们也照样大惑不解，照样能挑出一堆毛病。而且，我们也永远没法让所有人满意。无论你说什么做什么，总会有人不以为然的。这很正常。但我所说要特别小心保护的，是那些对佛教抱有善意，对佛法感兴趣、想多了解的人，以及虔诚的已经在学习佛法的信众，他们比较容易因为传法者的不谨慎而受到伤害。

我认识一位居士，以前她不信佛，每次陪家人去寺庙拜佛时，宁愿在车里等，也不愿和家人一起进寺庙，原因就是某些佛教界人士的所作所为让她困惑甚至心生反感。后来一次偶然的机会，她接触到另一群佛弟子，他们的正直善良、谦卑淡泊，他们对佛法的信心和对解脱真诚的渴望，深深触动了她。于是她放下成见，重新开始了解佛教，学习佛法，而这也大大改变了她的生活，她从过去的对佛法敬而远之，到现在尽量放下俗务，几乎是全部身心都投入到佛法修行中来。

莲师说："见比虚空高，取舍因果较粉细。"见地纵然高深，言行上仍须谨慎细致地取舍因果。引导弟子时，具德上师一定会通过言传和身教，把对因果的重视首先教给他——对初学者来说，没有什么比懂得因果取舍更能保护他不受伤害。

不离贪则无悲心

出离心是另一项重要的考量内容，它是菩提心的基础。在佛法中，严格地说，没有出离心就不会有真正的菩提心。华智仁波切说：

检视上师可以摄于观察是否具有菩提心这一条件中。如果心相续中具有菩提心，从今以后不可能不成办弟子们今生来世的一切利益，这位上师所传的正法也是与大乘道相关的，所以也会令所有弟子趋入正道中；如果不具有菩提心，上师被私欲所牵，便不可能很好地调伏弟子的相续，所传的法无论多么甚深稀有，最后只能是为了寻求现世的利益而已。

与出离心相对的，是对五欲的贪著，反映在一位上师身上，便是如华智仁波切所说的"被私欲所牵"，虽然也讲法、传法，最终却只是为了现世的名闻利养。

为什么说自己不远离对五欲的贪著，则难以对众生生起真正的悲心？这就要先讲一讲佛法中的“悲心”和世间通常所说的“慈善”有什么不同了：慈善、仁慈，无须多言，就是帮助需要帮助的人，让生命远离当下的痛苦；而佛法中的“悲心”，是在此基础上，再逐渐帮助众生从根本上远离痛苦，也就是断除痛苦的因——执著。贫穷的不再贫穷，患病的获得康复，然而接下去生活中还是会痛苦不断，还会出现种种无法解决的困境，相同的问题烦忧重复出现，直到死亡降临。一般人生命中的目标，像财产、权力、名声、享受，也就是“五欲”，可以令人得到暂时的满足，暂时地解决一些问题，但是不能带来永久的满足，并且总有一天这些本身也会变成痛苦的因。出离心，便是对那些把人死死困住在痛苦循环里的东西生起厌离之心，并依照佛陀所教的方法真正一步步从循环里走出来。

佛教并非不重视慈善、救助。你看，佛教里的大菩萨哪一位不是救苦救难的？“愿离忧患常安乐”，发愿通过自己的修行帮助众生远离忧患、常得安乐，历来是众多佛弟子牢记于心、付诸行动的誓言。我们看到，在社会中，佛教团体、信佛人士以各种形式向需要帮助的众生提供帮助，参与公益慈善活动。然而，只要有机会，善知识们也一定会教你出离之道，因为那是更长久的解决办法。

如果自己没有这个见地，不觉得轮回痛苦，不想也不知道实际要怎么做才能出离轮回，那么就很难帮助其他众生究竟地远离痛苦；作为上师，则无法引导弟子趋入解脱正道。佛经云：“若自有缚，能解他缚，无有是处。”自己尚被五欲烦恼捆住手脚，又怎能帮其他人解开束缚？

所以，我们观察一位上师，仅看他有哪些善行义举还不够，还要观察他有没有出离心。再强调一次：因为是观察可能成为自己根本上师的人，才用这样苛刻的标准去要求。如果是其他人，能做到行善就已经很好，很值得赞叹了。

在某种角度上，慈善是更容易的，而出离更难，不论是教别人做还是自己做，原因很简单：善举自带光环，出离则显得有点灰扑扑的。减少欲望，减少对名利受用的追求，不求得、不惧失，不求赞誉、不惧毁谤，这也太难了。在这个时代，欲望被描绘成美好的东西，它带来痛苦的一面被大大地淡化。许多人都不知道欲望、情绪等需要管理、控制，否则人生愈是走到后面，问题愈多。

可能对一些人来说，对佛法感兴趣，学习佛法，只是在正常的工作、生活之外附加一个东西而已，并不是真正要去改变、舍弃什么。花时间研究、探讨佛法，出钱出力行善，都是可以的，但前提是不能有损现有的生活。如果你跟人讲“其实你更大的问题是出在执著上”，不等你“出离心”三个字说出口，他们早就跑没影了，不要听。

普通人不知苦，自然不求离苦，这个可以理解。然而作为上师，还是应努力引导弟子树立正见，而不是一味迎合他们。随顺众生，令众生欢喜的目的是教以佛法，引导趋入解脱之道。观音菩萨三十二应度众生，当以何形象得度者，便以何形象现其前，可说是善巧随顺的典范了。然后呢，“而为说法，令其成就”，是要为他讲佛法，使之获得解脱成就的。没有出离心，如何解脱？行善积德、吃斋念佛、烧香磕头、研究佛理，这些行为若没有出离心（或进一步的菩提心）摄持，就只是普通善行，积累人天福报，却不是解脱之因。弟子或许不懂这个道理，而上师应该懂。

还有的上师跟弟子说“这一世你不用修也能解脱”，或者“你我前世是亲戚（或师徒、家人等等），你这一世来是为了度众生的”，诸如此类，明示暗示弟子是“乘愿再来人”。得到这样评价的弟子当然高兴，没想到自己原来这么大来头，从此以后不用辛苦闻思修了，这辈子就“任运游舞”吧。于是自信高涨，对上师也信心倍增。其实，是不是成就者再来，自己怎会不知？至少心里还有没有烦恼，自己总该晓得。有烦恼，就表示还没解脱，尚未成就，有什么好犹豫、难判断的，还需要别人来告诉你你超凡入圣了？

修行者与普通人的差别始于出离心。华智仁波切说：

有些上师不能调伏弟子的相续，自己的相续也与凡夫人无有差别，无有丝毫特殊功德。但是一些愚笨之人对他生起信心，未经观察便将其置于高高的位置，他获得名闻利养后，自相续已改变，充满了我慢，见不到圣者的功德，这种上师称为如井蛙之上师。

如果看上去像普通人一样贪求名利受用，言谈举止皆在世间八法里打转，这样的上师，就不要匆忙去依止。他可能是成就极高的圣者，但也更可能只是“如井蛙之上师”。一般来说，这种上师会非常傲慢，因为内心不够寂静调柔，一旦身处高位，受人供奉，自然便会骄狂。“见不到圣者的功德”，你很难从他嘴里听到赞叹其他修行者的话。

谁是和你有宿缘的上师

观察和选择上师的过程，也是我们观察自己的过程：修行是为什么？我们所看重所追求的到底又是什么？我们真的像自己以为的那样重视修行、重视解脱吗？如果我们可以随便选择一个人为根本上师，可以随意许下一个心不在焉的承诺，说我从此以这个人为我的道，这只能说明我们根本没有把修行和解脱看得那么重要。

上师是一面镜子，通过他，我们看到自己。果然是这样。甚至还没有遇见他，单是寻找的过程，就已经在不断地启发我们看清自己。所谓检视上师，不是去一个人身上找错、挑毛病。抱着这种心态，恐怕永远也遇不到一个令我们满意的人。轮回的心就是永远不会感到完全满意、总觉得哪里不对劲还缺点什么的心。不幸，我们现在就是有这么一颗心。检视上师也不是评选全能最佳，诸如声名最显赫、地位最高、学问最大、弟子最多等等。我曾听一个人劝另一个人说："我的上师是顶级活佛，你的上师不过小有名气而已，级别差多了。拜师就要拜顶级的，知道吗？"我也不知这"级别"怎么定的，但不管怎样，若是为了解脱而学佛，选择上师就不能只看那些外在标签。我们应考虑的，是这位上师身上的特质是否展现着我所向往的修行道路，而这条道路将毫无疑问地导向解脱。在这些的基础上，还有至关重要的一点，就是我与上师之间是否能无碍沟通。

这种沟通有时在初遇上师时便会显露出来。第一次见到上师（本人或法像），或听到上师讲话，或仅仅听说上师的尊名，便感到难以言说的亲切、欢喜、信赖（有些人会有汗毛竖立、分别念顿消等经验），像是失散多年、重又相逢的至亲，一个眼神、一句话，便能越过中间无论多久的分离，回到从前的心意相通。这并不是说从此以后，弟子依止上师的过程中不会再遇到障碍，不会再吃苦头。障碍一定会有的，我们有多少烦恼习气，就会有多少障碍。但与上师保持沟通，便意味着上师说什么做什么，你都能知道他是在调教自己，他指出的是自己身上的什么毛病。

师徒之间这种沟通至关重要，否则，再好的上师、再好的法，正法甘露也不能真正进到你心里去。以前，米拉日巴尊者到一位大圆满上师绒顿拉嘎面前求法，因为没有宿缘，尊者没能很好地受持法教。后来，上师告诉米拉日巴尊者说："我无法调伏你。你生生世世的上师是住在南方卓沃隆寺庙的圣者大译师玛尔巴，你应当前往南方依止他。"米拉日巴尊者听到玛尔巴上师的尊名，不共信心便油然而生。他暗下决心：克服一切困难也要去拜见上师，并跟随上师修法。后来，他来到玛尔巴尊者所在之地，尊者示现耕田农夫的形象等在途中。他虽然不认识玛尔巴尊者，但一见到那位农夫，分别念当下全部消失，热泪盈眶，怔怔地站在那里。

不过，现在的人也不能太强调这种初见面的非常感受，因为米拉日巴尊者作为一位生活在公元十世纪藏地的农夫和修行者，他对人对事的反应，那种直接、纯粹、素朴，是生活在现今时代、尤其是城市里的人无法比的。而且他是在不认识、从来没见过上师的情况下，完全凭内心强烈的感觉，认出面前这位在地里干活的农夫的不同寻常。现在很多人的问题是，心理暗示和联想太多，也比较情绪化，比较习惯生活中时不时出现戏剧性的场面。初次见到一位上师，反应激烈，也许能说明因缘特别，也许不能。

我见过一些人，初见面，欢喜激动，痛哭流涕，对上师非常虔诚，仿佛抓住一根救命稻草一样。可后来，也并没见他多精进修行。再后来，就渐渐看不到这个人了，也不知是依止其他善知识去了，还是干脆就不学佛了。

所谓因缘特别，归根到底，还是看你能不能踏踏实实跟着这位上师学法。若能在上师的教导下，静下心来，一门深入修学解脱道，便是找到了与自己有宿缘的上师。与他初见面时内心的触动，那种明亮、温暖的感觉，会不断地出现在你心里，像是希望的源泉，激励着你精进修行。否则，一时的心情澎湃，磕个头，听个传承，甚至灌个顶，然后回家一切照旧，是无法解脱轮回痛苦的。就算是跟自己有深厚缘分的上师，我们也只是浪费了与他的重逢而已。

一、修有所成

总算可以开始讲如何依止上师，而不必再考虑上师是不是具德的问题了！上师具备该有的功德是一切的前提，本来是无须讨论的，能担得起“上师”二字，理所应当就该是具德上师。如果大前提都不成立，后面弟子依止、随学等还有什么可说呢？

我们都知道老妇人拜狗牙得解脱的故事，说的是：以前藏地有一个老妇人虔信佛教，她托去印度做生意的儿子带一颗佛牙回来供奉，谁知儿子把这事给忘了，临到家才想起来，为了不让母亲失望，他就地捡了一颗狗牙冒充是佛牙带回交给了母亲，老妇人深信不疑，从此日夜诚心供奉，最后因为清净信心的功德，去世时出现解脱的瑞相。精诚所至，狗牙也能成为福田，似乎只要自己有信心就够了，虔信的对象是真是假不那么重要，但有一点要注意的，就是：狗牙不会开口说话误导你，在它面前，你只需照看好自己内心就行了；而一位不合格的上师，却不是你管好自己就行，他会把你引入歧途，使你失毁暇满人身。华智仁波切说，就像一条毒蛇盘踞树下，人不仔细看，误以为是树影，走过去乘凉，结果被蛇咬死。不善加观察，依止邪知识的后果也是这样。

如今我们总算找到具有德相、与自己有宿缘的上师，可以说解决了修行中的一大问题，然而事情并没有从此变得简单且顺理成章，实际上挑战才刚刚开始，因为依止、随学上师比选择上师可难多了，我们要把全副精力用来对付自己身上的问题。上师是好上师，可我们，是好弟子吗？

我们心里也许从未怀疑过自己是好弟子，至少是比别人好的弟子，而这恰是我们依止上师很可能会遇到的第一个问题——我慢。

根器更好的弟子

在米拉日巴尊者的弟子中，冈波巴大师是被称为如太阳般夺目的上首大弟子。可就连他，当年初次拜见米拉日巴尊者也示现了我慢呢。

他寻师路上遇到很多困难，最后到达目的地见到上师前，与上师的其他弟子交谈才得知自己路上一病不起、险些送命时，是上师以三昧力加持才帮他脱离了厄难，于是心中感激，不免又想道："原来上师早知我会来此，一路关照，足见我是一个具有宿根和因缘的弟子。"这样想着，心中稍微起了一点点傲慢。米拉日巴尊者立即知悉，为了消除冈波巴大师的我慢，没有立即召见他，而是让人带上一些柴、水和炊具把他领到一个崖洞，请他在里面住下来。一天，两天，十五天过去，没有任何召见的消息传来。你想，千辛万苦好不容易找到上师，却连上师的面也见不到，一个人住在山洞里等待，这是一种什么滋味？而这十五天的冷落却帮助消磨掉了冈波巴大师心中的自以为是，他不再认为自己与上师的因缘比别人更近，或者说，他不再认为上师理所应当对他表现出特别的热情和关照。直到这时，米拉日巴尊者才开许他过去拜见。

我们很多人也会像冈波巴大师示现的那样，认为自己是不同寻常的弟子，上师理应另眼相待（或者反过来，受到上师的某种关照，便认为那必定是因为自己的特殊）。而跟冈波巴大师不一样的是，我们很可能不会在受到上师冷落时反省，从而看到自己身上的傲慢。按照我们根深蒂固的习气，感到委屈时我们看到的总是别人的“傲慢”和“不公平”。你会觉得上师对自己不够好，对有的人则比对自己更好。这种感受像不断扩大的霉点，慢慢侵蚀你初见上师、学习佛法的热情，使你的注意力总是集中到自己心里的不舒服感觉上。除了更强悍的自我外，这还会带来什么呢？

我总认为，在修学佛法的整个过程中而不仅仅是初始阶段，我们都应该时时反省自己的发心——我到底是为了什么学习佛法的？不要一讲到发心，就开始背书——“出离心”，厌离轮回、寻求解脱的心；“菩提心”，上求佛果、下化众生的心。定义是这样的，没错。如果这是考试，你答对了。可结合自身呢？在你日常生活的细节里，在你具体的闻思修里，怎样是出离？什么是轮回？慈悲喜舍都长什么样？这些可不是佛学名词而已，比背出它们的定义更重要的是，你知道自己当下的言行动念是轮回是出离，可是你知道吗？察觉不到自己心里的轮回，又何谈出离？没有出离心，哪来的菩提心？

曾有人问我：“生起出离心，是有厌离轮回、寻求解脱的想法就算，还是需要有实际出离的行动？”我想，提出这样的疑问，主要原因是没有认识到出离心是相对于轮回心而言的，即在轮回的身语意生起时，反其道而行，并不是在轮回模式之外另建一套出离模式。换言之，不是把每个当下的身语意活动撇在一边，不察觉，不对治，而单独去发一个出离的愿，说我多么强烈地渴望解脱轮回，甚至不只是发愿，还有一整套理论和行为，只不过这些愿望、学问、行为等更多的是用来塑造了一个“佛教徒”的形象，而不是用来对治自己的烦恼。所以一方面，你会成为越来越娴熟的佛教徒，懂的越来越多，越来越“渴望解脱”，另一方面你内心的痛苦、烦恼依旧。可是我不知道，除了解脱自己内心的痛苦、烦恼，还有什么别的解脱。

如前面所说，你自认为是根器、因缘更好更特别的弟子，这种想法虽然看上去自然无害，但如果你能意识到比较之心的背后是五毒烦恼之一的傲慢，并用恭敬心对治，你便能在烦恼初生、力量微弱时息灭它。否则，它会迅速衍生出许许多多其他烦恼，像织起一张网把你层层包裹其中：你认为自己比别人更好，紧随其后的便是你认为上师应该对你更好，不然你就觉得很委屈，会想上师不公平，然后你开始跟别人比赛，要表现得更突出，做一个更好的佛教徒，然后如果上师依旧没有对你另眼相待，你的失落和怨恨便会进一步加深，然后你开始不那么起劲地学习，你开始在心里远离上师，去寻找别的也许能对你更好的上师，然后你找到另一位上师，这位上师如果还像前一位上师那样冷淡你，你会再经历一次之前的种种，如果如你所愿，新上师对你很青睐，你会更加觉得自己比别人优越，傲慢心于是更强烈。什么是轮回？这就是。

从头到尾，你都是在我执里打转，依止上师也是为了强化自我。你高兴、不高兴、满意、失落、勤奋、懈怠，都是因为自我。无论出现哪种情况，结果都是一样的——自我越来越大，痛苦越来越多。

上师难做。对你不够好，自不用说，你会失望、失落、懈怠；对你够好，别以为你就会不痛苦了，你只会更执著自己。

当我们带着满身烦恼习气来到上师面前，可能最醒目的就是这种无论什么都能拿来强化自我的习惯，所以上师会帮我们指出来：不要把依止上师变成一种证明自己更出色更厉害的比赛，不论是向自己证明还是向他人证明。

上师没有如预期的对我们表现出格外的热情，甚至还略显冷淡，一个聪明的弟子会意识到这是自己内心傲慢的投影。因为心里有傲慢，认为自己理应得到更多赞许，所以才会失望，才会认为对方傲慢或者不公平。大家总希望上师能为自己直指心性，可是有没有想过，一次次当上师为我们指出身上的烦恼、毛病时，我们全无反应或不以为然，这样又怎能期待上师直指心性，即使直指了，我们能反应过来吗？

什么都是习惯，领受上师的调教也得靠习惯。

米拉日巴与上师的初见

米拉日巴尊者第一次正式拜见上师玛尔巴尊者时，顶礼后说道：“上师啊，我是来自拉多地方的一个大罪人，愿将身语意三门供养上师，请求上师赐予衣食与正法，愿赐我即生成佛。”上师说：“你罪孽深重，怪不了我，又不是我让你造罪的。不过你究竟造了什么罪？”米拉日巴尊者详细叙述了造罪经过。上师说：“无论如何，供养身语意很好，但是衣食和正法不能全部给你，要么给你衣食，你去别处求法，要么传你正法，你到别处找衣食。二者只能选其一。如果选择正法，即生是否能成佛，主要还是依靠你自己的精进和毅力。”米拉日巴尊者说：“那么，我前来依止上师的目的是求法，衣食可以到别处去寻找。”于是尊者在上师那里住了几天后，就到南岩一带化缘去了。结果化到了二十一藏斗青稞。尊者用其中的十四藏斗兑买了一口四角铜锅，剩下七藏斗装入口袋里，一起背回供养给上师。背到上师家时，身体已经疲倦不堪。“扑通”一声，他把满满一口袋青稞放到地上，把房子都震动了。上师正在吃饭，马上从里屋出来，看见是米拉日巴尊者，就说道：“你这个小子，力气倒真不小。你是不是想把我的房子弄倒，压死我们呀？还不快把口袋拿出去！”说着就用脚踢他。米拉日巴尊者只好把青稞搬到外面去，心想：这位上师真不好惹啊！以后总得小心侍候才是。但他并没有生起一点不满意的心思或邪见。

我们来看，米拉日巴尊者见到上师，说自己是个大罪人，愿将三门供养上师，又说希望上师供他衣食，传他正法，还希望上师赐他即生成佛。玛尔巴尊者听后，立即指出了他的问题。

首先他说：“你罪孽深重，怪不了我，又不是我让你造罪的。”这是让米拉日巴尊者明白因果不虚、业不可代。上师再慈悲，你自己造的恶业，还是要你自己来化解和承受。

我们很多人是不是在上师面前也有这种心态呢？觉得有上师庇护，自己就可以某种形式逃脱因果，可以不为自己以前的一些行为负责了。“上师啊，我罪孽深重”的意思主要是“我的罪业拜托上师您帮我担一担吧”。

这里有一点先说明一下，虔诚皈依供养上师三宝，有时的确能立即化险为夷，这不是说上师三宝替你担了因果，而主要是因为皈依、礼敬、供养上师三宝能迅速积累福德，这种善行冥冥中改变着很多事的缘起，其结果也会随之改变。而改变有多大，主要看你的心力以及往昔恶业成熟的力量。世人常说的心诚则灵，是有道理的，心诚则心力大。但无论如何，改变结果都得自己来，自己积福，自己消业。

你别觉得找到上师，恶业就可以都移交给上师来受，自己只管解脱，只管成佛。你看，后来真正是即生成佛的米拉日巴尊者初见上师时，上师是怎么跟他说的——“你罪孽深重，怪不了我，又不是我让你造罪的”，这是大实话，可估计没几个做弟子的听了这话能受得了。常常当我们自称罪人时，心里也还是希望上师会对我们的谦卑、坦诚加以赞叹，并给予安慰。上师若像玛尔巴尊者那样把大实话甩过来，你可能当场就要翻脸。

“罪孽深重”不是用来说的，你得真信因果。信因果，就自然会忏前戒后。所以紧接着，玛尔巴尊者便让米拉日巴尊者具体讲一讲他造恶业的经过。这是什么？发露忏悔。

我们依止上师，首先也要这样做。不要总说“我是卑劣弟子”“我业障重”，一句话含糊带过。卑劣在哪儿？怎么就业障重了？点点滴滴仔细说出来。你说得出来，至少说明这些事你放在心里，你是在乎的，而且也愿意面对。当然，每个人都跑去上师面前诉说是不太可能的，但你可以观想上师就在面前，你把自己的懊悔告诉他。

我相信，在这样细细诉说的过程中，米拉日巴尊者的心态也发生了很大变化。过去做过的恶业桩桩件件都回到眼前，不再是抽象的“罪业”，而是具体的仇恨、痛苦、报复、死亡，他不再认为那一切是可以轻易抹去的，恶果是可以逃避的。刚开始，他想得多轻松，自称是罪人，但马上就要求上师管他衣食，给他传法，而且是即生成就之法。这说明他对以往所造的恶业，后悔是后悔，却没有以对因果的全然敬畏和信受去认真忏悔。

在拜见玛尔巴尊者前，米拉日巴尊者曾在绒敦拉嘎上师处求到大圆满的灌顶和修法要诀。上师说："我此殊胜大圆满法，昼修昼成佛，夜修夜成佛，具有宿缘者不需修持，仅以听闻就能解脱，乃极利根、具法缘者所修之法。"米拉日巴尊者心想："我以前学咒术时，仅十四天就出现明显验相，学降冰雹术也只用七天就成功了。现在此法比咒术、降冰雹更容易：昼修昼成佛，夜修夜成佛，具缘者不需修持。我既然已经求到此法，应该算是具缘之人。"于是他什么也不做，整天睡大觉。过了一段时间，上师说："看来我无法调伏你，你还是去找圣者大译师玛尔巴吧。"

玛尔巴尊者是他生生世世的上师，当然知道怎么调教他。上师先要他发露忏悔，然后告诉他衣食、正法二者只能选其一。不是上师小气，不肯照顾弟子的生活，是米拉日巴尊者把修行看得有点太过轻松——不愁吃不愁穿，上师都管了，而且还包你成佛。哪有这么容易的事？

我们有些人也是这样。"上师啊，我把身语意都供养你了，今生来世就靠上师了"。好了，果然身语意——身上穿的、嘴里吃的、心里想要的，都要上师管了。倒不是说都靠上师来养活，是觉得上师有义务加持自己衣食无忧，工作生活一切顺利，这样才能安心修行嘛，而且上师还应该把大圆满的修法要诀传给自己，这样才能保证解脱呀。可你不觉得自己这种心态成问题吗？没有感激之心，把什么都看成理所应得，认为自己的生活和解脱是别人的责任，并且还要生活、解脱两全其美。

玛尔巴尊者果然就指出来：衣食、正法只能二选一。虽然佛陀说过，就算藏地出现三升珍珠换一升青稞的饥荒，佛弟子也不用担心饿死，但我们不能把这理解为修行者理所当然地会衣食丰裕。有时候，尤其当你把修行、解脱看得太过轻易，觉得不用放弃任何世俗的欲求而同时能解脱轮回，就像现在很多人做的那样，你可能真的需要二选一。

米拉日巴尊者选择了正法。他相信有一种方法能把人从凡夫瞬间变成佛，像点金剂变顽石为黄金一般。他请上师赐他即生成佛。他以为即生成佛是上师可以赐给他的，而他要做的只是请求。玛尔巴尊者怎么说呢？他说：你选择法，我给你法，但能不能即生成佛主要靠的是你自己的精进。上师不会给你打包票。

看到这里，我们或许会感到一丝丝安慰，连米拉日巴尊者当初也这样，那么我们这些远远不如他的人，心怀种种不切实际的幻想和侥幸、依赖之心，看来也不是那么差劲了。可是，米拉日巴之所以成为米拉日巴尊者，他接下来依止上师的所作所为才是关键。我们很多人可能刚开始时，修法的条件比米拉日巴尊者好——今生没有造过那么重的杀业，心里没有那么大的仇恨，上师没有那样百般刁难，不需要做那么多、那么大的苦行。也就是说，身体、心理上没有那么多障碍要去克服，一开始就可以比较专注地修习佛法。而米拉日巴尊者依止上师后相当长时间里，连法的边都摸不到，他去参加灌顶法会能被上师扯着头发硬生生拖出经堂去。可是，温和顺利的环境可以成为修法的障碍，困境、绝境也可以蕴藏修行的生机。

视师为佛

当玛尔巴尊者毫不客气地指出米拉日巴的问题，并拒绝他的请求，米拉日巴尊者没有不高兴，也没别的胡思乱想。既然上师这么说了，他就按照上师的话去做。上师不提供衣食，他就自己去化缘。化缘得来的东西，他几乎全部供养给上师，没想到却招来一顿责骂。他也没怨恨，只是心想：以后要更小心谨慎地侍候上师了。

从这里开始，米拉日巴展示出他不同寻常的根器——那些使他成为米拉日巴尊者的稀有特质。

上师不断让他做苦工，对他非打即骂，别的弟子都在学法、受灌顶，而他呢，一个人在山崖上背石头建房子，建了拆，拆了建。起初，他努力把吩咐下来的事情做完，便赶忙去向上师求法，可几次三番都被上师骂回来：“你造了这样大的罪，还想要我把这个不惜身命到印度，用黄金供养上师得来的口诀、空行母的心要，轻易地给你吗？就是开玩笑，也未免开得太过了。”当他失望至极时，上师又会把他叫到身边，安慰说只要把接下来的事情做完，就给他传法。可是事情做完，上师又会挑出各种各样的毛病，让他重做。渐渐地，他不敢再理直气壮地向上师求法，而请师母和上师其他的弟子帮他求，可连累大家都受到上师的责骂。上师问他有没有生邪见，他痛哭流涕地说道：“我对上师的信心毫无动摇。我想了很久，这是我的罪太大的缘故，伤心得很。”上师说：“在我面前哭，而不忏悔，是什么道理？滚出去！”

就这样，他被一步步逼到绝望的境地。后来还有几番曲折，他怎样出走，师母怎样帮他，俄巴喇嘛怎样引导他，最后又是怎样回到玛尔巴上师身边，我们在这里就不细述，大家有兴趣可以自行阅读尊者传记。总之，在上师正式传授密法前，米拉日巴尊者经历了重重磨难，但他没有对上师生丝毫邪见，凡上师说的，无不谨守奉行。他是真正地视师为佛。

我们也常说“视师为佛”，但恐怕并不是很清楚怎样才能做到视师为佛。

首先，佛是什么？是断证圆满——断除了所有烦恼、习气，证得了一切功德。视师为佛，就是说，在我们眼里上师远离一切烦恼习气，具备智悲力所有功德。

由于自身的局限，我们对上师的信心一开始难免有造作的成分，我们没有能力见到上师的所有功德，但可以通过思维、串习建立起信心，相信上师具备佛的所有品质，只是我们暂时因为自己的烦恼障碍而见不到罢了。通常，我们是这样训练自己视师为佛的。这种训练非常必要，起码你不会再像未学佛或初学佛时那样，直接把上师想象成一个魔术师加算命先生，能穿墙，能飞，能把东西变没变有，有神通，能预知未来，等等。大概那时在你心里，佛就是这样。现在你开始意识到，“佛”“觉者”指的是自性的万德庄严，而上师把这一切具体地展现在我们面前。

我们眼中的佛（上师）是什么形象，完全取决于我们自己的功德福报。前面我们不是说过吗？人类眼中可解渴、可清洗东西的水，在饿鬼眼中是有毒的脓血，地狱众生眼中是让他们皮开肉烂的铁浆，而天人眼中是醇美的能祛痛疗伤的甘露。你有怎样的福报，便有怎样的所见。由此可知，上师在我们眼中是凡夫还是佛，或者说，我们能否视师为佛，仅仅反复观想上师有多好是不够的，因为你的目光还是向外，你还是想在外境上找到一位“完美上师”。殊不知外面的上师归根结底是我们自己福报的显现，我们应该内观，在自心上下功夫，对治烦恼，清净业障，积累资粮。随着我们自己的业障减轻，福报增加，视师为佛便会越来越容易。

可能长期以来大家在“视师为佛”的问题上都存在困扰。视师为佛，说起来好像很简单，做起来为什么就那么难？高兴的时候，视师为佛可能没什么大问题，你也会说“上师做的一切都是对的”“上师有密意”“把一切观为清净”，等等。而一旦上师说的做的跟自己的预期或心意不相符，马上就起烦恼。你甚至会认为视师为佛是缺乏理性的表现。与其把上师的言行看作具有启发性的某种示现，你更愿意把上师看成普通人，像普通人一样困在种种忧烦和不得自主中。比如说，上师示现身体不适、情绪不佳，你会想：“这是更年期的问题，一般人到了更年期都这样。”或者“可能是压力太大了，有点抑郁”。你觉得能这么看问题，说明自己有颗“平常心”，是个有理性和智慧的人。

很难有清净观，即使是面对自己的根本上师。为什么会这样？我想一个原因是学佛趋于表面，并没有真正用佛法来指导自己的生活。佛法的见、修、行只是你生活中很小的而且是不太重要的一部分。遇到问题，还是从世俗的角度去判断和应对。

另一个原因便是我们把上师仅仅看成一个外在的、独立于我们而存在的人，所以被要求“视师为佛”时，便只是忙着把那些自己没见到的功德，发挥想象，在脑子里加回到上师身上，好像贴标签，给上师贴上了许多美好的标签。你总想“以后要把上师想得更好一些”，以为这是解决问题的办法。可我们很少意识到，做不到视师为佛，不是因为我们没把上师想象得足够好，而主要是因为我们没看到自己的烦恼有多大，没有意识到自己内心的不清净，不肯沉下心来积资净障。

“视师为佛”的训练要做的，不是在上师身上做加法，是在自己身上做减法。

常常当你说“上师做的一切都是对的”（听上去好像在为上师找借口一样），其实你也不知道上师到底对在哪里，你只是那么一说，意思是这个问题暂且搁置不深究，可这时你应该做的恰恰是深究一番——检视自心，看看是什么烦恼和执著心作祟，使你见到上师的“过失”。上师是我们的镜子，每当我们在镜子里看到过失，那就是我们的执著所在，是我们对治烦恼的好机会。

上师也生病？

具德上师若示现如凡夫般的老病之相，我们该如何看待呢？《维摩诘所说经》中有这么一段故事：

维摩诘居士病了，佛陀让阿难尊者代表他去探望，阿难尊者说："世尊，去维摩诘居士家里探病，我实在没有资格，不能胜任。"为什么呢？因为以前有一次，佛陀身有小恙，要用牛奶，阿难尊者便拿着钵去一户大婆罗门家乞食。正在门口等时，维摩诘居士来了，问道："阿难，怎么一大早拿个碗在这儿站着？"阿难尊者据实以告："佛陀有点生病，需要喝牛奶调养一下，所以我来这里乞食。"维摩诘居士一听，连忙制止道："打住，打住！阿难，别说这种话。如来身是金刚不坏之身，已断除一切恶业，汇集所有善业，怎会生病？怎会有忧恼？阿难，你什么也别说了，趁人不注意赶紧回去，别在这儿诽谤如来，不要让别人听到你这种不靠谱的话。阿难，转轮圣王那样小小的福德，都能做到无病，何况汇聚无量福德、总集一切殊胜的如来？阿难，回去吧，别在这里让我们这些佛弟子蒙羞了。外道们要是听到你的话，一定会说：'佛陀有什么资格当老师？自己的病都医不好，还怎么救度其他人？'所以，阿难，千万别让人看见你来过这儿，悄悄地赶紧回去，要不然别人还真以为佛陀生病了呢。阿难，你要知道，诸如来身即是法身，不是由思虑、欲爱而来之身。佛陀是世尊，超越生死轮回之三界。佛身无损恼，所有烦恼习气已尽除。佛身无为，不堕诸数。这样的身体，会有什么病？"

维摩诘居士如此一连串诘问，让阿难尊者哑口无言，心想自己可能真是没听明白佛陀的话，不禁羞愧难当。正在他犹豫，不知如何是好时，空中有声音说："阿难，维摩诘居士说的对。但佛陀也是为了度化众生，才在五浊恶世示现生老病死之种种的。所以，阿难，去拿牛奶吧，不要惭愧。"

这段经文让我们了解到，作为弟子应该如何去看待上师的示现疾病。我们不能认为上师是和凡夫一样，为思虑、欲爱、烦恼所迫而生病。弟子视师为佛，当知佛身无病。然而出于大悲心，上师又的确显现了病相，为的是向我们揭示苦、空、无常、因果等道理，引导、启发我们趣入解脱道，为我们创造修持佛法的种种缘起。所以，我们应像阿难尊者殷勤侍奉佛陀那样，关心、照顾上师的身体，把上师的病放在心上，努力通过自己精进的修行去积聚上师康复的缘起。

在经文中，我们还看到，即使佛陀当年示现疾病，也会有人说“自己的病都治不好，还怎么引导别人”之类的话。说这话的主要是外道，他们不能真正了解无常、无我之理，而注重外在及恒常，所以会把长养肉身看成解脱之道，以身体的好坏来判断修法的成就。现在有的内道佛教徒也不免有这种想法，如果上师示现生病，他可能会因此而怀疑上师摄受众生、引导解脱的能力。然而，正如经中所说，佛陀当年为了启发、引导众生，也在这五浊恶世示现生病呢。

当然并不是所有上师都已证得佛果，有些尚未证入圣者地的上师生病并不全是应机调教众生的方便示现，但我们通常很难判断。并且，如果根本上师和弟子的关系成立，我们便不能再去揣测上师是不是一个凡夫，而应该观清净心。有时上师的生病会成为弘法利生的重要缘起。像《维摩诘所说经》便是维摩诘居士示现生病，众生才有了听闻无上妙法的机缘。

当文殊菩萨前往探病，询问病因、病情时，维摩诘居士说道：“从痴有爱，则我病生；以一切众生病，是故我病；若一切众生得不病者，则我病灭。所以者何？菩萨为众生故入生死，有生死则有病；若众生得离病者，则菩萨无复病。譬如长者，唯有一子，其子得病，父母亦病。若子病愈，父母亦愈。菩萨如是，于诸众生，爱之若子；众生病则菩萨病，众生病愈，菩萨亦愈。又言是疾，何所因起？菩萨疾者，以大悲起。”佛菩萨、善知识为何示现疾病？维摩诘居士在这里给出了极好的解释。

如何与上师相处

我们回到前面米拉日巴尊者的故事。

尊者的示现给了我们很多启发。他不关注上师平时说了什么、做了什么，因为他没时间，他有上师交代的许多事要做。他也不去琢磨上师打骂、为难他到底对不对。在他心里，上师与法、与解脱是画等号的，上师对他所做的一切都成为修法的前行或正行。他对上师的信心，也正是他对法、对传承的信心以及对解脱的渴望，反之亦然。除了正法和解脱，别的他都不大关心，因此才能心无旁骛地依教奉行。这恐怕正是许多人生不起“视师为佛”信心的症结所在——对解脱不希求，对法不希求。大家带着太多的要求（或说期待）来到上师面前，而求解脱的人少之又少。跟上师学法，也有点变成和世间的人际交往一样。

有人曾问我：如何与上师相处？其实，我想尽管现在人们的自我意识、平等意识都比较强，也总有人在说把上师当作朋友、不要把上师看成高高在上的佛等等，这种话当然会让很多人觉得受用，但它究竟是什么意思呢？若完全照字面去理解，会不会有问题呢？

没错，我们对上师不必盲目地偶像崇拜，上师也不需要这个，我们要做的是努力与他心灵沟通，理解他的言教、行为和对我们的引导，所谓以心传心，师徒间的关系最圆满的结果即是这样。从理解和沟通的角度，如果说把上师当朋友，一定要这么说的话，也可以算是了，但后面最好带上括号加以解释，否则，恐怕很多人已经误解了，朋友，那也就是说可以勾肩搭背，亲密无间，一起吃饭喝茶，互诉衷肠，话不投机便怄气翻脸，回头又和好的。你不一定真这么做，但在你心里的社交档案中，上师是归入这一类的。

传统的教法说，你把上师视为佛，你能得到佛的加持；把上师视为菩萨，你得到菩萨的加持；把上师视为凡夫，你得到凡夫的加持。现在，在凡夫项下也许可以加上一条——朋友：把上师视为朋友，你得到朋友的加持。想想看，你的朋友那么多，从他们那里你都得到过怎样的加持呢？帮助是有的，但很少是出离轮回的帮助；关爱是有的，却也免不了不定期、不由自主袭来的猜忌、矛盾、怨恨、嫉妒等。不要低估了自己身上的烦恼习气，不要高估了自己内心的容量和韧性，如果把上师视为朋友，我们很难不跌入习以为常的与朋友相处的模式，而那样是危险的，因为对大多数人来说，可能最不擅长的就是跟朋友相处，朋友之间能相安无事、善始善终的很少。

本来，与上师的关系，是你一生中少数几个有可能做到较简单纯粹的关系之一，与其他很多人，即使你想，客观上也怕是难做到。我不大明白为什么你要把可以简单的事情复杂化。

你也许会觉得朋友也分很多种，有一种是良师益友、亦师亦友，与上师的关系这样不可以吗？其实你不妨设想一下，自己最敬重、对你有大恩并且在专业水准上远高于你的一位世间法的老师，你会在心里和对外称他是你的朋友吗？可能不会，你会称老师。尽管你们相处亲密融洽，他没有一点架子，完全把你看成同行、同事，你仍然会明白自己在他面前的位置在哪里。世间法是这样，出世间法亦然。我们恭敬上师，因为他教我们解脱之法，对我们有大恩，而且在解脱这件事上，他的专业水平远高于我们，越是看见自己的差距就越敬重上师。

米拉日巴尊者示现了很好的做法：他把法、把解脱作为自己和上师的连接点，自依止上师的第一天开始，一切都成为传法的一部分。如果我们也能这样，那么，与上师的关系就比较好处理了。

这有点像是在灌顶过程中，很多环节你并不理解，但你仍然会耐心、恭敬地领受，因为你知道这是必要的过程，你也不会去挑剔上师的做法和对你的态度，你知道自己根本不懂应该怎么做而上师懂，他所做的一切必定是符合仪轨，并且目的唯一是传法，你要做的只是接受。弟子依止上师，若也是这种状态就好了。不妨把整个依止的过程看成是一场大灌顶，有些地方你不懂没关系，你只要信任和领受就行了，随着修行的推进，慢慢你会明白这一切背后的逻辑。

米拉日巴尊者依止上师的目的纯粹，依止过程中也始终没忘自己的发心，这使得他能专注于法——求法、学法、修法，并且这就是他与上师的关系，他不需要再去考虑如何与上师相处之类的问题，学修正法就是他与上师相处的方式。

当然，这种理想师徒关系的前提是，上师是真正具有德行的。我们在前文中也强调过这一点，对弟子来说，选择一位真正的具德上师至关重要，否则你没办法专注于法，与上师的相处、所谓的“信任和领受”，也会变成你生活中的一大折磨。有些求法者非常单纯、虔诚，然而他们没有遇到好的上师，或者没有遇到与自己有宿缘、能以最相应的方法施教于己的上师。不光是我们这个时代，其实在任何时代里，具德上师都是需要殊胜因缘才能遇到。我们能知道、能接触到的真正有能力引导我们解脱的上师，少之又少。

任何一个缺乏心灵训练、对欲望和情绪没有多少控制力的人，都能轻易做到玛尔巴大译师在弟子米拉日巴面前示现的暴躁、刻薄、爱折磨人，但他们做不到同时像玛尔巴大译师那样在空中示现诸佛坛城，让所有在场弟子都现量见到；他们也做不到像玛尔巴大译师那样，一次次放下舒适的生活和身为上师的尊贵，把自己变回学生，长途跋涉历尽艰险去求法。

判断一个人是否具德上师，其实也不是那么难，只要我们给自己足够多的时间去观察并同时学习佛法。声缘乘、大乘、金刚乘各有其具德上师的标准，我们这里所讲的具德上师主要指的是传密法的上师，所以完全不必等到这位上师出现再去了解、学习佛法。在进入密乘之前，有大量的显宗教法需要我们去学习。

因为一些人具有争议的言行，现在你若跟人说“视师为佛”“依教奉行”这样的话，常常会引起质疑或反弹。不过我们要知道，“视师为佛”本身并没有错，放在任何时间地点，都是密乘修行者应奉行的准则和迅速获得成就的要诀。出问题的是我们现在的人对“师”的理解。并不是所有自称为“上师”或打扮成“上师”模样的人都是你需要去视其为佛并依教奉行的。即使在华智仁波切生活其中的十九世纪的藏族地区，相对来说很简单的社会环境中，求法者仍然被一再告诫要谨慎识别上师，“视师为佛”这一准则的运用是在反复确认无误的甄别之后。

我很庆幸自己修学佛法的过程中遇到那么多珍宝般的上师。他们的言传身教、智慧慈悲，尤其他们对自己的上师以及一切祖师大德的恭敬、感激，不断启发、激励着我。以前，法王如意宝每次只要一提到他的上师托嘎如意宝，便合掌当胸、泪流满面。给我们讲述托嘎如意宝的功德，也总是泣不成声。

阿秋仁波切有五位根本上师。提到上师，他从不直呼上师的尊名，而是合掌当胸称“金刚持”“如意宝”。法王如意宝示现圆寂后，他因为思念、感激上师，常常抑制不住地当众痛哭。

记得1990年我去石渠向贝玛才旺仁波切求法，当时落脚的地方离仁波切的住处很近。每天早上，天刚蒙蒙亮，我便看见仁波切出来转绕了。他一边走一边唱诵着上师们的名号和“喇嘛钦诺”，将所有于他有法恩的上师全部祈祷一遍，然后又从头开始。这样的转绕每天持续很长时间。

我小时候，家乡的寺庙有一位慈诚嘉参堪布，他对我非常好，应邀出去念经、讲学的时候，常把我带在身边。很多次，当他讲到上师的恩德或众生的痛苦这样的内容时，都忍不住当着下面信众的面哭起来。我那时年纪小不懂事，每当这种时候都会为他感到尴尬。于是我私下和他说：“堪布，可不可以不要哭成那样，怪难为情的。”他脾气好极了，听了我的话，仿佛犯了错一般不好意思地向我解释道：“阿布，我不是故意的，我实在是忍不住。”

到我们这一代，弟子对上师满怀感恩和敬畏，仍然是人们习以为常并认为理所当然的，不似如今的修学者时不时要犹疑一下：自己是否对上师太过恭敬顺从了？会不会有什么问题？

记得以前在学院，我们师兄弟几个协助法王如意宝管理各项事务，每次大家商量完事情，需要向法王如意宝汇报时，没有人敢第一个进法王的房间，也没有人敢第一个开口汇报，大家推来推去，结局几乎每次都是一样的——请丹增活佛先开口。他性格和缓，被我们大家推举出来后，也是温温和和地说：“好的好的，那你们一会儿要帮我补充。”我们来到法王住处外面，还是要定定神准备好一会儿，才敢进屋。我差不多每次刚进去，脑子里都是一片空白，想不起自己来是为了什么事，总要缓上一阵，才能正常思维、应答，因为对法王如意宝太敬畏了。不是只有我一个人这样。在我们这一代弟子心中，上师的一言一行直接关系到弟子的成就和解脱，所以我们把呵护与上师之间的因缘看得比生命还重要。

弟子要恭敬上师，这不是藏传佛教特有的要求，南传、汉传佛教也都是如此。

很大的“我”

在米拉日巴尊者的故事中，另一点值得我们注意的是，他从一开始的张嘴便向上师提要求，要衣食、要传法、要即生成佛，到后来连上师的面也不敢见，人到上师房门外便战战兢兢吓得发抖，别说求法了，他对自己实在太失望，连活都不想活下去，他的“自我”越来越小。

我们无法处理好与他人、与周围环境的关系，追究到最后总会发现一个很大的“我”。尤其在上师面前，原形会更快地毕露，我执会更强烈地表达出来。这也是一个值得思考的问题：为什么在别人面前，甚至对自己，都能装样子，可一到上师跟前，要不了多久，那个深层的你就跑出来了，是什么人就是什么样儿。

“我执”在我们的世界中就像空气，无形无色，无处不在，不但无法直接指认，且我们对它太习惯太依赖，以至于完全意识不到它的存在。但我执有一个特性，就是烦恼。凡是有烦恼的地方，就有我执在。在上师面前，我们的烦恼会表现得尤为明显，不一定是嗔恼、贪婪这样粗大的烦恼，还可以是急躁、好胜、焦虑、懒惰、缺乏辨识力等较微细的烦恼。这些烦恼投射在上师身上，我们便会见到这样那样的过失。

怎么减轻烦恼呢？像米拉日巴尊者那样，把全部注意力放在依教奉行上，是一个善巧有力的办法。烦恼轻了，执著小了，在上师面前也同样会明显地表现出来，你会发现，视师为佛、依教奉行的难度开始降低。但不要期待这种转变能在短时间内完成，实际上，视师为佛、依教奉行不只是初学者的难题，而且是整个修行过程中长期存在的巨大挑战。

冈波巴大师在上师米拉日巴尊者处学成之后，拜别上师时问他：“什么时候我才可以开始指导学生呢？”米拉日巴尊者回答：“当你能够看到，真正看到在你面前的这位老人与佛陀无别时。当恭敬心把你带到这个认知时，你就可以开始传法了。”换句话说，在你还没有成为上师、有能力指导他人修行之前，视师为佛对你来说都将一直是需要努力才能做到，而非自然而然就实现的。

那个好的世界

我有时听人谈修行的体会，说到佛法多么神奇，自己在短时间内变化多么大，我会猜想他要么是只说了好的顺利的方面，所谓报喜不报忧，要么是还没有真正开始修行。

闻思修，闻是听法，思是思考，修是在自己的身语意上实践。说实践可能不够准确，实际情况是跟自己根深蒂固的各种习惯开战。刚开始修行时（不一定像听上去那么短，“刚开始”有可能是许多年），你遇到的失败一定比成功多得多。我说的是实修，不是闻思。闻思较容易带来满足和成就感，你能明显知道自己懂得更多了，而且只要你坚持，进步也很可计量；实修就不一样了，最简单的东西也会让你焦头烂额，至于说进步，经常的情况是进一退十。

我们在学佛之初热情高涨，信心百倍，觉得自己所有的问题找到了答案，觉得什么困难都可以迎刃而解，甚至成就、解脱等目标也都只在伸手可及的前方。然而，这样的热情和信心通常不会持续很久，不必等到第一个实际困难出现，便会自行消退大半。尤其是现在，生活似乎有太多选择，每个问题都似乎有太多聪明又方便的解决办法，我们于是慢慢养成习惯，一个办法或一件事若没有立即呈现出期待的满意效果，我们便忙不迭地去尝试另一个办法，做另一件事。到后来，是不是有效果，是不是解决了问题，已变得不再重要，重要的是不停地换“下一个”。大家看看自己平时有多少事是起了头便没有下文的，有多少目标是订了便搁到一边去的，就知道这种习惯有多强大。其实不见得是事情本身有多难，有些看上去不怎么难的事，比如看一本书，也总是翻个几页就看不下去了。是专注的能力越来越弱，事物越来越难以引发灵感和兴趣，使我们难以把一件已经开头的事持续进行下去。

我们辛辛苦苦找到具德上师，愿意无保留地信任他，下决心要跟他学佛法，这在我们的生活中是一件稀有的事，但更难得稀有的是我们要把这件事坚持做下去。培养信心和耐心有助于我们的坚持。

信心，就是说你知道如理如法地坚持修行会有怎样的结果，你对这个因果坚信不疑。而上师便是眼前活生生的例子，他的存在让我们看到修行不可思议的力量，让我们知道他身上所有那些美好的特质，只要坚持修行，有朝一日也同样会在自己身上呈现出来。上师以普通有血有肉的人的形象，而非腾云驾雾、神奇变化的“超人”形象示现在我们面前，其中一个原因便是要告诉我们，以现有的普通人身即能证悟成就佛的功德，所以我们不必等到以后获得一个更优越的转世时，或者练就一身神通变幻的本事时，再修学佛法，寻求解脱。你可以看上去是个普通人，而照样散发出成就者不同寻常的功德光芒。

当然，我们首先要有足够的辨识力，在上师看似普通的言谈举止中认出成就者的功德。我们总说上师如佛，但其实并不是所有人都能感受到并能欣赏他身上的美好品质。我们太急于把上师供在头顶，却没有好好端详、欣赏过他的好：他的纯净，他的宁静不受干扰，他举手投足间的柔和、自在，他对众生无法耗尽的耐心，他的慈悲，那种你看见他、接近他便会被笼罩其间的温暖光辉之感，等等。我们是否曾经看着上师而在心里默默感动不已：“这是一个多么好的人啊！”他在那里，便是一种无尽的安慰和鼓舞。

我有时会觉得大家可能太过喜欢“神圣”了，以至于忘记我们与上师之间，发自内心的亲切感和喜爱也是非常重要的。我们喜欢他这个人，看见他就开心，觉得跟他很亲很亲。他的出现自然而然能让我们开始反省和对比：我们所做的有没有使自己成为更好的人？看看周围，那么多有才华的、聪明的、成功的、有钱的、有地位的人，为什么他们没有因此而成为好的人？这里的“好”并不是相对于“坏”的道德意义上的好，而是没有烦恼，没有侵犯性，平衡，自在，喜悦，明亮。总之，当你看见上师，你会知道“好”指的是什么，而且，你希望自己也能那样好。

说实话，对于我们当中许多人，成佛并不是一件很有吸引力的事。说到“佛”，你首先想到的是经堂里或唐卡上跏趺而坐的佛像，除了放着光微笑坐在那里，似乎其他什么事也不再发生，你觉得这种生活实在是枯燥极了，你可不怎么向往。也难怪你修行总也没有足够的动力坚持下去。然而，这种枯燥、无所事事的状态只是你想象中的“成佛之后”而已。《圆觉经》上说：“以轮回心，生轮回见，入于如来大寂灭海，终不能至。”以轮回的心去揣度佛的境界，你所能想到的一切都只是轮回，而非佛的境界。但是上师的出现，让我们亲眼看到人怎样通过努力修行去获得证悟，并且在证悟乃至圆满证悟之后，仍然可以怎样平凡而又不平凡地在世间生活，可以做到那样“好”。这时你会知道为什么大成就者被称为世间的庄严。你的亲近上师，对他毕恭毕敬、依教奉行，也逐渐从开始的造作、需要不断提醒，变成自然流露的、从心底珍惜、想靠近那个好的世界。

有上师活生生的榜样在眼前，他的存在持续给予我们信心和灵感，修行于是有了更大的动力。亲近上师，不一定要长期近距离地接触他（对现在很多人而言，这也是不大现实的），能否懂得他的好，哪怕只是他无尽功德藏中很小的一点点，珍惜他的言教，并把这种感动、感受转化为自己修行中取之不尽的灵感源泉，才是关键。否则每天跟在上师身边也是徒然。

对佛法的珍惜

《普贤上师言教》中把依止上师又进一步分为两步：依止和随学。依止以闻思为主，力求通达法义，并掌握修法的要领。这时并非完全没有实修，只不过实修是服务于闻思的，为的是澄清和巩固闻思的所得。因为要集中全部注意力向上师学，听他怎么讲，看他怎么做，然后自己照着去做，看有什么地方做得不对不到位，再随时向上师请教，这个阶段最关键的是无论如何不要违背上师的教导，上师怎么说，自己就怎么做。

随学阶段，因为法的要领已经了然于心，重点就不再是闻思，而是修和行。修是努力一步步证到上师的证境，行是模仿上师的弘法利生的行为。

闻思修的过程不会一帆风顺。当你克服惰性，终于开始比较稳定地闻思修，困难也就一个接一个出现了。首先是对法义的理解并非如想象的那般简单，然后是学了后面的忘了前面的。对付这些问题，除了花更多时间努力钻研、记诵外，还应从心底生起对佛法的珍惜。

现在的人学习条件好，什么都方便易得，然而方便并不总是好事。记得我小时候学习时，几乎见不到现成的法本，到十七八岁在熙日森藏语学校上学，仍然是明天要讲的课今天才能拿到相关的颂词，要把它们赶紧抄下来。事实上，当时我连抄写用的笔也都是借来的，今天向这位道友借一下笔用用，明天向那位道友借一下笔用用。那时的笔也不是现在习以为常的圆珠笔之类。是什么样子呢？就是一根削好的竹签，写的时候蘸墨水写。那时竹子不多见，好容易得到一截竹子，我们便很仔细地削好、打磨做成笔。墨水也是难得的，我常常随身带一只很小的旧青霉素药瓶，里面塞一块海绵，遇到有墨水的道友，就向人家讨一点装进瓶里。我因为字写得比较好看，也是为了表达感谢吧，便常常自告奋勇帮大家抄法本。记得有一次学《皈依偈释义》，我认认真真抄了很多本送给周围的道友。那个时候，对我来说，现成的法本是想也不敢想的，能有抄写的条件已经是太开心了。之前在家乡才旺晋美堪布座下学习《法界宝藏论》，他把自己的《释义》借给我，厚厚一大本，我没有足够的纸和墨水全部抄下来，便只抄写了颂词部分，而未抄录的，我都尽量记在心里。现在回过头看，手抄虽然辛苦，却有助于记忆。自己从头到尾抄过的法本，多年以后仍然印象深刻。不像现在大家学习，多珍贵的法本也是随手可得，却也正因为如此容易，才会看轻，什么内容都轻飘飘看过去，感激珍重之心自然是谈不上，连基本法义也很难进到心里。

以前没有录音录像设备，上师讲课一遍而过，我们闻法便需十二分地专注，生怕漏掉一点，听到什么都最大限度地记到心里去。而现在大家上课总禁不住开小差，想点别的或看看手机。虽说事后可以再听录音，学习的效果总不太好。

我在熙日森近两年，岂止学习用品如笔是靠借的，基本生活所需也都靠东拼西凑，今天帮这位道友担水、做饭，顺便就跟着吃顿饭，明天帮那位道友做做杂事，顺便又在他那里吃顿饭，就这样有一顿没一顿的，完成了两年的学业。当时我只是旁听生，可以随时离开，而真的是对闻法的热情，以及学到佛法的喜悦，让所有困难都消失了一般。我也是后来回忆才看到那时的不易，不禁小小惊讶于自己是怎样一无所有地把日子过下来的。来年，校方表示鉴于我的成绩，可以把我转为学杂食宿全部免费的正式生，而我听从堪布贝玛才旺仁波切的建议，婉拒了藏语学校的好意，决定去色达喇荣跟随法王如意宝修学佛法。

到了喇荣五明佛学院，虽然有法王如意宝的关照，起初相当长一段时间里，依然是东家蹭一顿饭，西家借住一宿。后来，一位道友把他住的小土屋一分为二，中间用布隔开，一半住处卖给了我。我当时自然是拿不出买房钱的，但承诺以后有钱了一定付清。于是我在学院终于有了一个自己的小窝，不用再四处借宿。这个六七平米大小、摆不下床因此只能坐着睡觉、隔壁说话如在耳边的小屋，陪伴我度过在学院的最初六年。总记得座位后面的土墙一靠上去就刷刷掉土渣，有时不知不觉靠着墙睡着，醒过来，满头满身的土。窗户原是透明塑料布蒙上的，后来风大给吹破了，就又用针线缝上了一块塑料布。

记得那时，每次洗衣服，都要先向别人借件袍子穿在身上，才能去洗，否则盆里有衣服，身上便没衣服了。

早期的学院，人不多，所有人都彼此叫得出名字。不少道友也像我一样生活窘迫，开心却也颇为艰难地坚持着闻思修。

那个时候依然是没有法本，喇荣沟周边没有路，在沟口等半天才会看见一个路过的人，所以也无处借书。法本的内容在讲课前几天誊抄下来，再用一台老式油印机印刷出来。这台油印机我印象很深刻，质量不是很好，里面的蓝油印纸用不了多久就没油墨。我们用的纸，一张上大概能复印三张宽宽的藏式书页。然后大家手工切割好，法王讲课的当天分发下去。

讲课结束后，法王如意宝并不马上离开，大家长时间地围坐在上师法座周围请教一些佛法的问题。法王如意宝一边解答，一边风趣地给我们讲故事，讲他在石渠江玛佛学院依止托嘎如意宝，讲他的金刚道友们的功德。那时候法王如意宝身体状况比较好，每天除两小时正式上课之外，还要这样“拖堂”一两个小时。那时的我们真幸福。

课后由嘎多堪布等老一辈的堪布们给我们辅导。辅导结束后，大家就各自回到房间去复习法义。学院那时没通电，晚上看书的话，偶尔用煤油灯来照明，但更多时候是干脆就去外面借着月光看书。

我讲这些陈年往事，到底想说明什么呢？我想说的是，对佛法的希求、珍惜之心能帮我们跨越很多困难。我从小到大很少有足够的生活条件让我可以安心修学的，总是衣食不保，生活没着落，学了今天，不知明天还能不能继续在这个地方学下去，不知是不是要中断学业先去解决生存问题，每一天对我来说都可能是之后很长时间里的最后一次听闻到佛法，也因此我更加珍惜闻法的机会，听到什么都如获至宝地装进心里。

最大的坚毅安忍

接下来我们要讲的是实修，把学来的佛法用于解除自身的烦恼。在这里，我们比在其他任何地方都更需要耐心。我们学到的法那么好，那么合理，可运用到自己身上来，却发现好难。比如说忍辱，寂天菩萨在《入行论》里抽丝剥茧般细致地讲述了忍辱的意义、方法，你也深为认同，但真正遇到令人生气的事情，还是无法控制自己的怒火，忍辱的教言不知忘到哪里去了，即使有时能想起来，也是全无心力跟自己讲道理。

其实不用说止息烦恼，比那更容易也更基本的觉察心念，比如生气时知道自己在生气，嫉妒时知道自己在嫉妒，贪求时知道自己在贪求，恐怕都不太能够做到。不少人学佛多年，一直都没有比较认真去训练过自己的觉察力。我们常说的正知正念，基本功便是觉察。佛教中有许多方法教你如何把心带回当下，对流水般身语意活动的生住灭保持觉知。然而，你总没有时间去实践哪怕一种方法，比如对呼吸的觉察。方法其实不复杂，但要持续练习才会有效果。就像健身，只有肯花时间不断重复那些简单的动作，才能长出肌肉来，否则只是知道方法不去做，又有什么用呢？

修行的体验总是很美好吗？当然不。别把修行的画面想象成修饰过的广告片里那样，优美的环境中，焚香，静坐，微风徐来，衣裾飘飘。那样的时刻或许有，但绝大多数时候你还是在琐碎、窘迫的当下面对自己的混乱、孤独和力不从心。尤其座下修行，当你从蒲团上的观修回到嘈杂、不停有麻烦发生的日常生活里（当然，蒲团上也不轻松，你差不多从头到尾是在跟自己太过僵硬的身体和太过灵活的心思作斗争），你发现自己似乎永远比烦恼慢一步或许多步。

你真正体会到对治烦恼有多难，会觉得自己再怎样努力也是没希望的，有时你想到放弃现在的修行，或者去试一试其他看上去更轻松的办法，而最终你还是会回到佛法修行的路上来，一次次岔出去或者停滞不前，所起的作用只是一次次向自己证明根本的解决办法还是佛法的实修。

我们常说“无始以来如何如何”，但有没有好好想过“无始以来”是一个什么样的概念？如果某种习惯是无始以来不断熏习养成的，它会有多强大顽固，我们又怎能期待靠几天几个月的修行就能扭转它，更何况大家现在的修行大多数时候是三天打鱼两天晒网，缺乏持续绵密的巩固之力。

当年，米拉日巴尊者经历重重苦行和等待的煎熬，终于等到上师玛尔巴尊者向他传法。得法后，他立即去山洞里专修。为了减少干扰，也为坚定自己的决心，他用石头把洞口砌死，完全与外界隔离开，在狭小的山洞里夜以继日修法，因很少起座，即使在冬天蒲团也从没冷过。这样一住十一个月，直到上师来询问修法的进展情况，他仍迟迟舍不得打墙出来，他说，怕一出去，修法中断了就很难再继续。

米拉日巴尊者终其一生示现勤苦精进修行。到晚年，他最出众的弟子之一的冈波巴大师去拜别他，请示上师还有什么需要特别嘱咐的话时，米拉日巴尊者说："我有一个最深奥的宝贵口诀，但如果说出来传给别人太可惜了。所以，唉，你去吧。"于是，冈波巴大师渡过河去，走了一小段路，隐约听见上师在叫他，便立即又回到上师面前。米拉日巴尊者对他说："唉，我这个口诀虽然至为殊胜，有点舍不得传人，但这个口诀如果连你都不传，还传给谁呢？所以我还是现在传给你吧。"冈波巴大师欢喜万分，说道："那么我是否要准备一个曼扎作为供养呢？"米拉日巴尊者说道："曼扎倒不需要，只要你莫辜负我这个口诀就行了。好，现在你看！"说着，他将衣袍撩起。只见他周身上下都是因多年精进修行而结成的老茧。他继续说道："我再没有比这更深奥的口诀了。我是经过这样的勤苦修行，心中才生起功德的，所以你也要以最大的坚毅安忍来修行才好。"

最大的坚毅安忍，这是米拉日巴尊者舍不得传人的最深奥口诀！我们后世的修学者应该把这个牢记于心。不要期待证悟成就和烦恼的解脱会像天上掉馅饼般某一天突然砸中自己。即使令许多人无限向往的所谓"顿悟"，也是在常年持之以恒的勤苦修行之后才会到来。而且初学者真不必过分追求开悟，那个不是追求来的。烦恼去除了便是悟，是做减法，不是做加法，不是在现有的满心烦恼之外再去实现一个"开悟"的境界。所以不要忽视对治烦恼、清净业障的修法，也不要把对文字的理解误认作修行的觉受，把觉受误认为是证悟。从理解到觉受到证悟的递进，唯有通过实修才能实现，而实修在哪里修？就是当下的身语意，除此以外没有别的着手之处。

常有人愁眉苦脸地跟我说：“烦恼好像很难减轻，怎么办呀？”烦恼当然很难减轻，可你有没有坚持不懈地修行呢？每天二十四小时，你花了几个小时去忆念、修习佛法？在你的优先事项中，修行排在第几位？当出现问题、发生状况的时候，你有几次是首先想到佛法，用佛陀教予的方法来看待问题、指导自己的行为？如果你很少认真地思考、运用佛法，很少观察、对治烦恼，烦恼当然很难减轻。这是因果规律。信佛，归根结底是信因果。若想得到某种果，就要去种下它的因，并积累缘起。同样地，自己种的是什么因，就会有什么果。懈怠的因，自然结不出成就的果。我们不能越学佛法，越不相信因果，反而觉得凡事都有个什么窍门捷径，自己不需努力，求求加持，一切就搞定了。真的没那么神奇，佛法不是魔术。

有一次，米拉日巴尊者腾身空中，身体由一变多，又由多摄一，或隐没不现，只闻其声说法，如是示现种种无量神通。他的弟子赛文惹巴见了，也持一口瓶气向空中奋力飞去，却只能做到不沾地行走而已。尊者于是说道：“如果不能像我一样地对上师竭力承事，对轮回极生厌离，对众生普起大悲，对道友作清净想，对修行精进不懈，那么要想达成这样的成就证德和无碍神通是绝不可能的。徒儿们啊，再进一步说吧，你们如果不种这样的因，就不要期望能得这样的果啊！”

三、依师三问

上师在哪里？

既然“师父领进门，修行在各人”，都是自己种因，自己得果，那么还需不需要祈祷上师呢？祈祷上师的作用是什么？

回答这些问题前，我们先来看看上师到底在哪里？你说，这还用问吗？上师在他自己家里嘛。的确，上师驻锡在他的道场里或者在其他地方，弘扬佛法，利益众生。他有他自己的活动。当我们说外在上师是内在上师的显现或投射，并不意味着上师只是我们想象中的一个人物，当我们想，他就存在，当我们不想，他就不存在。大多数人当然不会犯这样的错误，然而，大多数人的问题正好相反，就是认为上师是完全独立于自己的存在，上师是上师，自己是自己。

前文中我们讲“视师如佛”时曾讲到，做不到视师如佛，不是因为我们的想象力不够，是因为我们的烦恼业障阻碍了自己看到实相。上师的实相是佛，但在我们各自的世界里上师是什么样，取决于我们的觉知认知，而觉知认知又受到每个人各自烦恼业力的限制，这么一来，我们就知道：首先，在自己的烦恼业障彻底清净之前，无法见到上师的实相（也就是佛），我们所见到的上师其实是自己的心界定出来的“上师”。其次，每个人各自见到的上师不会完全相同，因为没有两个人的烦恼业障或福报完全相同。

法王如意宝曾跟我们说起他小时候拜见玛尼喇嘛班玛思德的故事。玛尼喇嘛以倡导、修持观世音菩萨的法门而闻名藏地，已发掘的授记文中有十三个都提到他是观音菩萨的化身。法王如意宝在石渠江玛佛学院学习时，因仰慕玛尼喇嘛的尊名而长途跋涉前去他在青海的驻地拜见。法王如意宝说，当时他满以为自己会见到观音菩萨，谁知眼前出现的却是一位普通老人，他心想会不会是看错了，揉揉眼睛再看，还是一位普通老人。于是他难过地一边祈祷一边想：自己的业障真是太重了，所以才见不到观音菩萨的真颜，请上师三宝加持他速速清净业障才好。

法王如意宝的慈悲示现告诉我们，修行人应该如何看待上师乃至整个世界，应该时刻记住自己的见闻觉知由业力塑造和局限，因而所见非原本的真实。其实这也是密法中清净观的要义。清净观并不是刻意把一切想象成美好、庄严、神圣的，而是知道自己的身心以及见闻觉知的一切只是自己的业（善业、恶业、因缘、福报、罪障相续交织）呈现出来的样子，我们现在又再戴着烦恼的眼镜看待、感受着这个“样子”，所以我们的世界是实相几经变形重组后而成的虚妄之相。

清净观的第一步是要知道虚妄。说“虚妄”，并非虚无，不是说人们通常所谓现实世界是不存在、全然想象出来的，尽管在最究竟的层面上是这么回事，但每个境界有每个境界的“真实”，所谓现实世界即是凡夫境界的真实。好比说，黄疸病人看白色的东西是黄色的，黄色即虚妄，东西原本是白非黄，但在病人的境界里，他确确实实看到了黄色，黄色并非他的臆想。而清净观是什么呢？就是这个黄疸病人知道自己看见的黄色其实只是病征，然后他知道在黄色的位置上原本是白色，尽管因为疾病未除他还不能亲眼见到。等他病愈后亲眼见到白色，就是清净见。

我们再回到上师的问题上。究竟的上师是自性，在这个层面上，我们与上师从未分离。但由于无明，虽从未分离，我们仍然不认得他。回归自性的途中，我们无数世行善积福、向往解脱的业在因缘具足时，便以外在上师的形象呈现出来。佛陀在《金刚经》等经典里讲，这一世能对佛法生起信心，是因为往昔曾在无数佛前供养承事，积植德行。而在《圆觉经》等经典里，佛陀说，修行人要发愿生生世世能值遇善知识，不值遇邪知识。这样的善行、发愿绝不会空耗，这一世真正具德的上师出现在我们的生命里，便是我们世世累积的善愿善行、希求正法、希求解脱、希求值遇善知识之心呼应而来的，也可以说，上师即代表着我们往昔的那些善愿善行。

在上师身上，你与往昔修习正法、寻求解脱的自己相逢。同时，上师的另一个面向是圆满觉悟自性，那是未来的你。而当下你所见的上师，反映出你当下的觉知、认知状态以及身语意不断正在造作的缘起。在上师身上，同时呈现着过去、现在、未来的你。

上师在哪里？或者说，在你的世界里，上师以何种方式存在？你的信心、福德和智慧，便是上师存在的方式。

你可能会说，不对呀，上师明明在何处何处，我还要坐飞机坐车才能去到那里见到他，明明有物理的距离、物理的所在呀。可是你知道吗？那所谓的距离和所在等等，也是因你的信心和福德因缘而在你的世界中起现的——如果你没有信心，你不会想去拜见上师，如果你福德因缘不够，你不会有机会成行或是见到上师，那条路，那些长途旅行和跋涉，那沿途的经历，便也不会出现在你的世界里。

不知道这个问题大家是不是觉得有点费解，的确跟人们通常的理解角度有所不同。不成行，便不会有后续的经历，这一点还好懂，可那些客观存在的东西，比如说道路、房屋、车辆之类的，难道我不去走不去坐，就不存在了吗？这么说吧，这些客观存在的东西，当然不会因为你不理它就消失，但此时此刻你坐在自己家里，在你的当下，你的生命现场，它们是以概念、文字或图片的形式存在的，318国道只是“318国道”这几个字，而不是走在其上的一条路，等你真的出行，走在318国道上，它则是以实物路的形式出现在你的生活中。所以问题不是存不存在，而是以何种方式存在。今天，在其他一些人的生活中，它是以实物路的形式存在，但在你的生活中，它是以名称、图片、文字的形式存在。同样道理，上师在我们的生活中，也可以是以名称、图片、文字或真人的形式存在，而具体是何种形式，取决于我们的因缘、福报、愿力、发心、行动等等。当然，不论是见到哪种形式显现的上师，都是一件好事。

许多人都有这种经历：当修行比较精进、信心较大或内心比较清净时，会在梦中见到上师。（有些修证很厉害的人，他们的“梦境”也是清明的，与通常人们所说的做梦不是一回事。我们这里说的是普通做梦的情况。）难道真的有一位上师跑到你的梦里去，跟你说话，给你传法吗？如果是，你的梦境在哪里？他又是怎么进去的？其实梦中见到上师和醒着时见到上师，是同一个道理，都是你信心增上、烦恼清净的一个相。普通人梦中的经历也不是无缘无故出现，它有它的因缘条件，不是你想怎么梦就怎么梦。修行懈怠或信心退失时，便不大会梦见上师，这是因为修行懈怠、信心退失的相不是上师那个样子。

修上师瑜伽时，观想自己的凡夫心和上师的智慧心合而为一，有些人这时的问题是不知上师心在哪里，自己心在哪里，又如何做到无二无别。如果知道上师是以我们的信心、福德和智慧的方式存在，上师的心即证德圆满，那么这时就可以观想自己的信心、福慧不断增上，最后达到上师般圆满的觉悟之地。

在平常的修行中，与上师相应、与上师心无二无别的途径，就是精进不懈去修行，努力将法融入身心，身体所做、心中所想，完全体现正法。对法的珍重和修法的热忱，即是我们对上师的恭敬和信心。也许刚开始你对上师的信心是出于纯粹的好感，但你无法一直停留在那个阶段，你的信心要么随时间的推移而消退，要么转化为更坚实持久的、由学修佛法而来的信心。只有通过学修佛法，才能不断靠近上师。在学修的过程中，对法的信心、对解脱的信心和对上师的信心逐渐融汇在一起，你无法也无须再去区分。

拿什么与上师相应？

学修佛法是我们与上师相应的途径。听到这个，你可能会有疑问："不是有专门的上师相应法吗？修那个法不就行了？"是的，上师相应法是极为殊胜的法门，但你不要只在修这个法时才想到与上师相应，而是在在处处、时时刻刻都努力去与上师相应，那就是，努力像一位真正的修行者那样生活，那样去面对和处理问题，常常想："在这种情况下，我的上师会怎么做？"

传统上，初学者需要跟随上师闻思修一段时间，就法义的理解和实修中出现的疑惑、障碍时常向上师请教，更重要的是，耳濡目染学习如何修行。慢慢你会知道佛经中的词句以及上师的现身言教落实到具体修行中是怎么回事，遇到各种情况又该怎么处理。你无法仅仅通过听闻来消除所有疑惑，向上师请教也是以你的精进实修为前提。不论在哪里，我们最终还是得靠实修来解决自己的问题，所以亲近上师、跟随上师的目的是向他学习，模仿他。

不是常说"做上师的擦擦像"吗？首先我们要知道原版像是什么样的，才能做擦擦像不是吗？只不过现在很多学修佛法的人并没有条件长期跟在一位上师身边修行。其实不仅是现在，大概从来都是这样，能长期跟随上师修行的人不多。尽管如此，我们还是要努力多亲近上师。但亲近上师也像所有事情一样，需要因缘具足，并不是我们想就可以。普贤菩萨发愿："所有益我善知识，为我显示普贤行，常愿与我同集会，于我常生欢喜心。”我们也要常常这样发愿，并且通过精进修行创造亲近上师的缘起。这一点很重要。精进修行才能创造亲近上师、与师相应的缘起，不是不顾礼貌地打扰上师生活就能亲近上师，也不是曲意逢迎、刻意表现就能与上师相应。

这里我们稍微多讲一讲精进和修行。

所谓精进，并非一个外在做什么的问题，而是在所有情况下保持正念。这要求我们有持续的觉察和节制，当然首先我们要有正见，因为正见是正念的基础。比如说，当你生气时，你觉察到自己在生气，但这样就行了吗？不是的，“生气”不孤立也不恒常，所以你觉察到自己生气时，你还要觉察恼怒对自己和他人造成的痛苦，你要觉察恼怒这种情绪的变化，从增强到减轻，直到消散。这里就有正见的加入。不论你觉察的对象是什么，你都会觉察到苦、无常、无我以及相似相续。这些是佛法的见地，同时也是万事万物的基本特征。

闻思佛法之所以重要，是因为通过闻思我们才了解到正确的见地。人们对人、事、物的见解五花八门，但这种种见解当中，有多少是符合事实的？有多少是在加深人的困惑和烦恼？有多少指向痛苦？有多少指向安乐？即使非常聪明、有才华、有建树、有能力的人，他们持有的见地也可能与事物的实际情况偏离很大，所以一般的世间教育并不会自然就带给你正见。

正见的“正”，是指与事实一致。佛法中一些见地，比如“因果不虚”“诸受是苦”等，常被误解为某种道德劝诫，要人做好事、不做坏事，要人甘心忍受苦难，但实际上，关于因果和苦的见地只不过是在陈述事实而已。

正念，便是在自己的见闻、情绪、感受当中看到佛法的见地，在每一个当下觉察真相。我们前面说过，精进不是一个外在做什么的问题，而是在所有情况下保持正念。你可能很勤奋地磕头、念咒，或者你在与人交谈中能把

“发心”“空性”等名词运用得相当熟练，但如果没有通过外在的言行去加强对正见的体认，便很难说是在精进修行。佛经上说，修持正念，当行于不生不灭。何者不生？何者不灭？不善不生，善法不灭。日常的每一个行为，所有的境遇，都提供给我们修行的机会，用以增长智慧和慈悲。

当然，时刻保持正念是非常困难的，也不是一朝一夕能学会，所以佛陀教给我们许多方法和步骤，逐渐去培养这种能力。比方说，闻法之后，要对佛陀的教法进行思维、分析，从而形成定解，也就是确定不移的见解，这叫正思维。比如，你在书上看到“因果不虚”的讲解，觉得很有道理，心想“的确是这样”，但放下书本回到现实生活中，尘劳琐事四面八方袭来的时候，你可能就不记得什么因果不虚了，或者会怀疑：“到底是不是因果不虚呀？如果真有因果，怎么会发生这么不公平的事？怎么我就这样倒霉？”你的想法，你对一个见地的认同与否，随着你的情绪、心态、某段时间里的生活状态、经历等而变化，所以是不定的见解。而定解呢，则不会随这些变化，无论你心情如何、遭遇如何，对事物的见解不会受到影响。有了定解，才谈得上时刻提起正念。

我们这个时代，资讯空前发达，人们可以接触到各种各样的观点，好的一面是知识可能会因此而丰富，不好的一面是容易迷失在见解的丛林中。没有足够的智慧，很难辨认出正确的见解，或说更接近于事物真实状况的见解。现代人对无常、老、死、因果的真相存在许多误解。背离这些事实的观点、做法往往更容易被接受，因为它们看上去更美，但作为想探求真相的人，如果一开始我们就走错了方向，虽然路上很美很舒服，我们却永远也到不了目的地。所以，树立正见是非常重要的。了解佛法到底在说什么，而不是道听途说或想当然尔。

如果我们暂时做不到时刻觉察因而有效远离贪心、嗔恨和邪见，至少可以提醒自己要有正确的发心和圆满的回向。发心、回向并不只是开始做一件事和结束时念一念相关的经文而已，我们应该经常反省，转过头看看自己所做的事和自己的内心并自问：“我做这些究竟是为了什么？”不要急于给出正确答案。正确答案大家都知道，是“为了解脱和众生离苦得乐”。可这是你的事实吗？你不要想什么是应该的、正确的，而要诚实地反观自心，看看此时此刻自己的真实想法，努力去了解自己。一次次地自问，如果你发现其实自己并没有很多地想到解脱，那么你想的是什么？追问下去，看到自己真实的发心，不要自欺。然后，你才会逐渐看到这些发心给自己造成了怎样的困境，你才会有动力和机会真正去调整自己的发心。

修行不是做样子，要真的发生内在的转化，而内在转化有多难！一个很小的改变也是无数遍觉察、反省、自问、调整才得以实现。说实话，没人逼着我们修行，我们也不用有“必须给谁一个交代”的想法，如果我们不想改变，随时可以放弃修行，为何既不放弃又不真正去改变呢？如果我们想假装一副“优秀佛教徒”的样子，当然也尽可以一直装下去，没人会揭露你，但最终（也许是死亡来临那一刻，也许更早）我们还是得诚实地面对自己，逃不过去的。

那么，上面讲了这么多，跟“与上师相应”有什么关系？其实很简单，我们只有开始修行，真正在身语意上下功夫之后，才有可能与上师相应。

向上师祈祷什么？

我们当中有些人可能会认为上师只擅长教授佛法，而对其他一些事，比如自己日常生活中遇到的问题，如工作、家庭、身体等出了状况，恐怕祈祷上师不会管用吧。这么想是不对的，在任何情况下，你都可以祈祷上师。

不过，倒是我们应该反省一下：自己的所求真的必须实现吗？工作顺利，家庭美满，身体健康，如果没有这些，活着是不是就没有幸福、自由和价值了？反过来想，这么多年来，无数的祈愿，每一次我们的那份投入、期盼都仿佛只要实现这个愿望，人生从此便快乐无忧了，而有哪一次愿望成真是从此让我们快乐无忧的？事实上，我们的烦恼纠结根本没有随着某些问题的解决、某些愿望的达成而减少、消失，有也烦恼，无也烦恼，好也烦恼，坏也烦恼，总之烦恼一直都在。

你当然可以祈祷上师加持你事业顺利，但事业上的追求永无止境，永远不会有让你完全满意、高枕无忧的时候。

你也当然可以祈祷上师加持你的丈夫离开外面那个女人，重新回到你身边来，可就算他真的回来了，接下来的生活里也还是会有各种各样的难题、痛苦，你做好准备面对了吗？如果他离开时，你没有能力处理争吵和伤害，不能在混乱、变故中让自己和周围的人得到哪怕一点点快乐，那么他回来后，你也不会自动就成熟起来，你如愿以偿跟他又生活在同一个屋檐下了，可令人沮丧的是，你没有能力让自己、让他过得快乐一点。问题的关键是，你希望得到幸福，然而你没有认清两件事：第一，完美的幸福根本不存在。第二，幸福不是别人能给你的，也没有人欠你一个幸福人生，即使是你的伴侣。你自己要有感受幸福的能力。共同生活和感到幸福是两回事，所以，与其祈祷上师加持你破镜重圆，不如祈祷上师加持你不要忘记无常，加持你有勇气和耐心去学习接受缺憾，学习在困境中宽以待人和发现快乐。

记得多年前有一位居士跟我说，她向上师三宝祈祷，希望她的女儿长高一点、漂亮一点，这样以后就能找到一份好工作，拥有幸福快乐的人生。可是一段时间过去，女儿并没有变成高挑美女，她表示对上师三宝很是失望，并且为女儿的前途担忧。我听着她的抱怨，心里有点惊讶于她的想法。我不知道她平时除了教女儿树立长高长漂亮的理想外，还有没有教她一点其他的知识和技能，如果没有，那恐怕就太糟了。而且无论女儿是否长成理想中的样子，她对上师三宝的失望都是一定的，因为漂亮的外表不一定能保证找到好工作，再说怎样的工作算好工作？有一份好工作也不一定就有幸福快乐，毕竟生活不是那么简单。

诸如此类。

与其祈祷上师保佑自己想什么得什么，不如祈祷上师加持自己在需要之时能够提起正念，把平时书本上学到的知识应用到当下来对治烦恼。

这里有晋美林巴尊者撰写的一篇祈祷和发愿文，也是他自己日常念诵的。让我们来看看这位成就卓越的行者每天向上师三宝祈祷时，他祈祷的是什么。

顶礼、皈依一切成就之源——上师、三根本及菩萨众，

请赐予加持！

愿我这个凡夫，生生世世都能拥有珍贵的暇满人身，并获得具德上师的指导。

愿我以善趣及解脱之源的闻思修来调伏自心，成为珍贵佛法的修行者：

自然生起作为佛法根本的出离心，四种厌离深植于心；愿我将轮回的无尽追逐视作牢狱、火坑。

对因果生起定解，并因此而众善奉行，诸恶不作，即使极微小的恶行也能远离。

不受家庭、朋友、放逸等违缘影响，在三宝的加持下，步入提供给三类行者的修行之道。

慈悲的上师是三世诸佛的化现，愿我能远离妄见、怀疑，不把上师视为同伴或凡夫，愿我能视师为真正的佛。

以此虔敬心的力量，愿四种灌顶成熟我的三门，使我步入密乘之道。

经由礼敬和虔信的圆满修持，愿上师的智慧心转入我心，愿我的证悟如虚空般广大。

由圆满玛哈约嘎生起次第，见法界有情为三轮曼达，愿我证得四持明果

位，成就一如莲花生大士及无垢友等诸佛之子。

由圆满阿努约嘎圆满次第，愿一切轮涅执著念觉醒为乐空不二之精要，并愿我能掌握无上奥明佛土。

由圆满阿底约嘎大圆满修行，愿所有投射显现消融于广大法界中，也愿我解脱于青春宝瓶身中，如持明喜金刚。

简言之，在我为菩提修行的路上，愿我的身语意诸行能利益众生。

无论何时、何种状况下，愿依循世俗期待的希望一刻也不生起。若因强大习气之故生起这种染污期望，愿它们不会成功。

为了利益他人，愿我能舍弃一切种性、声名乃至身体，如同悉达多王子一般毫无畏惧。

到我能任运利益他人及自身时，愿我从此拥有十力四无畏，及搅动三界苦海深处的能力。

诸佛菩萨都曾立下誓言，确保如是无条件之愿的实现。

顶礼诸谛实语者！

唵 达雷 达雷 班达雷 班达雷 梭哈

愿善增上！愿恶退减！

如是祈愿圆满！

佳雅 佳雅 悉地 悉地 巴拉 巴拉 阿啊夏萨玛哈玛玛口林 萨满他

我们若能经常念诵此殊胜愿文，一定会得到传承祖师的加持。

对我们许多人来说，发愿“生起出离心，请上师加持四种厌离深植于心，将轮回的无尽追逐视作牢狱、火坑”，发这样的愿，是容易的，而请上师加持自己“在任何情况下都不生起依循世俗期待的希望，若因强大的习气而生起了这种染污的期望，也愿它们不会成功”，发这样的愿，有几个人敢？就是说，你要准备做一个世人眼中的失败者，至少是做什么事都磨难重重。人生可以变成这样吗？真成这样子，你还能不动摇、不怀疑吗？所谓出离心，所谓视轮回如牢狱火坑，落实到行动上，不陷于世俗的追逐中，不迎合世俗的期待，不接受世俗对成功、价值、意义等的明示、暗示，这不是轻飘飘说过就完，是硬碰硬要付出代价的。

无论外在形式是出家还是在家，出离的本质问题是一样的。如果你出家了，并不意味着你已成功地出离，出家后可能仍然会有名闻利养的追逐和种种烦恼，你可能想成为众人瞩目、敬仰的名师，想过得舒适安逸，会与人争高下论长短，遇到不顺即刻反弹，等等。而如果你没有出家，也不意味着你所有的麻烦、问题都是暂时的，只等你剃个头、换身衣服就都将自行消失，因而你可以心安理得在五欲尘劳里打滚。

一位认真的在家修行者，心里对生活常会怀着一种悲伤。不是通常所说的悲观，不是发愁或不开心，是看到流转的无奈和无谓——日复一日如钟点一样的重复，起床、上班、赚钱……一段感情结束，又开始另一段感情，每次都相信会有不同……周而复始，为什么要做这些？但这并不是说我们要逃避，其实因缘若不具足，想逃也是逃不了的。况且，轮转由心而来，因为有一颗轮回的心，一切所做所想才陷于轮回中，即使逃到没有人的地方，或者抛下一切世俗责任独自生活，只要心的运转方式没有改变，还是面临同样的问题。

事情的一面是这样，即重点不在外在的形式，而在内心是否努力去出离烦恼，事情的另一面呢，外在的表现也不是一点不说明问题。你内心的状态，终究会反映到外面来。当出离心一点点生起时，你的生活也会逐渐变得清简。出离的另一个说法是弃绝，也就是做减法，减之又减。

以前，米拉日巴尊者的妹妹琵达看见哥哥终年在山洞里修行，破衣烂衫，一无所有，心里觉得又怜悯又委屈，就劝他说："你看看别的学佛的人！看看巴日大译师那位老人家，下面坐的是几层厚的垫子，上面张的是大宝伞盖，身上穿的是绫罗绸缎，又喝茶，又饮酒。他的弟子口吹法螺，集会的大众围绕着他，献上的供养不计其数。这样才对大众和亲戚朋友都有利益，大家自能心满意足。所以我看他是修法人当中最好的修法者。你看看有没有办法在他手下做个学徒，就是做一个最小的喇嘛，也可以过得舒舒服服的。否则，哥哥啊，你这个法和我这个命啊，我们兄妹二人怕活不长哟！”

像米拉日巴尊者这样了不起的人成就者，也是在众人乃至亲人的不解和轻视中走过来的。历史上其他许多著名的上师，比如华智仁波切，已是声名远播的大学者了，还是会常常因其简单朴素、四处为家的生活方式而被不认识的人嘲笑侮辱。曾有几个姑娘走过他身边，像躲避麻风病人般躲开他，并互相说道：“希望我们好好积累福报，下辈子别像他一样凄惨。”祖师大德尚且如此，我们，尤其在现在这样崇尚物欲的时代，试着去做一名弃绝者，会遇到怎样的困难可想而知。但无论如何，对于做减法生活，我们要有心理准备。不是现在人们喜欢谈论的把家里、把自己收拾得干干净净的那种减法，是不迎合世俗的期待。法王如意宝曾说，虽然不是每个人都能像米拉日巴尊者那样完全舍弃现世的追求，但至少要做到不沉迷于欲求，生活上少欲知足，把主要的精力用于修行。

关于现世福报和修行的关系，我们常用生火的同时产生烟来比喻，就是说，虽然你的目的并非求福报，但精进修行的同时自然会成熟福报。然而，上述祖师大德的示现却似乎并不是这样，以世俗标准看，他们没钱没地位，得不到尊重，生活窘迫，好像没什么福报可言。如果说精进修行的同时自然成熟福报，那么他们的福报表现在哪里呢？

实际上，人们对福报的定义是受到文化、传统、教育、时间等许多因素影响的，换句话说就是，什么是有福、什么是成功，人们对这些东西的观念是被培养出来的。比如，很多人都认为拥有财富、权力、地位、健康等是福报大的表现，但这并不代表拥有这些就一定过得好、没痛苦。有些人能利用手中的财富、权力去做善事，惠及自他；有些人却是去作恶，害人害己。可见，财富地位是福是祸没有绝对。大家都认为好的事，放你身上不一定好；都认为不好的，也许对你来说恰恰是你需要的那个“好”。

在某些地区，子女多被认为是有福气的；而在另一些人看来，子女多意味着负担或责任，而不是福气。某些人眼中，闲适是福气；另一些人眼中，忙碌是福气。

总之，福报其实是相当个人化的，并不像我们通常想当然认为的那样有个统一的标准——有福就是有福，没福就是没福，搁哪儿搁谁身上都一样。这是其一。

其二，我们不妨再深入地思考一下：为什么人们会认为钱、权、地位、子女、享受等这些是有福报的表现而不是反之？这背后想必有其道理。轮回中芸芸众生虽各各不同，但有一个共同点，就是趋乐避苦，都想得到快乐、远离痛苦。长期的生存实战、生活实践告诉大家，财富、地位、权力、团体、家庭这些东西能帮助解决问题，减少痛苦，得到快乐，于是大家都努力去拥有它们，拥有越多代表离苦得乐的机会越大。所谓福报，即是离苦得乐的机会。只不过后来人们的观念渐渐固化下来，以为财富地位这些本身就是福报，而忘记其实最初是因其有帮助人们离苦得乐的功能才受到推崇的。这里的关键是离苦得乐，所有能帮我们实现这一点的，都是福报，否则就不是。

其三，离苦得乐有程度之分。前面所讲世俗一般认可的这些福报，只能在一定程度上帮我们解决问题、远离苦恼，是暂时、片面、不确定的，一个问题的解决意味着更多问题的产生，苦恼一个接一个前赴后继，单纯的安乐几乎片刻也没有，往往福报本身也会变成苦恼的因和缘。因为看到这一点，佛法的修行者才不会刻意去追求所谓世间福报，有些像晋美林巴尊者这样坚定、有能力的行者，甚至会发愿说：不要让我的福报以此种方式显现出来。

从前，印度大成就者黑行大师有一次和众多眷属随从乘船渡海，场面非常隆重。被人前呼后拥的黑行大师不禁心想："我的上师虽然是真正的成就者，但在世间的眷属受用等方面，我却还比他更胜一筹。"刚这么想着，他坐的船便沉入海中。他在水里大呼救命，并猛烈祈祷上师。上师果然现身，把他从海里救出来。上师说："因为你生起了很大的傲慢心，所以得到这样的报应。我是没有追求眷属受用，否则，我的眷属之多、受用之丰足不会逊于你。"

大成就者不是没有福报（即离苦得乐的机会），他们当然有，而且是更持久、全面的离苦得乐。对修行者而言，福报的大小是以解脱苦因及苦果并证悟实相的机会来衡量的。

其实我们如果那么想求福报，不如勇敢一点，就求个大的——祈祷上师加持自己在这一生中证悟自性、成就佛果吧。

虽遇圣士仍为劣行诱，虽获胜道仍漂非道中，
我与如我恶性诸有情，正法调伏自续祈加持。

法王如意宝早年与弟子们在喇荣五明佛学院

后　记

在这个古老预言中密法广弘的时代，越来越多人得以接触到金刚乘佛法，并对金刚乘中犹如顶饰的大圆满法生起信心。由于大圆满法见地高卓，境界深广，行者最好按照传统的修持次第，由前行入正行，通过前行的修持逐渐成熟根基，这样修持正行时才能更顺利地通达其中精髓，领受无上法味。

这本书尝试着对流传广泛的《大圆满前行引导文——普贤上师言教》的部分内容做了小小的解读，仅供有缘者参考。

以浅陋知见管窥蠡测，必定多诸谬误曲解，我至诚向诸佛菩萨忏悔罪过，祈求诸佛菩萨的宽宥、加持。也请阅读本书的各位师友包涵、指正。

在本书形成的过程中，许多道友给予我无私的帮助。他们不辞辛劳地帮我查找文献，校对内容，润色文字，并给出各种富有价值的建议。没有他们的付出，不会有现在呈现于读者面前的这本书。在此，我向他们表达衷心的感谢并随喜他们无伪的道心！

愿我们所做的一切，能帮助更多众生获得佛法的裨益，并最终找到自由和安乐。

愿将此功德回向一切众生，愿众生离苦得乐，圆满菩提。

愿世界远离灾难争战，人民幸福安康！

希阿荣博

藏历土狗年神变月

（公元2018年3月）

本书完稿日，有人送来一尊历史悠久的观音像。

清净一切善业力

摧灭一切烦恼力

降伏一切诸魔力

圆满普贤诸行力

大遍入扃赫拉护法

一髻佛母护法

单坚善妙金刚护法

紫玛护法

格萨尔王护法

丹哲耶吾布美护法

ཡི་གེ་ཉི་ཤུ་རྩ་དྲུག་པ་འདི་དཔེ་ཆའི་ནང་དུ་བཞག་ན་དཔེ་ཆ་དེ་ཅི་འདྲར་
བགོམས་ཀྱང་ཉེས་པ་མི་འབྱུང་བར་འཇམ་དཔལ་རྩ་རྒྱུད་ལས་གསུངས་སོ། །

此咒置经书中　可灭误跨之罪

图书在版编目（CIP）数据

前行笔记之耕耘心田 / 希阿荣博堪布著.

—北京：中国藏学出版社，2018.8（2025.11 重印）

ISBN 978-7-5211-0072-3

Ⅰ. ①前… Ⅱ. ①希… Ⅲ. ①佛教—研究 Ⅳ. ①B948

中国版本图书馆CIP数据核字（2018）第202813号

前行笔记之耕耘心田

希阿荣博堪布 著

出版发行：中国藏学出版社

印　　刷：北京隆昌伟业印刷有限公司

开　　本：700×980毫米　1/16

印　　张：22

字　　数：272千

版　　次：2018年9月第1版

印　　次：2025年11月第12次印刷

书　　号：978-7-5211-0072-3 / B · 273

定　　价：68.00元

图书如有印装质量问题 请与本社发行部联系

E-mail: dfhw64892902@126.com 电话: 010-64892902